FLENSBURGER HEFTE

Naturgeister

Vom Wirken der Elementarwesen

Aus dem Inhalt

Zu den Steiner-Zitatangaben in den FLENSBURGER HEFTEN: Die GA-Nummern beziehen sich auf die jeweilige Bibliographie-Nummer der Rudolf Steiner Gesamtausgabe im Rudolf Steiner Verlag, Dornach/Schweiz. Danach sind in der Regel das Erscheinungsjahr der benutzten Ausgabe, das Vortragsdatum bzw. Kapitel und die Seitenzahl angegeben, von der Autor-, Titel- und Ortsnennung wird abgesehen. Nach Bibliographie-Nummern geordnet ist die Rudolf Steiner Gesamtausgabe im Katalog des Rudolf Steiner Verlags aufgeführt. Der Katalog ist durch den Buchhandel erhältlich.

Liebe Leserinnen und Leser!

Zwerge und Riesen, Elfen, Nixen, Tomte, Drachen und Gespenster beschäftigen unsere Kinder von klein auf. Sie gehen wie selbstverständlich mit ihnen um und würden überhaupt nicht auf die Idee kommen, daß diese Wesen lediglich literarische Gestalten wären. Aber kaum ist man aus dem Kindesalter herausgewachsen, entsinkt die einstmals lebendig empfundene Welt der Naturgeister, und wenn sie nicht gänzlich als Phantasieprodukt abgetan wird, bleibt sie doch nur eine schöne Kindheitserinnerung.

Die Welt der Elementargeister, wie diese Wesen auch genannt werden, gehört nicht mehr zum Erfahrungsschatz des modernen Menschen. Ihre Vielfalt, ihr Wirken in der Natur und ihre Beziehung zum Menschen werden ignoriert, belächelt oder ins Reich der Märchen abgeschoben. Aber deswegen sind die Elementarwesen nicht minder real, uns sind lediglich die Fähigkeiten zum Schauen ihrer zauberhaften Welt verlorengegangen.

Deswegen sollte es Aufgabe jedes verantwortungsbewußten Menschen sein, sich der Welt der Naturgeister neu zu widmen und Wege zu finden, diese uns immerdar und überall umgebenden Wesen ernst zu nehmen und vielleicht in ein Gespräch mit ihnen einzutreten. Dann wird man auch erfahren, daß ihre Welt durch uns Menschen bedroht ist und welche Trauer darüber in ihren Reichen herrscht.

Wir möchten mit vorliegendem FLENSBURGER HEFT versuchen, einen Beitrag zum Verständnis der Elementarwesenwelt zu geben, und Wege aufzeigen, wie man ihnen helfen und sie erlösen kann. Neben einer ausführlichen anthroposophischen Darstellung über die einzelnen Elementarwesen stellen wir Ihnen Menschen vor, die von ihren Erfahrungen im Umgang mit Naturgeistern sprechen. Eine Reihe von Beiträgen widmet sich der Situation Finnlands, und wir danken Jussi Tuuri (Helsinki) für die organisatorische Mitwirkung an diesem Buch.

Es grüßt Sie
Ihre
FLENSBURGER HEFTE-Redaktion

Verzauberung und Erlösung der Naturwesen

Die Elementarwesen und der Mensch

Wolfgang Weirauch

In Waldeseinsamkeit

Angenommen, Sie gehen an einem Spätsommertag frühmorgens durch einen großen einsamen Wald Finnlands, fernab jedes Weges. Der Waldboden ist moosbedeckt und dämpft ihre Schritte. Alles schimmert feucht vom Morgentau. Stille umfängt sie. Vereinzelt hören Sie vielleicht einen Vogel in der Ferne, aber die Ruhe, die der Wald mit seinen hohen Bäumen ausströmt, ist deutlich spürbar anwesend. Während Sie Ihre Schritte weiterlenken, bemerken Sie, wie sich der Wald lichtet, und mit einem Male stehen Sie vor einem kleinen See. Schilf umsäumt den Uferrand, hier und da surren Insekten über das Wasser und glänzen in den Strahlen der aufgehenden Sonne. Sie verharren und schauen auf die ruhende, glänzende Wasseroberfläche, die nicht einmal von dem kleinsten Windhauch bewegt wird.

Lange stehen Sie dort und betrachten den See. Die Sonne steigt höher, und es wird wärmer. Das Licht bricht und spiegelt sich auf der Wasseroberfläche und erzeugt hell reflektierende Flächen, und plötzlich entdecken Sie, wie sich über der Wasseroberfläche etwas bewegt: länglich gestreckte Wesen, in den schönsten Farben leuchtend, die über das Wasser tanzen. Sie bewegen sich schnell, ändern fortwährend ihre Gestalt, wechseln auch die Farben, drehen sich um sich selbst, entfernen sich voneinander, aber kommen immer wieder zusammen und verbinden sich, so daß Sie die einzelnen Gestalten nicht mehr deutlich voneinander unterscheiden können. Nur ein buntes Farbenmeer wogt über dem See. Aber schon bald machen Sie wieder vereinzelte Gestalten aus, die schnell und mit einer Ihnen bisher unbekannten Leichte durch die Luft tanzen. – Doch so unvermittelt sie erschienen waren, so unerwartet verschwinden sie auf einmal wieder.

Nach Momenten des Verweilens am Seeufer setzen Sie Ihren Waldspaziergang fort. Die Morgenkühle ist mittlerweile einer angenehmen Wärme gewichen, und nach einiger Zeit kommen Sie in eine felsige Region. Die Bäume stehen nicht mehr so dicht, und Gras und Beerenbüsche wachsen jetzt zwischen ihnen. Vor Ihnen ragt ein mächtiger Granitfels aus dem Boden. Alt, majestätisch und verwittert liegt er dort, und Sie schauen ihn an. Oder schaut er Sie an? „Wenn er mich nun sehen könnte, wenn er vielleicht sogar meine Gedanken erfassen würde", überlegen Sie und fühlen sich dabei merklich klein und etwas unsicher. „Wer bin ich schon mit meinem kleinen Menschenverstand diesem riesigen Fels gegenüber, der seit Tausenden und Abertausenden von Jahren an dieser Stelle liegt und alles schauend aufnimmt, was an Leben an ihm vorüberhuscht?"

Nachdenklich gehen Sie weiter, und nach geraumer Zeit gelangen Sie zu einer kleinen Quelle. Eiskaltes Wasser sprudelt aus einer kegelförmigen Steinmulde, bildet einen kleinen See und fließt in einem schmalen Bach in die Richtung einer Bodensenke. Sie setzen sich an die Quelle und beobachten, wie sich an der Wasseroberfläche der Quelle runde Wasserhügel bilden, die sich in halbkreisförmige Wellen verwandeln, ehe sie ganz in dem Wasser des abfließenden Baches aufgehen.

Ihr Blick schweift zur anderen Seite, dorthin, wo der Boden leicht ansteigt, und Sie bemerken eine ganze Fülle von Blaubeerbüschen. Ein Meer von kleinen grünen Blättern liegt vor Ihnen, zwischen denen vereinzelte blaue Beeren hervorschauen. Etwas genauer sehen Sie auf eine der Pflanzen, die ganz in Ihrer Nähe wächst, und Sie betrachten sie etwas länger.

Während Ihr Blick über die einzelnen matt-blauen Beeren, die hellgrünen Blätter und die kurzen knorrigen Äste der Blaubeerpflanze gleitet, kommt Ihnen ein Gedanke: „Ich bin wahrscheinlich der erste Mensch, der die Pflanze in dieser Einsamkeit anschaut. Vielleicht wird sie sogar niemals wieder von einem Menschen betrachtet werden." Und es kommt Ihnen ein zweiter Gedanke, eher noch einige Fragen, die eine unbestimmte Ahnung in Ihnen aufsteigen lassen: „Erwartet diese Pflanze etwas von mir? Habe ich eine Verantwortung ihr gegenüber, wenn ich sie anschaue? Geschieht etwas zwischen uns beiden?"

Versunkene Fähigkeiten

Sicherlich haben Sie, liebe Leserinnen und Leser, in Ihrem Leben bereits ähnlich intensive Natureindrücke gesammelt: vielleicht tatsächlich in einem finnischen Wald oder auch am Meer bei aufgehender Sonne, beim Farbenspiel eines Regenbogens, der sich über ein Kornfeld zieht, bei einem morgendlichen Herbstspaziergang, wenn sich die Nebelschleier über die Felder legen, in einer verschneiten Landschaft oder in der Wüste, wenn Ihnen die Hitze im Gesicht brennt und Sie in der sengenden Glut über den Sandboden schreiten. Sicherlich hat jeder Mensch – zumindest als Kind – schon irgendwo in der Natur gestanden und ihre Schönheit staunend bewundert. Aber die Mehrheit der Menschen hat heutzutage weitgehend den intimen Kontakt zur Natur verloren: weil man in der Stadt lebt und von der Hektik des Alltags überschüttet wird oder weil man sich gar nicht mehr die Mühe macht, die versunkene Beziehung zur Natur wiederzubeleben.

Macht man sich aber doch diese Mühe, nimmt man sich Zeit, zumindest hin und wieder, einen bewußten Kontakt zur Natur herzustellen – und sei es nur ein längerer Blick auf eine Gartenblume –, so kann es geschehen, daß man neben allem Staunen über die neuentdeckten Schönheiten auch noch etwas anderes empfindet: Vielleicht ist es eine gewisse Wehmut oder die Ahnung, daß man in der Beziehung zur Natur etwas verloren hat, das man einstmals besaß. Vielleicht ist es auch das Gefühl, daß man an das Wesentliche der Natur nicht mehr oder noch nicht heranreicht.

Dieses Wesentliche ist die Naturgeistigkeit – die unzähligen Naturwesen, die in den Steinen, Pflanzen, Quellen, in den Bäumen, den Tieren, im Licht und in der Wärme verborgen wirken. Es sind übersinnliche Wesen, die wir heute – zumindest die meisten Menschen – mit unseren Sinnen nicht mehr wahrnehmen können, weil wir ganz in einem Gegenstandsbewußtsein leben und weil unser Blick auf die äußerliche Seite der Welt abgelenkt wird. Jeden Morgen, wenn wir mit unserer Seele in den Körper einziehen, kommen wir zwar aus der geistigen Welt und durchschreiten dabei auch die Welt der Naturwesen, aber sobald wir in unser Tagesbewußtsein aus dem Schlaf erwachen, verdämmert diese Welt der Naturgeistigkeit.

Manche Menschen haben sich noch Fähigkeiten bewahrt, die früher alle Menschen besaßen. Sie schauen die Naturwesen, pflegen regen Kontakt mit ihnen, besprechen sich mit ihnen, bitten sie um Hilfe oder verwenden Zaubersprüche im Umgang mit der Natur (siehe z.B. die Bedeutung der Zaubersprüche im Leben der Indianer der Halbinsel Yucatán/Mexiko: FLENSBURGER HEFTE 37, „Indianer", S.53 ff.). Auch in diesem FLENSBURGER HEFT lassen wir einige Menschen zu Wort kommen, die den Zugang zu den Naturwesen noch nicht verloren bzw. sich neue Fähigkeiten erarbeitet haben, mit denen sie diese Wesen wahrnehmen und erleben können.

Was sind Naturwesen?

Die Naturwesen werden auch Elementarwesen, oft auch Elementargeister oder Naturgeister genannt. Diese Begrifflichkeit ist nicht unproblematisch. Der Teilbegriff „Geister" ist insofern bedenklich, weil diese Wesen eigentlich keinen Geist haben, obwohl sie übersinnlicher Natur sind, d.h. sie verfügen über kein eigenständiges geistiges Wesensglied – wie etwa die Engel –, das unabhängig von der materiellen Welt zu denken wäre. Der Teilbegriff „Elementar" ist nicht ganz exakt, wenn man ihn auf sämtliche Naturwesen anwendet, weil er sich eigentlich auf die vier Gruppen beschränkt, die in den Elementen Erde, Wasser, Luft und Feuer leben. Letztlich besteht aber unsere gesamte sinnliche Welt weitgehend aus diesen Elementen, außerdem sind die vier Bezeichnungen – Elementargeister, Elementarwesen, Naturgeister, Naturwesen – in den allgemeinen Sprachgebrauch übergegangen, insofern verwende ich sie in diesem Artikel als Synonyme.

Wir leben in einem Meer von Naturgeistern und vergleichbaren Wesen der Astralwelt (Seelenwelt). Sie wirken in der Geistigkeit der Natur, der ätherischen oder in der astralischen Welt. Diese beiden übersinnlichen Regionen umziehen und durchdringen die Erde – auch uns Menschen. Die Astralwelt ist dabei eine Sphäre, die bis zum Mond reicht. Es ist die Welt, in der die Verstorbenen eine Zeitlang nach ihrem Tode leben. Aber auch die auf der Erde lebenden Menschen stehen mitten in diesen Weltbereichen, haben aber keine entwickelten Organe für sie, nehmen sie demzufolge nicht wahr. Allerdings kann man die Fähigkeit zum bewußten Wahrnehmen der ätherischen und astralischen Welt durch Übungen ausbilden.

Unter den Elementarwesen gibt es vorwiegend vier Gruppen – Gnomen, Undinen, Sylphen, Salamander –, die mit den Elementen Erde, Wasser, Luft und Wärme in der noch intakten Natur verbunden sind. Man darf sich diese Wesen aber nicht unbedingt räumlich begrenzt vorstellen, denn sie haben keinen materiellen Leib. Es gibt unzählige weitere Arten von Elementarwesen, die z.B. die Astralwelt bevölkern, die mit unseren Gedanken und Gefühlen verbunden sind, die in uns einziehen und wieder aus uns herausströmen. Das können gutartige, aber auch böse Wesen sein, sie können uns dienen, aber auch schaden. Aber auch der Mensch kann ihnen dienen bzw. sie schädigen oder gar vernichten.

Der Mensch ist unter einem bestimmten Blickwinkel ein viergliedriges Wesen: Er hat einen physisch-materiellen Leib – den Körper –, der von dem Lebens- oder Ätherleib durchdrungen, belebt und gestaltet wird; fernerhin einen Astralleib – seinen Seelenleib und Träger des Bewußtseins – und sein Ich, seine geistige Individualität. Die Wesen, die eine Stufe über dem Menschen stehen, also die Engel, haben ein weiteres geistiges Wesensglied über dem Ich, aber keinen physischen Leib. Auch die Elementarwesen sind viergliedrig. Ihre körperliche Gestalt ist astralischer und nicht physischer Natur, und ihr Bewußtsein lebt in den Prozessen der physischen Welt und nicht etwa in einem seelischen Element, sondern in den Elementen Erde, Wasser, Luft und Wärme (vgl. GA 93a/1976/20.10.1905/S.217). Eine geisterfüllte Individualität wie der Mensch haben sie nicht, obwohl sie mehr oder weniger als Einzelwesen auszumachen sind. Ihre Wesensglieder nennt Rudolf Steiner auch Prinzipien. Die Gnomen haben z.B. als oberstes Prinzip ein Wesensglied, das dem physischen Leib vergleichbar ist – allerdings keinen materiellen Leib –, und drei „untergeistige" Wesensglieder bzw. Prinzipien, die unter der Stufe des physischen Leibes stehen und damit niederere Wesensglieder als die des Menschen sind. Die Undinen haben zwei untergeistige Prinzipien, die Sylphen eines, und die Salamander haben ein dem Menschen vergleichbares Wesensgefüge, sie sind ich-artig (vgl. GA 102/1984/16.05.1908/S.170 ff.).

Verzauberung der Elementarwesen

Elementarwesen entstehen auf verschiedenartige Weise. Auf die Erzeugung von Elementarwesen durch menschliche Gedanken und Gefühle komme ich noch zu sprechen. Exemplarisch können wir uns an den höchsten Elementarwesen, den Feuergeistern oder Salamandern, verdeutlichen, wie die Entstehung vieler Elementarwesen vonstatten geht.

Im Gegensatz zum Menschen haben die Tiere kein verkörpertes Ich, sondern lediglich eine Gruppenseele und einen Gruppengeist in den geistigen Welten. Stirbt z.B. ein Puma, geht die seelische Substanz in die Seelenhaftigkeit und Geistigkeit dieser Gruppenseele bzw. dieses Gruppengeistes aller Pumas ein. Alles Seelische des einzelnen Tieres geht vollständig in der Gruppenseele auf, nichts bleibt auf der Erde zurück. Lediglich bei manchen höherentwickelten Tieren – nach Steiner bei den Affen und den Beuteltieren – vollzieht sich etwas anderes. Die Orang-Utans und die Känguruhs beispielsweise ziehen ein Übermaß Seelisch-Geistiges vom Gruppengeist in die Verkörperung, und dieses Übermaß an Seelisch-Geistigem kann beim Tod der Tiere nicht zurück zum Gruppengeist, wird also von ihm abgeschnitten. Es lebt unabhängig weiter und ist fortan ein Elementarwesen, ein Salamander (vgl. GA 102/1984/16.05.1908/S.180 ff.).

Es können auch bösartige Salamander entstehen:

„Diese Salamander kommen auch heute schon – das darf durchaus behauptet werden – in einer merkwürdigen Art zustande, wenn gewisse besonders niedriggeartete Menschennaturen, die sich aber durchaus weiter inkarnieren, einen Teil ihrer niedrigen Natur zurücklassen. Das sind besonders schlimme Elemente, diese zurückgebliebenen Naturen gewisser niederer Menschen in unserer Evolution, diese also teilweise ausgesonderten Menschennaturen, die als eine Art solcher Naturgeister geblieben sind und unser Dasein durchsetzen. Und vieles, was unseren geistigen Raum durchsetzt, was auf eine merkwürdige Art dem Menschen wahrnehmbar wird – wovon Sie sich nichts träumen lassen, nicht einmal, daß es da ist –, zeigt sich nur zu sehr in seinen Offenbarungen. Diese geistigen Wesenheiten haben alle eine teilweise Verwandtschaft mit dem Menschen, und sie greifen ein in die menschliche Evolution, wenn auch zumeist in störender Weise. Manche schlimme Kulturerscheinung, die heute als natürlich erscheint, wird erst dann für die Menschen erklärlich werden, wenn sie wissen, mit welchen störenden, retardierenden Kräften sie es zu tun haben. Die Wirkungen werden sich ausleben in manchen Dekadenzerscheinungen in unserer Kultur." (ebd./S.181)

Obengenannte Elementarwesen entstehen also durch Abschnürungen; bestimmte seelisch-geistige Teile werden aus einem Zusammenhang abgetrennt und leben als eigenständige Wesen weiter. Entsprechend sind auch die anderen Elementarwesen – Gnomen, Undinen, Sylphen – entstanden, allerdings in früheren Entwicklungsphasen der Erde, und zwar durch Abschnürungen von höheren geistigen Wesen.

Wir haben es also einerseits mit Elementarwesen zu tun, die bereits vor Urzeiten geschaffen worden sind, und andererseits mit solchen, die auch gegenwärtig fortlaufend entstehen. Alle in der Evolution geschaffenen Naturgeister – und es sind unzählige – haben ihre bestimmte Aufgabe. Große Massen der längst existierenden Wesen haben beim Verfestigungsprozeß der Erde mitgewirkt. – Bei jeder Verdichtung von Materie senden höhere geistige Wesen Elementarwesen in den Prozeß der Verdichtung, und diese werden im Verlaufe des Prozesses in den entstehenden dichteren Zustand eingeschlossen und eingesperrt. Als in Urvergangenheiten der Erdentwicklung z.B. aus der Wärme Licht und Rauch entstanden, wurden in den dichteren Zustand – den Rauch – Elementarwesen eingesperrt. Steiner bezeichnet diesen Vorgang als Verzauberung der Elementarwesen. Gefriert Wasser zu Eis, so kann sich dieser Verhärtungsprozeß nur vollziehen, weil Elementarwesen dabei mitwirken und in das Gefängnis des Eises einziehen. Letztendlich ist alle Materie unserer Erde verdichtete Wärme, verdichtetes Feuer, und in allen dichteren Aggregatzuständen, in allen Bestandteilen unserer Erde und der uns umgebenden Natur, sind Elementarwesen gebunden:

„Blicken wir also jetzt in unsere Umwelt, sehen wir uns an die festen Steine, die Ströme von Wasser, welche hinrinnen, sehen wir das, was an Wasser verdunstet, als Nebel emporsteigt, sehen wir die Luft, sehen wir alles Feste, Flüssige, Luftförmige und Feuer: so haben wir im Grunde nichts als Feuer. Alles ist Feuer, nur eben verdichtetes Feuer. Gold, Silber, Kupfer ist verdichtetes Feuer. Alles war einstmals Feuer, alles ist aus dem Feuer geboren – aber in all diesem Verdichteten überall ein Geistiges, das darin verzaubert ruht!

Womit erreichen es also die geistig-göttlichen Wesenheiten, die um uns herum sind, daß, wie es auf unserem Planeten ist, ein Festes entsteht, daß ein Flüssiges, ein Luftförmiges entsteht? Sie schicken ihre Elementargeister, die im Feuer leben, hinunter, sie sperren sie ein in Luft, Wasser und Erde. Das sind die Boten, die Elementarboten der geistigen schöpferischen Bildnerwesen. Erst hat man diese Elementargeister im Feuer. Im Feuer fühlen sie sich, wenn wir bildlich sprechen, noch wohl, und nun werden sie sozusagen verdammt, in Verzauberung zu leben. Und wir blicken um uns herum und sagen uns: Diese Wesenheiten, denen wir alles das verdanken, was um uns herum ist, sie haben aus dem Elemente des Feuers heruntersteigen müssen, sie sind in den Dingen verzaubert.“ (GA 110/1972/12.04.1909/S.32 f.)

Wichtig ist, daß wir den Elementarwesen etwas verdanken. Ohne sie gäbe es keine feste Erde, keine Inkarnationsmöglichkeit für den Menschen, also auch keine Möglichkeit der Individualisierung und Vervollkommnung. Wir stehen demzufolge in der Schuld dieser Naturwesen, die sich für uns opfern mußten. Deshalb erhebt sich die Frage, ob der Mensch etwas für diese Wesen tun kann, ob er sie wieder erlösen kann. Er kann es! Aber davon später. Vorerst sollten wir einige Elementargeistgruppen und ihre Aufgaben näher kennenlernen.

Gnomen

Gnomen sind diejenigen Elementarwesen, die man aus den Märchen und Sagen als Kobolde und Zwerge kennt. Sie haben mit dem Element

Erde zu tun und leben – so Steiner – meist tief in der Erde und bewegen sich entlang der Metalladern. Sie sind in das Gestein verzaubert und leben dort in ungeheuren Mengen dicht zusammengedrängt. Natürlich sieht man diese Kobolde nicht mit normalen Sinnen. Am ehesten kann man eine Wahrnehmung von ihnen bekommen, wenn man tief in die Erde steigt – z.B. in Bergwerken, in denen Metall abgebaut wird –, wo niemals organische Wesen gelebt haben, wo man sich also im rein Mineralischen befindet:

„Wenn Sie da das metallische oder das gesteinsartige Erdreich heben, so finden Sie da Wesenheiten, die sich zunächst in merkwürdiger Weise bemerkbar machen, wie wenn etwas zerstieben würde. Es zeigt sich uns, daß sie in einer ungeheuren Menge zusammengekauert waren, und wenn das Erdreich freigelegt wird, bersten sie gleichsam auseinander. Und das ist das Wesentliche, daß sie nicht nur auseinanderbersten, auseinanderfliegen, sondern auch in ihrer eigenen Leiblichkeit größer werden. Sie sind ja, wenn sie auch ihre größte Größe erreicht haben, immer noch kleiner als die Menschen.“ (GA 102/1984/16.05.1908/S.166 f.)

Diese Wesen haben keine Moral wie der Mensch, sie sind äußerst intelligent, aber von einer verstandesmäßigen Klugheit. Im Grunde sind sie – so Steiner – die Bewahrer des Weltenverstandes. Sie müssen nicht wie der Mensch nachdenken, denn was sie sehen, erleben und aufnehmen, wissen sie zugleich. Deshalb erscheint ihnen der Mensch auch als geistig ziemlich beschränkt, weil er noch nachdenken muß, und sie machen sich über ihn lustig und treiben ihre Späßchen mit ihm.

Wie alle Elementarwesen haben auch die Gnomen eine jahreszeitliche Aufgabe in der Erde und im Pflanzenreich, vor allem im Winter. Weil sie ganz Kopf, Sinn und Verstand sind, können sie die Geheimnisse des Kosmos, die die Pflanze aus dem Sonnenlicht, der Luft usw. aufnimmt und mit ihrer Verwelkung zur Erde träufelt, im Herbst aufnehmen und über den Winter hin bewahren. Sie sind auch an den Pflanzenwurzeln tätig und vermitteln die Nahrungsstoffe für die Pflanze. Das Ergreifen und Bewahren der kosmischen Geheimnisse beschreibt Steiner mit folgenden Worten:

„Sehen Sie, da sproßt aus der Erde die Pflanze heraus. Die Pflanze kommt, wie ich gleich nachher zeigen werde, in Verbindung mit dem außerirdischen Weltenall, und zu gewissen Jahreszeiten besonders strömen gewissermaßen Geistströme von oben, von der Blüte, von der Frucht der Pflanze bis hinunter zur Wurzel, strömen in die Erde hinein. Und wie wir das Auge dem Lichte entgegenstrecken und sehen, so wenden die Wurzelgeister ihre Wahrnehmungsfähigkeit dem entgegen, was durch die Pflanzen von oben herunter in die Erde hineinträufelt. Was ihnen da entgegenträufelt, das ist das, was das Licht in die Blüten hineingeschickt hat, was die Sonnenwärme in die Pflanzen hineingeschickt hat, was die Luft im Blatte angerichtet hat, ja, was ferne Sterne in der Gestaltung der Pflanzen bewirkt haben. Die Pflanze sammelt die Geheimnisse des Weltenalls, senkt sie in den Boden, und die Gnomen nehmen diese Geheimnisse des Weltenalls aus dem, was ihnen durch die Pflanze geistig zuträufelt, in sich auf. Und indem sie, namentlich vom Herbste an durch den Winter hindurch, auf ihren Wanderungen durch Erz und Gestein tragen, was ihnen durch die Pflanzen zugeträufelt ist, werden sie dadurch zu denjenigen Wesen innerhalb der Erde, die die Ideen des ganzen Weltenalls durch die Erde hindurchströmend wandernd tragen." (GA 230/1978/02.11.1923/S.113)

Die Gnomen haben auch eine sehr sensible Beziehung zum Mond. Sie sind in der Lage, die Geheimnisse des Mondes zu enträtseln. Das Licht des Vollmondes können sie nicht ertragen, und sie schützen sich dann mit einer Art Panzer, aber bei Neumond kommen sie hervor und werden fast durchsichtig und leuchten in den schillerndsten Farben.

Im Grunde hassen die Gnomen das Irdische, obwohl sie die Bewahrer der guten Kräfte der Erde für eine spätere Epoche sind, wenn diese sich einst vergeistigen wird. Ihr Haß richtet sich aber nicht nur auf das Irdische im allgemeinen, sondern speziell auf die Kröten und Frösche. Diese Tiere sind gewissermaßen die leibesmäßige physische Ergänzung im Tierreich zu den verstandesmäßigen Köpfen der astralischen Gnomen:

„Das Irdische bildet für die Gnomen eine fortwährende Gefahr, und zwar deshalb, weil dieses Irdische fortwährend den Gnomen droht, sie sollten eine gewisse Gestalt annehmen: nämlich die Gestaltungen derjenigen Wesen, die ich Ihnen in der letzten Stunde hier beschrieben habe, die Gestaltungen der Amphibien, der Frösche und Kröten namentlich. Und die Empfindung der Gnomen in der Erde ist eigentlich diese: Wenn wir zu stark mit der Erde verwachsen, bekommen wir Frosch- oder Krötengestalt. Und sie sind fortwährend auf dem Sprunge, zu vermeiden, mit der Erde zu stark zu verwachsen, um nicht diese Gestalt zu bekommen; sie wehren sich fortwährend gegen diese Erdengestalt, die ihnen eben in der Weise drohen würde in dem Elemente, in dem sie sind. In dem irdisch-feuchten Elemente halten sie sich auf; da droht ihnen fortwährend die Amphibiengestaltung. Aus der reißen sie sich fortwährend heraus und erfüllen sich ganz mit den Ideen des außerirdischen Universums. Sie sind eigentlich innerhalb der Erde dasjenige, was darstellt das Außerirdische, weil es fortwährend vermeiden muß, mit dem Irdischen zusammenzuwachsen; sonst bekämen die Einzelwesen eben die Gestalt der Amphibienwelt. Und gerade aus diesem, ich möchte sagen Haßgefühl, Antipathiegefühl gegenüber dem Irdischen gewinnen die Gnomen die Kraft, die Pflanzen aus der Erde herauszutreiben. Sie stoßen fortwährend mit ihrer Grundkraft vom Irdischen ab, und mit diesem Abstoßen ist die Richtung des Wachstums der Pflanzen nach oben gegeben; sie reißen die Pflanzen mit." (ebd./S.115)

Diese Wesen sind aber nicht nur tief in der Erde zu entdecken. Wenn man geistig wacher wäre, könnte man jeden Abend eine bewußte Begegnung mit ihnen haben. Es gilt wachzubleiben, wenn man einschläft! Wer es schafft, während der Träume gleich nach dem Einschlafen die Kontinuität seines Bewußtseins aufrechtzuerhalten, der durchschreitet bewußt das Heer der Gnomen. Aber die Begegnung mit ihnen wäre nicht unproblematisch, und deshalb ist der Mensch davor geschützt wie vor jeder unmittelbaren Begegnung mit geistigen Wesen:

„Aber der Mensch ist eben für das gewöhnliche Bewußtsein sozusagen behütet, diese Dinge unvorbereitet wahrzunehmen, weil er erschrecken würde davor. Denn sie bildeten in der Gestalt, in der sie einem da entgegentreten, eigentlich tatsächliche Abbilder von alledem im Menschen, was in diesem Menschen an zerstörenden Kräften arbeitet. Der Mensch würde alles das zugleich in seiner Wesenheit wahrnehmen, was in ihm als zerstörende Kräfte arbeitet, was fortwährend abbaut. Und diese Gnomen wären, unvorbereitet wahrgenommen, lauter Symbole des Todes. Der Mensch würde davor ungeheuer erschrecken, wenn er von ihnen etwa gar nichts gehört hätte für seinen gewöhnlichen Verstand, und sie nun beim Einschlafen ihm entgegenkommen würden und ihn gewissermaßen begraben würden, denn so nimmt sich die Sache aus, ihn gewissermaßen begraben würden drüben in der Astralwelt. Denn es ist eine Art Begrabenwerden durch die Gnomen, was da beim Einschlafen, von drüben aus gesehen, vor sich geht." (ebd./ 03.11.1923/S.131)

Undinen

Das Element der Undinen ist eigentlich das Wasser, in dem sie schwimmen und schweben; natürlich nicht als physische Gestalten im physischen Wasser, sondern als astralische Wesen im Ätherbereich des Wässerigen. Sie halten sich auch dort auf, wo Luft und Wasser, Wasser und Pflanzen sich berühren. Ihre Gestalt ist nicht so geistig-konturiert wie die der Gnomen, sondern sehr viel verwandlungsfähiger. Auch ihr Bewußtsein ist nicht so scharf wie das der Gnomen, denn sie sind träumende Wesen. Steiner nennt sie die Weltenchemiker, weil sie im Blattbereich der durch die Gnomen heraufgestoßenen Pflanzen wirken und die Nahrungsstoffe der Pflanze bearbeiten, binden und lösen.

So wie die Gnomen eine Ergänzung zu den Amphibien sind, ergänzen die Undinen die Fische. Ihre Abneigung gegen das Irdische ist nicht so stark, aber sie haben ein fortwährendes Todesbedürfnis und möchten von höheren geistigen Wesen verzehrt werden und in ihnen aufgehen. Steiner schildert diese Todesprozesse der Undinen auf der Ostsee:

„Sie wissen ja vielleicht, daß, sagen wir Schiffer, die viel auf dem Meere fahren, finden, daß das Meer so einen eigentümlichen Eindruck macht, auf der Ostsee im Juli, August, September, weiter nach Westen hinüber schon im Juni, und daß diese Leute sagen: das Meer beginnt zu blühen. Es schlägt aus gewissermaßen; aber es schlägt aus von alledem, was im Meer verwest. Die Verwesung des Meeres macht sich da geltend; sie gibt dem Meere einen eigentümlichen fauligen Geruch.

Aber das ist alles anders für die Undinen. Die Undinen empfinden dabei nichts Unangenehmes, sondern wenn diese Millionen und Millionen von Wassertieren, die da verwesen im Meere, in die Zerstörung hineinkommen, dann wird das Meer für die Undinen ein in den wunderbarsten phosphoreszierenden Farbenspielen erglänzendes. Es glänzt und glitzert alles in allen möglichen Farben. Insbesondere in bläulichen, violettlichen, grünlichen Farben glitzert für sie das Meer innerlich und äußerlich. Das ganze Verwesen im Meere wird ein solches Glimmern und Glitzern in den dunkleren Farben bis zum Grün hin. Aber diese Farben sind Realitäten für die Undi-

---

Zu den folgenden Abbildungen der Skulpturen von Ronnie Graham:

Ronnie Graham, geb. 1953 als Sohn eines Tischlers in Nordirland; aufgewachsen in Belfast.

Seit etwa elf Jahren lebt er mit seiner englischen Frau Gaie und seinen drei Söhnen in der Nähe von Galway. Den Winden des Atlantik ausgesetzt, im Blick die karg-schöne Landschaft des Burren mit Höhlen, Spalten, üppigem Wuchs an Haselsträuchern, Brombeeren und Weißdorn, arbeitet er als Bildhauer ausschließlich mit Hölzern, die aus den irischen Mooren kommen.

Ronnie Graham benutzt in der Regel keine Maschinen, d.h. er folgt der Struktur des Holzes, seinen Formen und Schemen per Auge und Hand Schicht für Schicht. Durch diese Technik, und unter den Eindrücken der allgegenwärtig wirkenden Elemente, entstehen die für ihn typischen Arbeiten: Figuren und Wesen wie in Holz eingebundenes Leben.

Ronnie Graham: The wise one, Mooreiche

Ronnie Graham: Chainsaw stress, Mooreiche

nen, und man sieht dann die Undinen, wie sie in diesem Farbenspiele des Meeres selber diese Farben in sich aufnehmen. Sie ziehen diese Farben in ihre eigene Leiblichkeit herein. Sie werden so, wie diese Farbenspiele sind; sie werden selber phosphoreszierend. Und indem sie diese Farbenspiele aufnehmen, indem sie selber phosphoreszierend werden, entsteht in ihnen etwas wie eine Sehnsucht, wie eine ungeheure Sehnsucht, nach oben zu gehen, nach oben zu schweben. Diese Sehnsucht führt sie dazu, nach oben zu schweben, und sie bieten sich mit dieser Sehnsucht den Wesenheiten der höheren Hierarchien, den Angeloi, Archangeloi und so weiter als die Erdennahrung an; sie finden darin ihre Seligkeit. Sie leben dann in den höheren Hierarchien drinnen weiter." (ebd./04.11.1923/S.146 f.)

Der Mensch kann diese Wesen in der äußeren Natur schauen, wenn er hellseherische Fähigkeiten entwickelt, aber er kann ihnen auch nachts begegnen, und zwar wenn er im traumlosen Schlaf wachbleibt. Dann erscheinen die Undinen.

Bisher haben wir nur die guten Gnomen und Undinen kennengelernt. Es gibt aber auch bösartige. Die gutartigen arbeiten im Mineral- und Pflanzenreich, die bösartigen machen sich an die Tierwelt und die Menschen heran. Sie sind nach Steiner die Hervorbringer der Parasiten, aber sie schaffen auch etwas Gutes: Ohne sie könnte man nicht die eigene Gehirnmasse ausbilden (vgl. ebd./03.11.1923/S.136 f.).

Sylphen

Die Sylphen, auch Lemuren genannt, halten sich in den luftig-wärmehaften Ätherbereichen auf. Sie haben eine besonders intensive Beziehung zur Vogelwelt: Die Sylphen geleiten und führen die Vögel bei ihren Zügen nach Süden bzw. Norden und lehren sie den Gesang. Den von den Vögeln erzeugten Luftstrom hören sie als eine Art geistiger Musik:

„Weltenmusik ertönt daraus den Sylphen. Wenn Sie irgendwo, sagen wir, auf dem Schiffe fahren, und die Möwen heranfliegen, dann ist in dem, was durch den Möwenflug erregt wird, ein geistiges Ertönen, eine geistige Musik, die das Schiff begleitet.

Wiederum sind es die Sylphen, welche in diesem Tönen drinnen sich entfalten und entwickeln und in diesen erregten Luftströmen ihre Heimat finden. In dem geistig tönend bewegten Luftelemente finden sie ihre Heimat und nehmen dabei dasjenige auf, was die Kraft des Lichtes in diese Luftschwingungen hineinschickt. Dadurch aber fühlen sich diese Sylphen, welche im Grunde genommen für sich mehr oder weniger schlafende Wesenheiten sind, überall dort am heimischsten, am meisten zu Hause, wo der Vogel die Luft durcheilt. Wenn eine Sylphe gezwungen ist, die vogellose Luft zu durchschwirren, dann ist es für sie so, als ob sie sich selbst verloren hätte. Wenn ihr der Anblick des Vogels in der Luft wird, dann kommt etwas ganz Besonderes über die Sylphe. [...] In dem, was der Vogel, durch die Luft fliegend, in ihr erregt, findet die Sylphe ihr Ich. Und damit, daß das so ist, daß sie am Äußeren ihr Ich entzündet, wird die Sylphe die Trägerin der kosmischen Liebe durch den Luftraum. Die Sylphe ist zugleich, indem sie etwa so wie ein menschlicher Wunsch lebt, aber das Ich nicht im Inneren hat, sondern in der Vogelwelt hat, die Trägerin der Liebeswünsche durch das Universum hindurch." (ebd./02.11.1923/S.118)

Auch die Sylphen wirken beim Wachstum der Pflanze mit, und zwar tragen sie das Licht zur Pflanze, und die Sylphenkraft wirkt in der Pflanze zusammen mit der ätherischen Chemie der Undinen:

„Aus dem Lichte heraus weben die Sylphen mit Hilfe der Stoffe, die da hinaufströmen und von den Undinen bearbeitet werden, da drinnen eine ideale Pflanzengestalt. Die Sylphen weben eigentlich die Urpflanze in der Pflanze aus dem Lichte und aus dem chemischen Arbeiten der Undinen. Und wenn die Pflanze gegen den Herbst hin abwelkt und alles, was physische Materie ist, zerstiebt, dann kommen diese Formen der Pflanzen eben zum Herunterträufeln, und die Gnomen nehmen sie jetzt wahr, nehmen wahr, was die Welt, die Sonne durch die Sylphen, die Luft durch die Undinen, an der Pflanze bewirkt hat. Das nehmen die Gnomen wahr. So daß die Gnomen unten den ganzen Winter hindurch beschäftigt sind, wahrzunehmen, was von den Pflanzen hinunterträufelt in den Erdboden. Da fassen sie die Ideen der Welt in den Pflanzenformen, die mit Hilfe der Sylphen plastisch ausgebildet sind, und die in ihrer Geist-Ideengestalt in den Erdboden hineingehen." (ebd./S.119)

Die Gestalt der Sylphen ist noch vager als die der Undinen, und auch sie bieten sich den höheren Hierarchien zum Sterben an:

„Es ist so, daß in der Tat durch die sterbende Vogelwelt sich die Luft fortwährend anfüllt mit Astralität, mit einer niedrigeren Astralität, aber mit Astralität eben, mit astralischer Substanz. In dieser astralischen Substanz, ich kann nicht sagen flattern, ich möchte sagen, wenn das Wort nicht häßlich klingen würde, verschweben, es verschweben die Sylphen. Sie nehmen auf, was aus der sterbenden Vogelwelt kommt, tragen es wiederum sehnsüchtig in die Höhe und wollen veratmet sein von den Wesenheiten

Ronnie Graham: A druid, Mooreiche

Ronnie Graham: Gnomeface, Mooreiche

der höheren Hierarchien. Sie bieten sich als dasjenige an, was Atmungswesen der höheren Hierarchien ist. Wiederum ein grandioses Schauspiel! Indem man die Vogelwelt ersterben sieht, geht diese astralische, innerlich erglänzende Substanz in die Luft über. Die Sylphen zucken wie blaue Blitze durch die Luft, und in ihre blauen Blitze herein, zuerst ergrünend und dann errötend, nehmen sie auf diese Astralität, die von der Vogelwelt kommt, und huschen wie nach aufwärts zuckende Blitze hinauf. Verfolgt man das bis außerhalb des Raumes, so werden sie dasjenige, was veratmet wird von den Wesenheiten der höheren Hierarchien.“ (ebd./04.11.1923/S.148)

Der Mensch kann die Sylphen wahrnehmen, wenn er morgens vor dem Aufwachen seinen Aufwachtraum wach durchleben würde. Aber er ist davor geschützt, und das hat sein Gutes, denn er würde die Sylphen in dieser Vorstufe des Erwachens weitgehend als unangenehme Wesen empfinden, die ihn umspinnen und umweben.

Salamander

Die Feuergeister oder Salamander leben in der wärmedurchzogenen Luft bzw. im Wärmeäther. Sie tragen die Wärme zu den Pflanzenblüten und empfinden Verwandtschaft mit der Insektenwelt, vor allem mit den Schmetterlingen. Wenn ein Insekt, z.B. eine Biene, durch die Luft schwebt und Blüte um Blüte anfliegt, um den Nektar aufzusaugen, dann fliegt diese Biene in der Aura eines Feuergeistes. Und dieser Salamander fühlt sich mit den Insekten so intensiv verbunden, daß er in ihnen ihr Ich empfindet. Durch diese Ich-Verbundenheit mit den Insekten können Feuergeister die Materie vergeistigen, die in den Weltenraum aufsteigt:

„Und während die Feuergeister auf der einen Seite tätig sind dafür, daß in den Kosmos die durchfeuerte Materie hinausströmt, sind sie auf der anderen Seite dafür tätig, daß ins Innere der Erde hinein das konzentrierte Feurige, das konzentrierte Warme geht, um aufzuerwecken mit Hilfe der Gnomen die Geistgestalt, die von Sylphen und Undinen hinuntergeträufelt ist in die Erde.“ (ebd./02.11.1923/S.125)

Diese Vergeistigungsprozesse schildert Steiner ganz besonders in bezug auf feinste Partikel der Schmetterlingsflügel. Was von den sterbenden Schmetterlingsflügeln abstaubt, vergeistigt sich in den Wärmeäther hinein:

„Das, was da abstaubt von den Schmetterlingsflügeln, ist höchst vergeistigte Materie. Das alles fließt in den Wärmeäther, der die Erde umgibt, hinein wie winzige Kometen, jedes einzelne Stäubchen wie ein winziger

Komet im Erdenwärmeäther. Alles wird, wenn die Schmetterlingswelt ihrem Ende zugeht im Jahreslauf, glitzernd und glimmend, innerliches Glitzern und Glimmen. Und in dieses Glitzern und Glimmen ergießen sich die Feuerwesen, sie nehmen es auf. Es glitzert und glimmert in ihnen weiter, und auch sie bekommen ihre Sehnsucht. Sie tragen das, was sie so aufgenommen haben, in die Höhe. Und man sieht – ich habe es Ihnen schon von einer anderen Seite geschildert –, wie nun das, was von den Schmetterlingsflügeln von den Feuerwesen nach außen getragen ist, in den Weltenraum hinausschimmert. Aber es schimmert nicht nur hinaus, es strömt hinaus, und es ist dasjenige, was den eigentlichen Anblick der Geister der höheren Hierarchien von der Erde ergibt. Die Geister der höheren Hierarchien schauen auf die Erde und sehen vorzugsweise von der Erde dieses von den Feuerwesen hinausgetragene Schmetterlings- und Insektenwesen, und die Feuerwesen finden ihre höchste Wollust darinnen, zu verspüren, wie sie es sind, die sich hinstellen vor die Geistesaugen der höheren Hierarchien. Sie finden es als ihre höchste Wollust, angeschaut zu werden, von den Blicken sozusagen, von den Geistblicken der höheren Hierarchien aufgenommen zu werden." (ebd./04.11.1923/S.149)

Wahrnehmen kann man diese Feuerwesen, wenn man sein Wachbewußtsein steigert, also nicht während des Schlafens wacht, sondern während des Wachens zu einem höheren Bewußtsein erwacht. – Genauso wie es bösartige Undinen und Gnomen gibt, existieren auch bösartige Sylphen und Salamander. Sie erzeugen z.B. die Pflanzengifte.

Diese vier Gruppen sind die eigentlichen Elementarwesen. Sie durchgeistigen die gesamte Natur und tragen die Erdenprozesse durch den Jahreslauf hindurch. Und der Mensch steht mitten unter ihnen, lebt in ihrem Wirken und sieht sie nicht. Aber die Elementarwesen sehen den Menschen.

Weitere Elementarwesen

Verschafft man sich einen Überblick über die Rudolf Steiner Gesamtausgabe, so entdeckt man Darstellungen weiterer verschiedenster Elementarwesengruppen. Es würde den Rahmen dieses Artikels sprengen, sie alle näher zu beschreiben, deshalb beschränke ich mich auf knappe Skizzierungen. Einige Gruppen möchte ich später aber noch etwas ausführlicher beschreiben, damit man einen Eindruck von der Welt erhält, in der wir leben. Denn auch bei allen im folgenden genannten Wesen müssen wir immer wissen, daß sie um uns herum existieren, daß wir sie lediglich nicht wahr-

Ronnie Graham: Fairy with child, Mooreiche

Ronnie Graham: Having a look, Moorkiefer

nehmen. Wir Menschen sind es, die ihnen Gelegenheit zu einer Art Inkorporation geben. Wir brauchen nur einen Gedanken zu denken, ein bestimmtes Gefühl oder einen Willensimpuls zu entwickeln, sofort kommt ein dieser Seelenregung entsprechendes Elementarwesen aus der Astralwelt zu uns heran und umgibt oder durchdringt uns. Das habe ich im Zusammenhang mit der zeremoniellen und schwarzen Magie im FLENSBURGER HEFT Sonderheft 12, „Schwarze und weiße Magie" (S.145 ff.), dargestellt. Man gibt Wesen Gelegenheit zur Einwohnung, wenn man ein Feuer anzündet, eine bestimmte Gestik ausführt, räuchert usw. – Darüber hinaus gibt es z.B. die sogenannten *Mondbrüller,* astrale Wesen, die sich in der Nähe von „Irrenhäusern", Medien und Somnambulen aufhalten; *sanfte Marswesen,* die mit der Sprache zusammenhängen und eine Aura der Liebe benötigen, wenn sie mit dem Menschen Kontakt halten sollen; *gute und bösartige Venuswesen,* die über die Nahrung in den Menschen gelangen, und *erfinderische und wilde Saturngeister,* die sich über die Sinnesempfindung in den Menschen hineinschleichen (vgl. GA 102/1984/06.01.1908/S.15 ff.).

Dann gibt es neben den in die Materie verzauberten Elementarwesen, die schon geschildert und die als eine *erste Klasse* von Elementarwesen bezeichnet werden können, weitere Klassen. Eine *zweite Klasse* von Elementarwesen hängt mit dem Tag- und Nachtgeschehen zusammen; bevor der Tag erwacht, bleiben einige von ihnen im Nachtdunkel eingekerkert. Eine *dritte Klasse* hängt mit den Mondphasen, eine *vierte Klasse* mit dem Jahreszeitengeschehen zusammen (vgl. GA 110/1972/12.04.1909/S.37 ff.).

Außerdem existieren Naturwesen, die im Pflanzenwachstum heilsam wirken, sich aber herausziehen können und in der Natur als Riesen mit teils verheerenden Folgen agieren: Die *Frostriesen, Nebel-* bzw. *Sturmriesen* und die *Feuerriesen* (vgl. GA 228/1964/10.09.1923/S.84 f.).

Ferner gibt es *Elementarwesen der Moralitätssphäre,* solche der *ästhetischen Sphäre* – sogenannte *Elfen* und *Alben,* die uns umgeben, wenn wir ästhetisch genießen – und solche der *Weisheitssphäre* (vgl. GA 170/1978/06.08.1916/S.82 f.).

Dann existieren viele Wesen, die bei den Geburts- und Todesprozessen der Menschen mitwirken, z.B. die *Lipikas,* die die sich inkarnierende Seele zu dem Elternpaar leiten, oder die *Mahadevas,* die helfen, daß der Mensch vor der Geburt einen neuen Ätherleib bekommt (vgl. GA 94/1979/03.07.1906/S.153).

Es gibt *sinnvolle bzw. harmonische Elementarwesen,* die z.B. durch eine Kultushandlung ins Erdengeschehen gerufen werden (vgl. GA 216/1965/

29.09.1922/S.96 ff. und FLENSBURGER HEFTE Sonderheft 12, S.158 ff.), und *Elementarwesen,* die in *der Berufsarbeit* entstehen (vgl. GA 172/1980/ 12.11.1916/S.87 ff.).

Desweiteren muß man aber auch mit sehr vielen *ahrimanischen und luziferischen Elementarwesen* rechnen; das sind z.B. die *Elementarwesen der Geburt und des Todes,* die Aufgaben bei Geburt und Tod des Menschen übernehmen, aber auf der Erde zerstörerische Werke anrichten und z.B. beim technischen Fortschritt mitwirken (vgl. GA 177/1977/06.10.1917/ S.60 ff.); oder die ahrimanischen Elementarwesen, die Ahriman im Herbst zur Erde schickt, damit sie möglichst viel der ersterbenden physischen und ätherischen Kräfte aufsaugen und ihm zutragen (vgl. GA 150/1980/ 14.03.1913/S.23); oder ahrimanische Elementarwesen, die eigentlich das abstrakte Wissen der Menschheit für die Zukunft aufbewahren sollen, aber ihre Aufgabe vernachlässigen, weil sie in mediale Menschen hineinschlüpfen und sie von sich besessen machen (vgl. GA 243/1969/18.08.1924/ S.142 ff. und FLENSBURGER HEFTE Sonderheft 12, S.148 ff.); sowie dämonenartige Wesen, der Gestalt nach halb Ente, halb Känguruh, die am Tor der Astralwelt auf die Verstorbenen warten (vgl. GA 243/1969/19.08.1924/ S.164).

Letztlich gibt es noch den Bereich der *Phantome, Spektren (Gespenster)* und *Dämonen,* die durch menschliche Schwächen und Fehlleistungen entstehen, z.B. durch Lügen, schlechte Gesetze und geistige Vergewaltigung, und die durch Abschnürung gebildet werden (vgl. GA 102/1984/04.06. 1908/S.200 ff. und FLENSBURGER HEFTE Sonderheft 12, S.136 ff.).

Von Toren, Urhäßlichen und Schamhaften

In den zwei folgenden Kapiteln möchte ich noch ausführlicher über einzelne Gruppen von abnormen Elementarwesen berichten, die sehr interessant, wenig bekannt und deren Kenntnis wichtig ist, teils auch wegen der heute bestehenden zahlreichen zwischenmenschlichen Konfliktsituationen.

Eine Gruppe von Elementarwesen sind die sogenannten *Toren.* Sie gehören zum Reich der Gnomen, stehen aber in einem fortwährenden Konflikt mit ihnen. In der Natur sind es Riesen, sie können sich aber auch ganz klein machen, und zwar dann, wenn sie vor den fortwährenden Attacken der Gnomen in die Köpfe der Menschen flüchten.

Normalerweise sind diese Toren für die Hellseher schwer zu entdecken, weil sie sich verstecken. Sie ernähren sich auf Friedhöfen von den Lebens-

Ronnie Graham: Journey of a friend, Mooreiche

Ronnie Graham: Together, Mooreiche

resten der Verstorbenen und umschwirren die Menschen, besonders die Klugen:

„Wenn man nun einen wirklich gescheiten Menschen verfolgt, wie er in seinem Gefolge ein ganzes Heer solcher Wesenheiten haben kann, [...] so findet man, daß diese Wesenheiten außerordentlich gering geachtet werden von den Gnomengeistern der elementarischen Welt, weil sie plump sind, und vor allen Dingen, weil sie furchtbar töricht sind. Das Törichte ist ihre hauptsächlichste Eigenschaft. Und so kann man sagen: Gerade gescheiteste Leute in der Welt, wenn man sie daraufhin beobachten kann, werden von ganzen Trupps von Toren verfolgt aus der geistigen Welt. – Es ist, wie wenn diese Toren zu einem gehören wollten." (GA 219/1976/16.12.1922/S.76 f.)

So merkwürdig es sich ausnimmt, aber die Menschen müssen ihnen dankbar sein, denn indem diese Toren die menschlichen Gedanken umschweben, sich an ihnen festhalten und ihnen Gewicht geben, kann der Mensch seine Gedanken bei sich behalten, ohne daß sie ihm fortfliegen. Die Toren vermitteln also gedankliche Formkraft. Sie sitzen auch in Bibliotheken, aber – so Steiner – nur auf Büchern mit intelligenten Inhalten.

Eine zweite Elementarwesengruppe sind die *Urbilder der Häßlichkeit,* die zu den Reichen der Undinen und Sylphen gehören und auch fortwährend von diesen bekämpft werden. Sie, die Urhäßlichen, vermitteln gerade das Schöne, die Kunst. Demzufolge leben sie auch in der Nähe von Künstlern, und man entdeckt sie ebenfalls sehr schwer:

„Diese Wesen sind nämlich urhäßlich, das Häßlichste, was man entdekken kann, schauderhafte Wesen, die Urbilder der Häßlichkeit. Und hat man einmal sich den geistigen Blick für diese Wesen angeeignet und besucht dann mit diesem geistigen Blick irgendein Atelier, in dem Künstlerisches geschaffen wird, dann findet man, daß es diese Wesenheiten sind, die wie Spinnen eigentlich auf dem Grunde des Weltendaseins auf Erden sind, damit der Mensch an der Schönheit Interesse hat. Diese schauderhaften Spinnenwesen elementarischer Art sind es, durch die das Interesse an der Schönheit gerade wach wird. Der Mensch würde gar nicht das richtige Interesse an der Schönheit haben können, wenn er nicht mit seiner Seele in eine Welt von urhäßlichen Spinnenwesen eingesponnen wäre.

Man ahnt gar nicht, wenn man so durch eine Galerie geht, [...] wie man in seinem Interesse für die schönsten Bilder dadurch unterstützt wird, daß in allen Ohren und in allen Nasenlöchern diese häßlichsten Spinnen aus- und einkriechen. Auf dem Grunde der Häßlichkeit erhebt sich des Menschen Begeisterung für die Schönheit. Das ist ein Weltengeheimnis. Man braucht, ich möchte sagen, die Aufstachelung durch das Häßliche, damit gerade das Schöne zum Vorschein kommt." (ebd./S.80 f.)

Die dritte Gruppe sind abnorme Feuerwesen, die sogenannten *Schamhaften.* Sie besitzen ein ausgesprochenes Schamgefühl und wollen es unter allen Umständen vermeiden – vermutlich wegen ihres obszönen Äußeren, Steiner drückt sich hier sehr diplomatisch aus –, von anderen geistigen Wesen angeschaut zu werden. Sie schämen sich und schlüpfen in das Innere der Menschen:

„Diese Wesenheiten haben ein intimes, aber furchtbar stark ausgebildetes Schamgefühl. Sie wollen absolut nicht beobachtet werden von andern Wesen der geistigen Welt und fliehen vor ihnen, weil sie sich schämen, gesehen zu werden, fliehen vor allen Dingen in das Innerste der Menschen hinein, so daß sie schwer zu entdecken sind. Sie sind eigentlich nur zu entdecken, wenn man, sagen wir, sich selbst beobachtet in gewissen Momenten, die man eigentlich willkürlich nicht so leicht herbeiführen kann. Nehmen Sie einmal an, Sie lesen irgend etwas und werden einfach dadurch, daß Sie eine Szene lesen, die Sie dramatisch sehr ergreift, ohne daß Sie ein sentimentaler Mensch sind, zu Tränen gerührt. Irgendeine große, gute Handlung, meinetwillen im Roman, wird geschildert, Sie werden bis zu Tränen gerührt. Wenn Sie dann Selbstbeobachtung haben, da können Sie entdekken, wie ganze Scharen solcher Wesenheiten – die ein so fein und intim ausgebildetes Schamgefühl haben, daß sie von allen anderen Wesen der geistigen Welt nicht gesehen sein wollen – sich in Ihr Herz, überhaupt in Ihre ganze innere Brust hineinflüchten, wie sie zu Ihnen kommen, wie sie Schutz suchen vor den andern Wesen der elementarisch-geistigen Welten und namentlich vor den andern Wärmewesen." (ebd./S.83)

Sie bewirken, daß sich der Mensch für das Gute begeistert, und wer das Moralische liebt, steht mit ihnen im Bunde.

Das Wahre, Schöne und Gute braucht also die Unterstützung dieser drei abnormen Elementarwesengruppen. Sie sind im Gegensatz zu den Gnomen, Undinen, Sylphen und Salamandern in einer absteigenden Entwicklung begriffen.

Ein Meer von Elementarwesen nach dem Tod

Es existieren aber noch mehr Elementarwesen, sehr viel mehr! Solange wir inkarniert sind, besitzen wir die Fähigkeit zu denken, und wir können uns mit Hilfe der Gedächtniskraft an verschiedene Geschehnisse erinnern. Nach dem Tod verschwindet aber die Möglichkeit, abstrakt zu denken und sich erinnern zu können. Statt dessen zeichnen sich sämtliche Lebenserinnerungen kurz nach dem Tod in einen Bereich der geistigen Welt ein, in welchen man, statt seine Erinnerungskraft anzustrengen, fortwährend schauen kann (vgl. FLENSBURGER HEFTE 51, „Nah-Todeserfahrungen", S.63 ff.).

Wir können noch einen differenzierteren Aspekt dieses Geschehens ausmachen: Wenn ein Mensch stirbt, eröffnet sich ihm für eine kurze Zeit das Lebenspanorama. Eine der ersten Kräfte, die man nach dem Tod und dem Verglimmen des Lebenspanoramas erwirbt, ist die ins Geistige umgewandelte Gedächtniskraft. Und aufgrund dieser Kraft erkennt man, daß man sich in einem Meer von Elementarwesen befindet. Und man erkennt weiter, daß der Ursprung dieser Elementarwesen die eigenen Gedanken gewesen sind. Jeder während der Inkarnation gedachte Gedanke erzeugt ein Elementarwesen, das uns nach dem Tod begegnet:

„Sind wir aus dem physischen Leibe heraus, dann sehen wir diesen ganzen Gedächtnisschatz als lebendige Gegenwart, dann ist er da. Jeder Gedanke lebt als ein Elementarwesen. Wir wissen jetzt: Du hast gedacht während deines physischen Lebens, dir sind deine Gedanken erschienen. Aber während du in dem Wahne warst, du bildetest dir Gedanken, hast du lauter Elementarwesen geschaffen. Das ist das Neue, was du zum ganzen Kosmos hinzugefügt hast. Jetzt ist etwas da, was in den Geist hinein von dir geboren worden ist, jetzt taucht vor dir auf, was deine Gedanken in Wirklichkeit waren. Man lernt zunächst in unmittelbarer Anschauung erkennen, was Elementarwesen sind, weil man diejenigen Elementarwesen zuerst erkennen lernt, die man selber geschaffen hat. Das ist der bedeutungsvolle Eindruck der ersten Zeit nach dem Tode, daß man das Erinnerungstableau hat. Aber dieses fängt an zu leben, richtig zu leben, und indem es anfängt zu leben, verwandelt es sich in lauter Elementarwesen. Jetzt zeigt es sozusagen sein wahres Antlitz, und darin besteht sein Verschwinden, daß es etwas ganz anderes wird. Wir brauchen, wenn wir z.B. mit sechzig oder achtzig Jahren gestorben sind, jetzt nicht mehr für irgendeinen Gedanken, den wir etwa im zwanzigsten Jahre unseres Lebens gehabt haben, Erinnerungskraft, denn er ist da als lebendiges Elementarwesen, er hat gewartet, und wir brauchen uns nicht an ihn zu erinnern. Denn wären wir z.B. in unserem vierzigsten Lebensjahre gestorben, so wäre der Gedanke erst zwanzig Jahre alt – und das sehen wir ihm deutlich an. Diese Elementarwesen sagen uns selber, wie lange es her ist, seit sie sich gebildet haben. Die Zeit wird zum Raum. Sie steht vor uns, indem die lebendigen Wesen ihre eigenen Zeitsignaturen zeigen.“ (GA 153/1978/13.04.1914/S.150 f.)

Natürlich lernt man nicht nur die von einem selbst geschaffenen Gedanken kennen, sondern z.B. auch die von denjenigen Menschen, die noch auf der Erde leben. Allerdings bedarf es dazu einer Gefühlserinnerung, man muß diese Menschen auf der Erde geliebt haben:

„Wir lieben die Seelen, die wir zurückgelassen haben, deren Seeleninhalt uns als Gedanken, als Elementarwesen erscheint, aber wir lieben sie, weil wir selber noch leben von der Liebe, die wir für sie während unseres Erdenlebens entwickelt haben. Es ist ja unangenehm, möchte ich fast sagen, solche Ausdrücke zu gebrauchen, aber einige von Ihnen werden mich verstehen, wenn ich sage: Das Erdenleben – also nicht das Gedankenleben –, das Erdenleben als gefühlter und mit Willensimpuls durchsetzter Seeleninhalt, mit dem wir noch zusammenhängen, das wird wie eine Art elektrischer Umschalter der eigenen Individualität mit dem, was um uns herum geistig uns umwallt. Wie eine Art elektrischer Umschalter: wir nehmen alles wahr auf dem Umweg durch das letzte Erdenleben. Aber nur durch das, was im letzten Erdenleben Fühlen und Wollen war, nehmen wir wahr, was in der geistigen Welt zu uns gehört.“ (ebd./S.154 f.)

Wir können an diesen Darstellungen Steiners also erkennen, wie sorgsam man mit seinen Gedanken umgehen sollte, und wie wichtig die auf Erden entwickelten Gefühls- und Willensimpulse für das nachtodliche Leben sind.

Besessenheit und Attacken feindlicher Elementarwesen

In der zweiten Hälfte des Lebens zwischen Tod und neuer Geburt, wenn man sich allmählich wieder für eine neue Inkarnation vorbereitet, betrachtet man vor allem das eigene letzte Leben und seine Folgen für Mensch und Welt. Man sieht z.B., daß man durch jeden Lebensgenuß, den man nicht in Fähigkeiten umgewandelt hat, zum Schuldner der Welt geworden ist. Alle leiblichen Genüsse rufen bei gewissen Wesen Schmerzen hervor, und man steht somit in ihrer Schuld. Das erkennt man nach dem Tod mit großem Schrecken:

„[...] daß wir in der Tat mit solchen Genüssen gewissen Wesenheiten der geistigen Welt unendlichen Schmerz bereiten, die uns erst dann entgegentreten, wenn wir eben in diese geistige Welt eintreten. Und der Anblick dieses Schmerzes, den wir in der geistigen Welt gewissen Wesenheiten bereiten, der ist so ungeheuer bestürzend, bedrückend, unsere Seele mit solchen Kräften durchziehend, daß wir mit dem harmonischen Ausbilden der Zusammenhänge für die nächste Inkarnation keineswegs gut zurechtkommen.“ (ebd./14.04.1914/S.165 f.)

Man hat nun in der zweiten Hälfte des Lebens zwischen Tod und neuer Geburt zwei Möglichkeiten, während man die Genüsse des letzten Lebens betrachtet: Entweder ist man mit diesem Genuß zufrieden, labt sich gewissermaßen an der vergangenen Befriedigung, nimmt es in Kauf, Schuldner des Weltendaseins zu bleiben. Aber dann erzeugt man eine Kraft, durch die man nach und nach geistig degeneriert. – Die andere Möglichkeit ist, daß man sich in Vorbereitung für das nächste Leben vornimmt, die Genüsse, die zu Weltenschulden geworden sind, in Fähigkeiten umzuwandeln, mit denen man im nächsten Leben seine Schulden abtragen kann, indem man seinen Schulden entsprechend während der Folgeinkarnation gewisse Taten für die Welt vollbringt.

Leider hat diese zweite Möglichkeit einen Haken, denn die Weltenzusammenhänge sind sehr vielseitig und scheinen sich oft auch zu widersprechen. Wenn man in der zweiten Hälfte des Lebens zwischen Tod und neuer Geburt angesichts der Schulden, die man gegenüber der Welt und bestimmten Menschen hat, Fähigkeiten ausbilden will, um seine Schulden im nächsten Leben ausgleichen zu können, geschieht etwas höchst Merkwürdiges:

„Wir können bemerken: Indem du dir jetzt in deiner gegenwärtigen Lage diese verflossenen Erlebnisse umwandelst in Fähigkeiten, da stören dich gewisse Elementarwesen. Das kann so sein. Diese Elementarwesen lassen es nicht dazu kommen, daß du dir diese Fähigkeiten wirklich aneignest. Jetzt kann man sich fragen: Was ist nun zu tun? Wenn ich diesen Elementarwesen willfahre, die da herankommen und die nicht leiden können, daß in mir diese Fähigkeiten entstehen, dann werde ich mir diese Fähigkeiten nicht bilden können. Aber diese Fähigkeiten muß ich mir bilden. Ich weiß, daß ich nur dadurch in der nächsten Inkarnation gewissen Menschen, denen ich Dienste leisten kann, diese Dienste wirklich werde leisten können, wenn ich diese Fähigkeiten habe. Man wird in einem solchen Falle in der Regel so entscheiden, daß man sich diese Fähigkeiten aneignet. Damit aber verletzt man diese Elementarwesen, die da ringsherum sind. Die fühlen sich in einer gewissen Weise durch uns attackiert. Namentlich fühlen sie sich, wenn das geschieht, was gerade gesagt worden ist, daß wir uns gewisse Fähigkeiten aneignen, dadurch so verfinstert in ihrem Dasein, wie wenn ihnen an ihrer eigenen Weisheit etwas genommen wäre. Eine der Folgen, die oft eintritt, ist dann diese, daß, wenn wir wiedergeboren werden, wir einen oder mehrere Menschen auf der Erde besessen finden von diesen Elementarwesen und ihnen besonders feindliche Absichten gegenüber uns eingegeben finden." (ebd./S.168)

Sicherlich haben Sie es im Verkehr mit anderen Menschen schon oft erlebt, wie ein Ihnen normalerweise wohlgesonnener Mensch Ihnen gegenüber ausrastet, Sie verletzt, beleidigt und attackiert. Scheinbar ohne Grund. Der eben geschilderte Zusammenhang, diese dem Menschen feindlich gesinnten Elementarwesen, sind eine der Ursachen für die Mißverhältnisse und Konflikte im menschlichen Miteinander. Natürlich darf man diese Elementarwesen, die mit ihrer Attacke unsere Schuld an ihnen ausgleichen, nicht über die Maßen gewähren lassen:

„Es kann ja der Fall eintreten, wo es gut ist, sie gewähren zu lassen, es kann aber auch der andere Fall eintreten, daß, wenn wir sie gewähren lassen, diese feindlichen Elementarwesen, die durch diesen oder jenen Menschen wirken, sie durch das, was sie nun auf dem physischen Plan erreichen, sich reichlich Ausgleich schaffen für das, was man ihnen sozusagen durch den eigenen Schutz weggenommen hat; sie gehen über das hinaus, was man ihnen weggenommen hat. Und die Folge davon würde sein, daß man sich ihnen gegenüber nicht retten kann, wenn man wiederum in der entsprechenden Zeit in den Zeitenstrom zwischen dem Tod und einer neuen Geburt eintritt, daß sie einen da in gewisser Weise für gewisse Fähigkeiten totschlagen würden." (ebd./S.169)

Wir müssen ihnen also entgegentreten, sie auflaufen lassen oder sie aushungern; je nach Situation. Allerdings kann man daran lernen, daß es oft nicht die Individualität eines Menschen ist, die einen andern beleidigt, sondern Elementarwesen, die in ihm wirken. Das enthebt den Menschen natürlich nicht seiner Verantwortung für die aus ihm heraus agierenden, andere Menschen verletzenden Elementarwesen!

Erlösung der Elementarwesen

Denken wir noch einmal an den eingangs geschilderten Waldspaziergang, speziell an den etwas intensiver betrachteten Blaubeerbusch zurück. In der Tat ist etwas zwischen dem Betrachter und dieser Pflanze geschehen. Der erste menschliche Blick, der auf einen Naturgegenstand fällt, hat zur Folge, daß die in ihm gefesselten Elementarwesen entzaubert, befreit werden. Allerdings ist das kein automatischer Akt, sondern ein höchst kompli-zierter und sensibler Prozeß.

In jeden Naturgegenstand werden beim Verfestigungsprozeß der Erde unzählige Elementarwesen gefesselt, z.B. in einen Granitfels. Bei einer in der Gegenwart wachsenden Pflanze werden die meisten Elementarwesen während des Wachstumsprozesses eingekerkert, aber wahrscheinlich nicht so viele, wie in einem Granitblock anwesend sind. Wenn jetzt ein Mensch auf eine Pflanze, z.B. unseren Blaubeerbusch, schaut, kommt es darauf an, welcher Art dieser Blick ist: Betrachtet er die Blaubeeren z.B. als reinen Nutzgegenstand und rupft sie ab, um sie aufzuessen, schaut er die Pflanze als solche überhaupt nicht an, weil sie ihn nicht interessiert, dann strömen die Elementarwesen dieses Blaubeerbusches – zumindest einige, wahrscheinlich nicht alle – in ihn ein.

Man kann den Blaubeerbusch aber auch ganz anders anschauen, indem man Interesse für seine Gestalt und alle Einzelheiten aufbringt, indem man seine Schönheit bewundert oder sich einfach etwas Zeit nimmt, die Pflanze zu betrachten, und abwartet, ob sie einem etwas sagen will. Auch dann strömen die Elementarwesen in einen hinein.

„Wenn wir eine Pflanze betrachten, wie man es gewohnt ist, sie heute zu betrachten, so ahnt man gar nicht, daß in dieser Pflanze eine elementarische Wesenheit steckt, ein Geistiges steckt, daß in jeder solchen Pflanze etwas drinnen ist, dem es nicht genügt, daß wir sie anschauen und uns die abstrakte Bildvorstellung machen, die wir uns heute gemeiniglich auch von Pflanzen machen. Denn in jeder solchen Pflanze steckt elementarisches geistiges Wesen, aber es steckt so darinnen, daß es gewissermaßen in der Pflanze verzaubert ist. Und im Grunde genommen schaut nur derjenige eine Pflanze richtig an, der sich sagt: Dies ist in aller Schönheit die Umhüllung eines geistigen Wesens, das drinnen verzaubert ist. – Gewiß, im großen kosmischen Zusammenhange ein relativ unbedeutendes Wesen, aber ein Wesen, das eine tiefe Beziehung zum Menschen hat.

Der Mensch ist eigentlich so innig verknüpft mit der Welt, daß er keinen Gang in die Natur machen kann, ohne daß die intimen Beziehungen, in denen er zur Welt steht, eine intensive Bedeutung für ihn haben. Wenn die Lilie auf dem Felde erwächst aus dem Keim, bis zur Blüte kommt, dann müssen wir uns schon – ohne Personifikation – ganz intensiv vorstellen, daß diese Lilie auf etwas wartet.“ (GA 223/1976/28.09.1923/S.111)

Die Elementarwesen strömen also in jedem Fall fortwährend in den Menschen ein, aber was anschließend mit ihnen geschieht, liegt in der

Verantwortung des Menschen. Sie können nämlich erlöst, d.h. aus ihrer Fesselung an die Materie befreit werden und in ein höheres Reich aufsteigen, oder sie müssen auf einigen Umwegen in ihren Kerker zurück.

„Sein ganzes Leben hindurch auf der Erde läßt der Mensch aus der Außenwelt Elementargeister in sich hereinfließen. In demselben Maße, in dem er die Dinge bloß anglotzt, in demselben Maße läßt er diese Geister einfach in sich hineinwandern und verändert sie nicht; in demselben Maße, in dem er die Dinge der Außenwelt in seinem Geist zu verarbeiten sucht durch Ideen, Begriffe, Gefühle der Schönheit und so weiter, in demselben Maße erlöst und befreit er diese geistigen Elementarwesen." (GA 110/1972/12.04.1909/S.34)

Der Umweg für die Elementarwesen ist der Weg durch den Menschen. Strömen sie z.B. in der Mitte seines Lebens in ihn ein, bleiben sie bis zu seinem Tod in ihm. Während seiner Inkarnation sind sie noch nicht befreit, sondern lediglich in einer neuen Umgebung gefesselt. Aber beim Tod des Menschen kommt die große Scheidung. Diejenigen Elementarwesen, die er beim Blick auf die Pflanze, die Quelle, die Tautropfen, den Stein befreit hat, steigen in ein höheres Reich, diejenigen, die er nicht erlöst hat, warten auf ihn, bis er sich wieder inkarniert und steigen mit ihm zur neuen Verkörperung herab, sind also nach wie vor gefesselt (vgl. ebd./S.34 f.).

Der Drache frißt die Naturwesen

Es gibt aber noch einen anderen Aspekt, der die Verantwortung des Menschen deutlicher unterstreicht. Schon oft habe ich dargestellt, daß im Menschen ein Drache sitzt (vgl. FLENSBURGER HEFTE 26, „Michael", S.57 ff., FLENSBURGER HEFTE 45, „Hüter der Schwelle", S.108 ff.). Das sind die ahrimanischen Engel, die beim Kampf Michaels mit dem Drachen besiegt, aus den geistigen Welten zur Erde gestoßen wurden und seither im Menschen leben. Und dieser Drache im Menschen dürstet nach den Naturwesen:

„Denn es ist gerade das die Wesenhaftigkeit dieses Drachen, daß er dürstet und hungert nach diesen Elementarwesen; er möchte überall herumschleichen, er möchte alle Pflanzen und Mineralien abschlecken, um in sich die Elementarwesen der Natur aufsaugen zu können. Denn mit denen will er sich verbinden, mit denen will er sein eigenes Dasein durchdringen. In der außermenschlichen Natur kann er das nicht, er kann es nur in der innermenschlichen Natur." (GA 223/1976/28.09.1923/S.114)

An die in der Natur gefesselten Elementarwesen kann der Drache nicht heran, aber sobald sie in das Innere des Menschen strömen, können sie zu seiner Beute werden:

„Dadurch aber, daß er ein solches Wesen ist, daß er ein Übersinnliches in der Sinneswelt ist, zieht er in demselben Augenblicke dasjenige an, was aus den Weiten der Natur an den Menschen als übersinnliches Elementarisches heranströmt, verbindet sich mit dem, und statt daß der Mensch durch seine Seelenhaftigkeit, durch sein Gemüt die Elementarwesen, sagen wir der Pflanzen, aus ihrer Verzauberung erlöst, verbindet er sie mit dem Drachen, läßt er sie in seiner niederen Natur mit dem Drachen untergehen. Denn alles in der Welt ist in der Strömung einer Entwickelung, nimmt die verschiedensten Wege der Entwickelung. Und jene Elementarwesen, die in den Mineralien, Pflanzen und Tieren leben, müssen zu höherem Dasein aufsteigen, als sie es haben können in den gegenwärtigen Mineralien, Pflanzen und Tieren. Das können sie nur, wenn sie durch den Menschen durchgehen. Der Mensch ist wahrhaftig auf der Erde nicht nur dazu da, daß er die äußere Kultur begründet. Der Mensch hat innerhalb der ganzen Weltenentwickelung ein kosmisches Ziel, und dieses kosmische Ziel hängt mit solchen Dingen zusammen, wie ich sie eben beschrieben habe: mit der Höherentwickelung jener Elementarwesen, die im irdischen Dasein auf einer niederen Stufe stehen, aber zu einer höheren Stufe bestimmt sind, und die, wenn der Mensch in ein bestimmtes Verhältnis zu ihnen kommt, und wenn das alles mit rechten Dingen zugeht, zu einer höheren Entwickelungsstufe kommen können." (ebd./S.113 f.)

Wenn man sich das wirklich klarmacht, ahnt man vielleicht, welche Verantwortung wir Menschen für die Weltentwicklung tragen. Es wird nicht mehr alles von irgendwelchen Göttern geregelt – wie viele Menschen noch meinen –, sondern wir stehen in der Mitverantwortung der Weltentwicklung. Auf Schritt und Tritt erlösen wir Naturwesen oder werfen sie dem Drachen zum Fraß vor! Selbstverständlich kann man jetzt nicht sein ganzes Leben der Erlösung von Elementarwesen widmen, denn man hat noch andere Aufgaben in diesem Leben, aber man kann damit schrittweise beginnen, und zwar indem man lernt, die Natur anders anzuschauen. Man muß sich einfach den Ruck geben, z.B. auf jedem Spaziergang einen Baum, einen Käfer oder den Himmel wenigstens einen Augenblick interessevoll anzuschauen (vgl. FLENSBURGER HEFTE 47, „Übungen zur Selbsterziehung", S.95 ff. und S.166 ff.). Oder man nimmt sich die Übung vor, täglich eine Pflanzenbetrachtung durchzuführen (vgl. ebd., S.73 ff. und FLENSBURGER

HEFTE Sonderheft 17, „Ita Wegman und die Anthroposophie“, S.111 ff.). Wenn man solche Übungen durchführt und sich zusätzlich geistig mit der Welt und ihren verborgenen Seiten auseinandersetzt, trägt man zum wirklichen Fortschritt, zu einer Höherentwicklung der Welt bei:

„Der Mensch wird den Frühling erleben, so erleben, daß er die Schönheit, die Lieblichkeit der Pflanzenwelt empfindet, daß er seine innigste Freude über das sprießende, sprossende Leben hat, aber er wird zu gleicher Zeit ein Gefühl dafür bekommen, daß in allem sprießenden, sprossenden Leben elementarisch Geistiges verzaubert ist. Er wird ein Gefühl, einen Gemütsinhalt dafür bekommen, daß jeder Blütensproß ihm Zeuge wird für die Tatsache, daß in der blühenden Pflanze Wohnung nimmt ein verzaubertes Elementarwesen. Und der Mensch wird ein Gefühl dafür bekommen, wie in diesem Elementarwesen die Sehnsucht lebt, gerade durch ihn erlöst zu werden, nicht übergeben zu werden dem Drachen, dem es durch seine eigene Unsichtbarkeit ja verwandt ist. Der Mensch wird ein Gefühl dafür bekommen, wenn dann die Blumen im Herbste abwelken, daß es ihm gelungen ist, etwas beizutragen, damit die Welt in ihrer Geistigkeit wiederum ein Stückchen weiterkomme, und daß mit der abwelkenden und sich senkenden Blüte, mit der Blüte, die in den Samen übergeht, die hart und welk wird, ein Elementarwesen aus der Pflanze schlüpft.“ (GA 223/1976/28.09.1923/S.120)

Der übende Mensch kann also den Naturwesen helfen, er kann sich aber auch selbst weiterentwickeln und einen Weg beschreiten, der zum Schauen der Elementargeisterwelt führt und letztlich sogar zum Schauen des Karma (vgl. GA 240/1977/24.08.1924/S.264 ff.). Darauf werden wir zu einem späteren Zeitpunkt in den FLENSBURGER HEFTEN eingehen.

Alle Kreatur wartet sehnsüchtig ...

Interview mit Ernst-Martin Krauss

von Klaus-Dieter Neumann

Dr. Ernst-Martin Krauss, *geb. 1935, Strafsenatsvorsitzender am Schleswig-Holsteinischen Oberlandesgericht in Schleswig. Autor des Buches: „Holzwege, Steinwege ... Erlebnisse mit Elementarwesen" (1992, siehe Anzeige S.127).*

„Was wir brauchen, ist etwas anderes: das Erleben des Geistigen, nicht bloß das Erdenken des Ideellen." (GA 83/1981/07.06.1922/S.195)

In diesen Worten Rudolf Steiners klingt an, daß es heute von entscheidender Bedeutung ist, nicht darin zu verharren, sich nur Vorstellungen über den Geistgehalt der Welt zu bilden. Vielmehr ist es eine Zeitnotwendigkeit, konkrete Schritte auf einem Übungsweg zu unternehmen, der zu einem realen Erleben des Geistigen führt. Nur so kann ein wirklicher Brückenschlag zwischen Mensch und Welt vollzogen werden, von dem nicht nur die Entwicklung des Menschen, sondern die der gesamten Schöpfung abhängig ist: „Denn alle Kreatur wartet sehnsüchtig auf das Offenbarwerden der Söhne Gottes." (Röm. 8, 19)

Ernst-Martin Krauss stellt in dem folgenden Interview dar, wie er seit Jahren systematisch vorgeht, um sich Imaginationen zu erarbeiten. Die Abbildungen in diesem Interview zeigen das Ergebnis seiner Bemühungen, den Wesen, denen er in seinen Imaginationen begegnet, einen künstlerisch gestalteten Ausdruck zu verleihen.

Klaus-Dieter Neumann: Wie bist Du biographisch zu Deinen Begegnungen mit Elementarwesen gekommen?

Ernst-Martin Krauss: Der Weg zu Imaginationen und zum Erleben von Elementarwesen ist immer individuell. Jeder Mensch, der einen Zugang dazu gewinnt, kommt auf seine ganz eigene Weise dazu. Das hängt von seinem ganzen bisherigen Leben ab, und es spielen wohl auch noch weitere Faktoren eine Rolle. Daher habe ich meine Zweifel, ob es lohnenswert, sinnvoll ist, den eigenen persönlichen Werdegang zu Imaginationen zu schildern. Dieser biographische Entwicklungsweg mag zwar interessant sein, aber er ist nicht allgemeingültig und sollte auch nicht verallgemeinert werden.

Gründliche Kenntnis der Naturprozesse als Vorstufe

K.-D.N.: Welcher Art sind Deine Erlebnisse mit Elementarwesen?

E.-M. Krauss: Ich kann meine imaginativen Erlebnisse zunächst in zwei Kategorien einteilen: Zur einen Kategorie gehören die Erlebnisse, in denen die Wesen scheinbar unvermittelt auf mich zugekommen sind, so daß ich ganz überrascht war und mich fragte, wie es dazu gekommen ist. Ich habe mich gefragt, ob das eine Imagination oder nur eine Vision, nur etwas Atavistisches ist. Ich mußte mir also im nachhinein klarmachen, welcher Art diese Erlebnisse waren und welche Bedeutung sie hatten.

Zur zweiten Kategorie gehören diejenigen Erlebnisse, auf die ich mich bewußt vorbereitet habe. In diesen Fällen habe ich mir ein Thema gewählt und eine ganz bestimmte Aufgabe gestellt, auf die ich mich möglichst umfassend vorbereitet und eingestimmt habe. Diese Kategorie umfaßt also diejenigen Erlebnisse, bei denen sich Bilder nach einer gezielten Vorbereitung eingestellt haben. Und dieser Zugang ist der nach meiner Ansicht für die heutige Zeit notwendige. Er beruht auf einer systematischen, energischen und gründlichen Vorbereitung. – Auf einen Aspekt dieser Vorbereitung weist z.B. die Ankündigung eines Seminars in der neuesten Ausgabe des *Goetheanums* (Nr.31/1996) hin; dort heißt es im *Nachrichtenblatt:*

„Das Miterleben des Jahreslaufes

Seminar über die Substanzprozesse der Michaeli-Imagination

[...] In den Vorträgen *Das Miterleben des Jahreslaufes in vier kosmischen Imaginationen* [GA 229] gibt Rudolf Steiner eine Anleitung, die Inhalte der Jahresfeste am Naturgeschehen der Jahreszeit zu erleben. Allerdings erschwert oft die mangelnde Bekanntschaft mit den Naturprozessen, bewußt Imaginationen auszubilden. Die für einen Zugang zur Michaeli-Imagination geeigneten chemischen Grundlagen sollen durch die Seminararbeit vermittelt werden.“ (S.191)

Ich teile die Auffassung, die hier durch die Seminarveranstalter zum Ausdruck gebracht wird: Wenn man Imaginationen im anthroposophischen Sinn anstreben will, muß man sich wirklich gründlich präparieren. Ein verschwommener Wunsch nach etwas Zauberhaftem, Schönem oder gar Sensationellem gibt dafür keine Grundlage, sondern führt in die Irre. Man sollte sich ein Thema stellen und dieses zunächst nach allen Richtungen gründlich aufarbeiten. Dazu gehört auch die naturwissenschaftliche Durchdringung des Gegenstands, mit dem man sich beschäftigen will. Die gründliche Kenntnis der Naturprozesse – der chemischen Grundlagen, wie es in der Seminarankündigung heißt – ist also *eine* Voraussetzung, wenn man mit einem Erkenntnisgegenstand ins Gespräch kommen will und anstrebt, das geistige Wesen dieses Gegenstands imaginativ zu erfassen. Die Vorstufen, die damit angesprochen sind, würde ich als ein goetheanistisches Vorgehen bezeichnen.

In dieser Richtung arbeitet insbesondere auch mein Freund Dorian Schmidt, Gartenbaulehrer an der Waldorfschule in Nürnberg. Er hat sich in jahrelanger Forschung mit bestimmten Pflanzen beschäftigt, immer wieder ihre chemisch-biologischen Bedingungen studiert und geistig befragt. Schließlich ist es ihm nach anhaltendem intensiven Forschen und Fragen gelungen, Antworten zu erhalten; zunächst als Eindrücke über Kräfteverhältnisse, über prozessuale übersinnliche Vorgänge in und um die jeweilige Pflanze; und dann nach weiterem intensiven Meditieren auch in Gestalt von Wesen. Seine Arbeit, sein nachhaltigstes Brückenschlagen zwischen den naturwissenschaftlichen Prozessen und den darin webenden, arbeitenden, leidenden und sich freuenden geistigen Wesen hat mich sehr beeindruckt.

Sammeln von Eindrücken und Vorstellungen an einem Ort

K.-D.N.: Kannst Du einmal eines Deiner Erlebnisse und die dazugehörende Vorbereitung im einzelnen schildern?

E.-M. Krauss: Ich gehe inzwischen, so gut ich es kann, möglichst systematisch vor und versuche, mir die jeweils angestrebten Imaginationen in bewußt vollzogenen Schritten zu erarbeiten. Ich mache das meistens im Urlaub. Da fahre ich in eine bestimmte Gegend, die ich mir erschließen will. In den Ferien habe ich dazu den notwenigen Freiraum, bin entsprechend unbeschwert, und atmosphärisch ist es für mich am günstigsten. Im einzelnen sieht es dann so aus, daß ich zunächst, wie jeder Mensch sonst auch, durch diese Gegend wandere und dabei durchaus auch die Landschaft genieße, mich an allem erfreue, was da zu sehen, zu erleben und zu empfinden ist. Ich erfreue mich also an der Landschaft, bin dabei aber eigentlich ein Sammler. Ich sammle, was da im einzelnen zu sehen, zu hören, zu riechen und zu fühlen ist, ob es warm oder kalt, feucht oder trocken ist, ob die Sonne scheint, wie die Wolken ziehen, der Wind weht usw. Ich sammle alle diese Gedanken und Eindrücke, die ich zunächst einmal von der Oberfläche ausgehend wahrnehmen kann.

K.-D.N.: Suchst Du dabei auch Begegnungen mit Menschen?

E.-M. Krauss: Ich versuche, alles aufzunehmen, was kommt. Ich beobachte dabei selbstverständlich auch meine gesamte menschliche Mitwelt an diesem Ort: die Touristen, die Wirtsleute, die Angestellten, die einen bedienen, aber vor allem auch die Einheimischen. Ich finde eigentlich immer ziemlich schnell direkt und auch intensiv Kontakt zu Menschen, die an diesem Ort leben. Immer wieder erlebe ich dann, daß ich Menschen begegne und wir direkt von Herz zu Herz miteinander sprechen können, obwohl wir uns gar nicht kennen. Man begegnet sich jetzt und sieht sich vielleicht nie wieder: Das erleichtert manches.

Verlebendigen des Jahreslaufes und der Geschichte

So nehme ich also erst einmal alles auf, was sich mir an diesem Ort zeigt, wenn ich von außen auf ihn zugehe. – Dann versuche ich in einem weiteren Schritt, mir vorzustellen und zu veranschaulichen, wie der Ort in den Jahreszeiten aussieht, denn ich halte mich ja nur in einer bestimmten Jahreszeit dort auf. Wenn ich z.B. im Februar im Fextal im Engadin (Schweiz) bin, dann ist dort alles herrlich weiß und verschneit, und es gehört schon einige Aktivität dazu, sich vorzustellen, wie es wohl an einem heißen Sommertag dort aussieht. Ich bemühe mich, mir intensiv zu verlebendigen, was dort in der Natur im Jahreslauf geschieht. Dabei male ich mir nicht nur die Landschaft als Bild aus, sondern versuche auch, die Naturprozesse mitzuerleben: z.B. Schneefall, Eisregen oder Frost im Winter, auch mit all den Ungemütlichkeiten, aber auch alles herrlich Glitzernde und Klare; im Sommer unter Umständen die große Hitze oder Schwüle und Gewitter, laue Sommerlüfte, die zum Liegen auf der Wiese einladen; und so auch den Frühling und Herbst. So lasse ich den gesamten Jahreslauf an diesem Ort in mir lebendig werden.

In einem weiteren Schritt gehe ich in der Zeit die Jahrzehnte, Jahrhunderte und Jahrtausende der Naturgeschichte dieses Ortes zurück, soweit mir das möglich ist. Da ich kein Geologe, Biologe, Chemiker oder Physiker bin und mein naturwissenschaftliches Wissen nur begrenzt ist, sind meine Erkenntnisse in diesem Bereich eher gröberer Natur, sie reichen nicht bis in alle Einzelheiten. Aber auch hier bin ich bestrebt, mir möglichst detaillierte und genaue Vorstellungen zu bilden. Ich verdeutliche mir, daß diese Gegend nicht immer so ausgesehen hat wie heute, welche gewaltigen Veränderungen im Laufe der Zeit hier stattgefunden haben, welche geologischen Dramen sich im Innern der Erde und in der Ausprägung der Landschaft abgespielt haben.

K.-D.N.: Gehst Du auch dem nach, was historisch über die menschliche Geschichte dieses Ortes zu erfahren ist?

E.-M. Krauss: Ja, das ist dann ein weiterer Aspekt des Bestrebens. Ich versuche, möglichst viel von dem, was geschichtlich mit diesem Ort verbunden ist, zu erfahren. Dazu gehört auch die Nachforschung, ob an diesem Ort Kriege und Schlachten stattgefunden haben, und vor allem auch, ob dort bedeutende Persönlichkeiten gewirkt haben, ob dort ein Kulturzentrum war. Wenn man z.B. in Sils Maria im Engadin ist, dann ist die Kulturgeschichte dieses Ortes ungeheuer reich und bedeutend, gerade auch in den letzten ein, zwei Jahrhunderten. Es ist ganz erstaunlich, welche bedeutenden Persönlichkeiten dort gelebt und gearbeitet haben. Nietzsche hat dort z.B. seinen „Zarathustra“ geschaffen, und das allein sagt ja schon viel.

Ich sehe die Geschichte eines Ortes aber auch immer in Verbindung mit der ganzen Gesteins-, Pflanzen- und Tierwelt, z.B. mit der Vogelwelt dieses Ortes, und auch mit der geologischen Situation, die dort vorzufinden ist. So versuche ich – nicht zu streng, eher spielerisch-neugierig, „schnuppernd“ möchte ich sagen –, in der heutigen Gesteinswelt, dem Pflanzen- und

Tierreich die Entwicklung dieses Ortes historisch und kulturgeschichtlich aufzufangen und in mir lebendig zu machen, so daß mir alles vertraut wird.

Jede Einzelheit klingt in eine große Melodie ein

K.-D.N.: Über das Sammeln der Vorstellungen verbindest Du Dich also immer mehr mit dem Ort.

E.-M. Krauss: Ja, wenn ich soviel wie möglich an Vorstellungen gesammelt habe, dann bleibe ich nicht beim vorstellungsmäßigen Denken stehen, sondern verbinde mich auch gefühlsmäßig damit. Ich versetze mich z.B. in die Maler, die dort gelebt und auch die Landschaft gemalt haben, und versuche, die Dramen nachzuempfinden, die sich in ihrem Leben an diesem Ort zugetragen haben. Ich höre auch meinem Gastwirt zu und empfinde es mit, wenn er aus seinem Leben erzählt, von der Familie, aus der er stammt, wie er sein Leben gestalten will und welche Bedeutung seine künstlerische Tätigkeit des Schnitzens für ihn hat.

Das alles, von dem ich hier ja nur einige Bruchstücke erwähnen kann, beginnt schließlich, immer mehr und mehr zu klingen, und zwar ohne eine verkrampfte Anstrengung, es in diese Richtung zwingen zu wollen. Jede Einzelheit klingt gewissermaßen aus sich heraus schließlich in eine große Melodie ein. Das ist natürlich noch keine Imagination, aber da fängt schon etwas in mir an zu schwingen – zu singen, könnte man fast sagen –, und es beginnt, in mir zu leben, so daß ich kein unbeteiligter Beobachter mehr bin. Ich komme mit allem, was zu dem Ort gehört, in eine Verbindung: mit den Menschen, Tieren, Pflanzen und dem Gestein. Man könnte auch sagen: Ich komme mit ihnen in ein Gespräch. Damit meine ich jetzt nicht das Gespräch, das ich mit dem Gastwirt habe oder mit einem Bauern, dem ich zufällig begegne, oder mit dem Professor, der sich in dieser Gegend ein Haus gebaut hat und hier seit 40 Jahren lebt. Diese menschlichen Gespräche in Worten sind nicht gemeint, sondern es ist ein Gespräch ohne Worte, wie eine webende Melodie, ein Musizieren, bei dem ich jetzt mitwirke.

Vorbereitungen

K.-D.N.: Wie gehst Du dann auf dem Weg, eine Imagination zu erzeugen und eventuell auch zu malen, weiter vor?

E.-M. Krauss: Ich will jetzt jeden Urlaub zu solchen Experimenten nutzen und ganz genau erforschen, wie ich immer sicherer zu korrekten und gesunden Imaginationen komme. Deshalb bin ich schon entsprechend präpariert, wenn ich an diesem Ort ankomme. Ich habe dann schon meine Malsachen, meine Buntstifte, Kreiden, Farben usw. dabei, die ich aber zunächst noch ungenutzt im Koffer lasse. Ich weiß dann auch noch nicht, ob der Moment überhaupt kommen wird, in dem ich es wagen und in der Lage sein werde, den entscheidenden Schritt zu tun und eine Imagination in mir zu erzeugen, um sie dann auch noch in einem weiteren Schritt auf dem Papier künstlerisch festzuhalten. Ich habe schon oft überlegt, ob ich das Malen dann nicht doch besser seinlassen sollte.

K.-D.N.: Warum?

E.-M. Krauss: Um das Erlebnis nicht in das Feste zu bringen oder ihm einen ungenügenden Ausdruck zu verleihen. Wenn ich eine Imagination male, ist das zu dem Imaginativen des Erlebens noch etwas Neues. Es ist keine fotografische Abbildung der Imagination, sondern es fließt noch manches in das Bild ein, was ich so beim Imaginieren nicht gesehen habe. Ich kann also nicht jedes Detail des Bildes, jeden Strich und jede Färbung, als so in der Imagination erlebt legitimieren. Dann wäre es eine Fotografie, und das sind die Bilder gerade nicht. Es kommt noch ein künstlerisches Moment als Weiterung hinzu.

K.-D.N.: Bleiben wir noch bei den Vorbereitungen auf dem Weg zur Imagination. Du hattest den Moment geschildert, in dem Deine gesammelten Vorstellungen und Eindrücke beginnen, in Dir wie eine Melodie zu erklingen. Wie gehst Du dann weiter vor?

E.-M. Krauss: Nachdem ich über mehrere Tage Erlebnisse und Vorstellungen mit großer Hinneigung, großem Interesse gesammelt habe, kommt irgendwann der Moment, daß ich mich frage, ob das ausreicht und ich schon so viel von dieser Gegend in mich aufgenommen habe, daß ich es schon wagen kann, die Sache nun auch meditativ anzugehen. Wenn es dann soweit ist, daß ich den Mut, der für mich dazu immer wieder notwendig ist, aufbringe, dann setze ich mir einen Zeitpunkt und suche mir einen ruhigen Platz, an dem ich für die nächsten zwei Stunden ungestört bin.

K.-D.N.: Drinnen oder draußen?

E.-M. Krauss: Meistens drinnen. Dann bereite ich auch alles für ein eventuelles Malen vor, lege meine Stifte, Farben und Papier so bereit, daß ich, ohne wieder aufstehen zu müssen, aus derselben Haltung heraus, in der ich meditiere, auch sofort malen kann.

Wenn ich mich dann an diesen Platz zurückgezogen habe, setze ich mich gefaßt und gerade hin, schließe die Augen und gehe noch einmal alles, was

Ernst-Martin Krauss: Hausgeist

ich gesammelt habe, rein vorstellungsmäßig, aber auch gefühlsmäßig in einem Schnellgang durch. Das ist alles parat, lebt in mir, und ich kann die Vorstellungen und Empfindungen in ziemlicher Schnelligkeit durchlaufen. Die Augen habe ich dabei die ganze Zeit geschlossen, damit ich mich besser konzentrieren kann, denn dieses ganze Vorhaben ist in der Hauptsache eine Konzentrationsangelegenheit. Ich muß mich dabei außerordentlich intensiv konzentrieren.

Das Leermachen des Bewußtseins

Wenn ich diesen Durchgang durch meine gesammelten Vorstellungen und Erfahrungen absolviert habe und meine, daß es nun genug ist, dann ist ein Zustand eingetreten, den man analog zur Reitersprache Versammlung nennen kann. Dort spricht man von der Versammlung des Pferdes, wenn es im rechten Verhältnis von Entspannung und Spannung steht oder sich bewegt. Wenn ich durch die Konzentration und den Durchgang durch die Vorstellungen und Empfindungen schließlich in die Versammlung komme, d.h. wenn ich dann auch wirklich geistig versammelt bin, dann kann ich hoffen, daß sich auch die Geister versammelt haben, mit denen ich in ein Gespräch kommen will. – Und dann kommt der Moment, in dem ich alles fallenlasse und mich vollständig leer mache. Ich räume alle Vorstellungen aus dem Bewußtsein, mache es ganz leer.

K.-D.N.: Hier stehen wir an einer Verständnisklippe, weil schwer nachzuvollziehen ist, wie dieser entscheidende Schritt, sein Bewußtsein leerzumachen, zu bewerkstelligen ist. Rudolf Steiner benennt auch oft diesen Schritt in der Meditation, und es wird nicht immer ganz deutlich, wie er praktisch zu vollziehen ist. Kannst Du mal diesen Vorgang etwas näher beschreiben?

E.-M. Krauss: Rudolf Steiner spricht von diesem Akt vor allem im Hinblick auf das Erringen der Inspirationsstufe. Dazu muß man aber sagen, daß die Stufen der höheren Erkenntnis – Imagination, Inspiration und Intuition – nicht nur sehr oft sich überlappen, sondern daß sich die Erfahrungen auf diesen Erkenntnisstufen auch durchdringen und in einem Erlebnis als verschiedene Aspekte gleichzeitig auftreten können. Zum Imaginieren gehört jedenfalls die Fähigkeit, daß man sein Bewußtsein leermachen kann.

K.-D.N.: Wie macht man das? Was geschieht dabei?

E.-M. Krauss: Das ist der springende Punkt, und zwar in vielfältiger Weise. Dieser Vorgang, daß ich mich leermache, ist vielleicht nachvollziehbar so zu erklären, daß man zunächst auf den Vorgang der gesteigerten Konzentration sieht. Auf der vorbereitenden Stufe komme ich in eine immer intensivere Konzentration und Versammlung meiner Seelen- und Geisteskräfte. Und in dieser höchsten Konzentration gebe ich mir dann das Kommando, die Vorstellungen aus dem Bewußtsein zu verbannen. Und das ist dann auch möglich, es entsteht eine Leere des Bewußtseins, die Vorstellungsinhalte sind dann weg.

Dann erlebe ich, daß ich in dieser Leere eine Weile aushalten muß. Es taucht bei mir nicht sofort im Augenblick der Leere eine Folge von Bildern auf, sondern ich halte diese Spannung, keine Vorstellungen in mir zuzulassen, eine Zeitlang aufrecht. Und dann warte ich ab, ob sich Bilder einstellen oder nicht. Das ist für mich immer eine offene Frage, denn es wäre ja auch möglich, daß sich keine Bilder einstellen, was bei mir in den Fällen, von denen ich erzähle, allerdings noch nicht geschehen ist. Aber ich bin in dem Moment ganz offen dafür, was auch immer geschehen wird.

Den Vorgang, daß man sich leermacht, begreife ich zunehmend so, daß man dadurch in Abstand zu seinen persönlichen Verhältnissen kommt, zu seinem Vorstellungs-Ich. Man gewinnt Abstand zum gewöhnlichen Erleben seiner selbst.

Durch den Nullpunkt hindurch

K.-D.N.: Steiner drückt es einmal so aus, daß man in ein Gedankenleben kommt, ohne daß einen dabei das gewöhnliche Gedächtnis und die alten Vorstellungen ständig stören.

E.-M. Krauss: Ja, das ist der große Kampf. Auch im weiteren Fortgang des Imaginationsprozesses kann es sich immer wieder einstellen, daß störende Gedanken kommen, deren Ankunft man spürt und die man zurückweist, bevor sie im Bewußtsein Platz greifen können. Aber wenn dann doch die Konzentration etwas nachläßt, können solche Gedanken als störende Vorstellungen im Bewußtsein auftauchen. Das ist ein fortwährendes Ringen, das Steiner auch immer wieder schildert, und jeder, der in die geistige Welt eindringen will, ist vor diese Aufgabe gestellt.

Diesen Kampf kann man nur durch Konzentration bewältigen. Dazu gehört ein starker Wille, diese Eindrücke des gewöhnlichen Denkens und Fühlens zurückzuhalten. Man muß gewissermaßen einen Damm bauen, was eben dadurch geschieht, daß man mit intensiver Konzentration eine Leere in sich herstellt und die Gedanken des gewöhnlichen Lebens, die

Ernst-Martin Krauss: Elementargeist, Bartholomäberg (Österreich)

Ernst-Martin Krauss: Elementargeist, Bartholomäberg

einen sonst überfluten, zurückhält. Man muß durch dieses Nichts, diesen Nullpunkt, hindurchgehen und das aushalten können. Das ist ein existentielles Erlebnis, das einen in seiner Tiefgründigkeit erstaunen und auch erschaudern läßt.

Dieses Erlebnis ist ungeheuer wichtig, weil von der Fähigkeit, es herzustellen und auszuhalten, unendlich viel abhängt, z.B. unser ganzes soziales Leben. Wenn man nämlich nicht fähig ist, sich in dieser Weise zum Nichts machen zu können, also sich freizuhalten von seinen gewöhnlichen Vorstellungen, seinen Vorurteilen, Sympathien und Antipathien, seiner Fülle von Bedürfnissen und von allem, was einen sonst persönlich bedrängt, von seinen Problemen usw., wenn man das alles nicht zumindest zeitweilig ausschalten kann, dann kann man gar nichts anderes, Fremdes und auch wirklich Neues in seiner Seele erleben. Man ist dann im Grunde immer schon besetzt und handelt als ein von dieser Besatzungsmacht Bestimmter.

Das ist wirklich der springende Punkt: Weil wir dieses Sich-Freimachen so wenig können, weil es so unendlich schwer ist, eine immense Anstrengung und auch Mut erfordert, deswegen haben wir Menschen es heutzutage so schwer miteinander, deswegen haben wir auch das heutige Umweltchaos. Weil wir das sogenannte andere gar nicht in uns hereinlassen, weil wir vollgepfropft sind.

K.-D.N.: Auch weil wir Angst davor haben?

E.-M. Krauss: Ja, weil wir davor Angst haben, unser Armselig-Persönliches zu verlieren. – Bei meinen meditativen Bemühungen – das darf ich hier vielleicht einschieben – sind mir einige Übungen, die Rudolf Steiner gegeben hat, immer wieder eine besondere Hilfe. Dazu zählt besonders die Rosenkreuz-Meditation, denn dabei muß man in das schwarze Kreuz hinein, muß man in den Nullpunkt, wo sich Vertikale und Horizontale kreuzen, muß sich vernichtigen. Das schwarze, verglühte Holz hat sozusagen das selbstische Leben aus sich herausgetrieben, stellt sich zur Verfügung, kann selbstloser Träger werden. Dieses Kreuz leitet nicht mehr. Es steht dafür, daß man fähig wird, Emotionen, Leidenschaften und persönliche Bedürfnisse nicht mehr in das Zentrum zu leiten, sondern die Seele davon freizuhalten. Erst wenn man genügend Kraft hat, eine Zeitlang in diesem Vakuum dieses Kreuzpunktes auszuhalten, kann sich etwas Neues in einem ergeben und einen erfüllen, das nicht so viel mit der eigenen gewöhnlichen Person zu tun hat.

Es wird mir auch immer klarer – auch das darf ich vielleicht an dieser Stelle noch einflechten –, daß das Rückwärtsdenken, also insbesondere das

Üben der Rückschau am Abend, für das Erwerben der Imaginationskraft äußerst wichtig ist. Denn auch dadurch gewinnt man Abstand zu sich selbst. Normalerweise denkt man ja vorwärts, in der gleichen Richtung, wie auch das gewöhnliche Leben abläuft, und man selbst steht dabei im Zentrum. Nun muß man aber durch dieses Zentrum, durch diesen Nullpunkt durchgehen, indem man rückwärts denkt und in der Rückschau auf den Tag blickt, der in der Übung rückwärts abläuft.

K.-D.N.: Die Übung beinhaltet auch die Bewegung, daß man wie vom Umkreis auf sich selbst blickt.

E.-M. Krauss: Ja, durch die Übung, sich selbst wie einen Fremden zu betrachten, wird es möglich, jenseits von Sympathie und Antipathie zu denken und zu handeln. Auf diesen Wegen erst, möchte ich sagen, ist uns die Fähigkeit erringbar, den anderen Menschen in uns gegenwärtig zu machen, ihn in uns auferstehen zu lassen. Und daran kann man z.B. sehen, welche praktische Relevanz derartige Übungen haben. Ja, ich muß sogar sagen: Ich weiß gar nicht, wie wir zukünftig überhaupt zu einem wirklichen sozialen Miteinander kommen wollen, ohne solche Nullpunktübungen.

Bilder unterschiedlicher Intensität tauchen auf

K.-D.N.: Kommen wir wieder zum weiteren Fortgang Deiner Meditation. Wie tritt dann dieses Neue in Deinem Bewußtsein auf?

E.-M. Krauss: Die Tage vorher bin ich spazierengegangen, habe die Landschaft genossen, das Wetter erlebt, mit den Leuten gesprochen, habe mich mit der Kultur des Ortes auseinandergesetzt und in den Geschichtsbüchern gelesen usw., und das ist in der Meditation alles anwesend, gewissermaßen um mich herum aufgestellt. Und ich habe als Ausgangspunkt den Vorsatz: Euch alle befrage ich jetzt: Welcher Geist lebt hier? Wenn ich mich dann leergemacht habe, können die Antworten eintreten. Und dieses Reden geschieht vor allem in Bildern, die vermitteln, was geistig an diesem Ort wirkt.

K.-D.N.: Wie weißt Du, daß es sich um reale Bilder handelt, die der geistigen Wirklichkeit des Ortes entsprechen?

E.-M. Krauss: Das ist ein Punkt, der mich außerordentlich beschäftigt, nämlich die Frage: Wie kann ich Geistiges geistig so real und irrtumslos erleben, wie ich sonst nur die Materie erfahre? Wie kann ich wirklich sicher sein, daß es nicht nur ein Schemen, nur eine Phantasie ist? Wie komme ich zu der Gewißheit, daß ich nicht nur etwas Beliebiges und Unverbind-

Ernst-Martin Krauss: Elementargeist, Hennestrand (Dänemark)

Ernst-Martin Krauss: Elementargeist, Hennestrand

liches erlebe, das ebenso gut etwas anderes sein könnte, als es sich mir darstellt?

Es geht also um die Sicherheit, daß sich einem wirklich dieses ganz Bestimmte zeigt, das man auch angesprochen und nach dem man gefragt hat. Und diese Sicherheit muß weiter und weiter errungen werden – durch die exakte Vorbereitung und Schulung –, damit es da keine Täuschung gibt, damit es ein so intensives und klares Wirklichkeitserlebnis ist, wie wir es sonst z.B. beim Riechen des Rosenduftes erleben oder beim Schmerz, wenn wir uns die Hand an einem heißen Gegenstand verbrennen. Beweisen kann man auf der geistigen Ebene nichts, wohl aber unterscheiden. In sich Unterscheidungskraft auszubilden gehört also zum Wichtigsten auf diesem Weg.

K.-D.N.: Kannst Du jetzt einmal beschreiben, wie sich solche Bilder in Dir zeigen, was dabei geschieht und was sie ausdrücken?

E.-M. Krauss: Bei dieser Art von Versuchen, die ich jetzt beschrieben habe und die ich auch schon seit langer Zeit mache, ist es so, daß nach dem Durchschreiten des Nichts, nach dem konzentrierten Abwarten, ob sich etwas zeigt, Bilder von ganz unterschiedlicher Intensität auftauchen. Manchmal sind sie nur ganz blaß, und ich erlebe dann, daß ich die Intensität der Situation noch steigern muß. Es können aber auch von vornherein kräftige Bilder erscheinen.

Die Bilder erscheinen in einer schnellen Abfolge, die ich zunächst auch so ablaufen lasse, wie sie gerade kommen. Ich kontrolliere diese Abfolge nicht und könnte auch hinterher nicht jedes einzelne Bild und die Reihenfolge der Bilder wie in einem Film benennen, weil ich sie auch meistens vergesse. Während die Bilder in mir ablaufen, bin ich in einer Fragehaltung: Welches Bild ist die beste Beantwortung meiner Frage? Welches Bild drückt am wirklichkeitsgemäßesten aus, um was es mir geht und was ich schon erahne?

K.-D.N.: Sehe ich das richtig, daß es eigentlich das Wesentliche ist, daß man, beginnend mit der Vorbereitung, eine große Fragehaltung in seiner Seele aufbaut? Stellt man mit der intensiven Fragehaltung gewissermaßen die Früchte der Vorbereitung zur Verfügung, erreicht man damit die ätherische Dimension, in der sich dann Bilder verdichten können?

E.-M. Krauss: Ja, so sehe ich das auch. Und natürlich taucht die skeptische Frage auf, die wir eben ja schon angeschnitten haben, ob die Bilder nicht doch nur ein subjektiver Seelenerguß sind, den man sich zusammengebraut und der mit der geistigen Realität gar nichts zu tun hat. Das muß selbstverständlich von einem selbst geprüft werden und ist, wenn man sachgemäß arbeitet, auch eine kontinuierliche Prüfungsfrage. Diese Frage schwingt unentwegt mit: Bist du an der Wirklichkeit dran, oder mauschelst du? Das ist eigentlich eine Charakterfrage, denn es ist eine Frage der Selbsterkenntnis, der Wahrheit und der Wahrhaftigkeit. Es ist auch eine Frage des Könnens. Man kommt hier an allerschwierigste Fragen – im Grunde des Sich-Findens oder des Sich-Verfehlens. Und man kann an dieser Stelle sehen, wie komplex es ist, sich geistig auf den Weg zu machen, wie man eigentlich sofort auf sich selbst zurückgeworfen ist, sich stellen muß.

Auseinandersetzung mit dem Egoismus

K.-D.N.: Ich habe es erlebt, daß sich der Wahrheitsgehalt einer unvermittelt auftretenden Imagination evident aussprach. Zumindest habe ich es so empfunden. Das Merkwürdige an dieser Situation war, daß ich zunächst ganz erstaunt war und nur still schaute, als sich diese Bildgestalt vor meinem Blick verdichtete. Als dann aber nach kurzer Zeit in mir der Wunsch entstand, dieses Bild festzuhalten und es stärker in die Erscheinung zu bringen, entschwand es.

E.-M. Krauss: Da bist Du wieder in die Vorstellungswelt zurückgefallen, und dann ist es natürlich aus. Es kommt darauf an, daß man den Willen zwar aufrechterhält, aber es darf nicht der persönliche, von Wünschen durchsetzte Wille sein, sondern er muß in Reinheit fließen. Das geschieht durch die Erweckung eines wirklichen Interesses, das nicht darauf gerichtet ist, sich selbst etwas zu verschaffen, sondern darauf, selbstlos Mitarbeiter an dieser hochwichtigen und existentiellen Sache zu werden. Das ist ein Wechselspiel.

Das ist auch immer wieder ein Kampf mit dem eigenen inneren Schweinehund, ob man nicht doch vielleicht etwas Persönliches für sich erhaschen will. Es geschieht eben sehr leicht, daß man in irgendwelche Egoismen verfällt, ohne daß man das bemerkt. Das zieht sich – so erlebe ich es – durch den ganzen Übungsweg, daß man im Kampf mit seinem Egoismus ist und daran arbeitet, ihn zu überwinden. Da gibt es auch Niederlagen und Rückschläge, die einen entmutigen wollen. Bin ich ein Forschender, der herausfinden will, wie er zum gesicherten Erleben von Imaginationen kommt, dann ist die Auseinandersetzung mit dem Egoismus, das Im-Blick-Haben von herankommenden Egoismen ein gutes Mittel, um einwandfreie und gesunde Imaginationen zu erzeugen.

Ernst-Martin Krauss: Elementargeist, Hennestrand

Ernst-Martin Krauss: Elementargeist, Hennestrand

„Ich male das entscheidende Bild“

K.-D.N.: Kommen wir wieder zu Deinen Imaginationen. Wir waren jetzt soweit, daß eine Abfolge von Bildern in Dir auftaucht. Wie geht es dann weiter?

E.-M. Krauss: Ich hatte erwähnt, daß die einzelnen Bilder und ihre Abfolge später für mich nicht in jeder Hinsicht detailgetreu rekapitulierbar sind. Dann aber taucht irgendwann ein Bild auf, bei dem ich sofort die Gewißheit habe und erfasse: Das ist es! Für jetzt ist es genau dieses Bild, das auf meine Frage antwortet.

Manchmal ist es auch so, daß das geistige Wesen, mit dem ich im Gespräch bin und von dem ich noch nicht einmal genau weiß, wer und was es ist, das ich aber schon spüre, daß sich dieses Wesen mir noch entziehen will, aus welchen Gründen auch immer. Ich komme nicht so schnell heran. Es kommen auch koboldartige Eindrücke, bei deren Auftreten ich mich frage, ob ich gefoppt, an der Nase herumgeführt werden soll oder ob ich mich noch nicht als würdig erweise. Es tauchen dann auch Selbstzweifel auf, ob ich meine Versuche lieber unterlassen soll, ob ich mich übernommen habe usw. Solche koboldartigen Erlebnisse sind aber eher die Ausnahme.

Im Verlauf der Meditation kann es sich auch ergeben, daß es noch eines weiteren Prozesses und einer weiteren Intensivierung bedarf, in deren Verlauf sich die Bilder noch entwickeln, von denen ich bis dahin noch nicht überzeugt bin, daß sie die Antwort auf meine Frage sind. Und dann taucht schließlich das eine Bild auf, für das ich mich entscheide, daß es für dieses Mal das Zutreffende ist.

Dann breche ich die Übung ab und ergreife sofort meine Malsachen, um dieses Bild zu malen. Das Malen dauert dann manchmal weitere zwei Stunden. Das hängt davon ab, ob das Bild nur skizzenhaft oder sorgfältig ausgemalt ist. In wenigen Fällen arbeite ich an diesem Bild auch noch in den nächsten Tagen ein wenig weiter. Das Malen im Anschluß an die Meditation ist auch noch einmal sehr anstrengend, denn es soll der Wirklichkeit entsprechen, die ich imaginativ erlebt habe. Auch dabei stehe ich permanent vor der Frage der Wahrheitsprüfung und muß nach wie vor eine hohe Konzentration aufbringen.

K.-D.N.: Gelingt es Dir immer, ein zufriedenstellendes Bild zu malen, oder bist Du auch manchmal ganz unzufrieden mit dem Ergebnis?

E.-M. Krauss: Während eines Urlaubs mache ich eine ganze Reihe solcher Experimente, und dabei ist oft das Ergebnis, daß das erste Bild dieser

Reihe – manchmal auch noch das zweite oder dritte – nur sehr skizzenhaft wird, also noch nicht ausgemalt ist. Besonders beim ersten Bild habe ich dann manchmal zunächst meine Bedenken, ob es eine geistige Realität darstellt. Wenn ich dann nach einem Urlaub so eine Serie von sieben bis 13 Bildern aufstelle und betrachte, prüfe ich wiederum alle Bilder auf ihren Realitätscharakter. Und ich erlebe an meinen Bildern immer wieder, daß sie wahr sind. Deswegen kann ich meine Malerei vertreten. Und bisher ist es immer so gewesen, daß auch das erste Bild vollgültig zu dieser Reihe hinzugehört. – Was ich hier zur Frage der Wahrheit meiner Erlebnisse der Bilder gesagt habe, ist natürlich nur als subjektive Äußerung, als Kommunikationsangebot zu verstehen, nicht etwa als Glaubenssatz. Und selbstverständlich ist auch bei mir Irrtum nicht ausgeschlossen.

Wenn das Geistige real erfaßt wird, ändert sich alles

K.-D.N.: Welcher Art sind die Elementarwesen, die Dir erscheinen?

E.-M. Krauss: Das ist verschieden. Wenn ich mir eine Aufgabe stelle, wie ich sie jetzt beschrieben habe, wende ich mich nicht vordringlich an Elementarwesen einzelner Bäume, Blumen oder Steine, sondern an die Elementargeister einer Region, die sich mir dann auch zeigen. Ich wende mich an den Genius loci. Im Fextal waren mehrere bedeutende Geister versammelt, die auch alle unterscheidbar sind. Allerdings bin ich noch kein Meister der Unterscheidung der verschiedenen Arten von Elementargeistern.

K.-D.N.: Was ist Dein zentraler Impuls, immer wieder die Begegnung mit Elementarwesen zu suchen?

E.-M. Krauss: Ich habe das Gefühl, daß wir gar nicht anders weiterkommen. Es besteht eine äußerst dringliche Notwendigkeit, daß wir den Kontakt mit den Elementarwesen suchen. Das werden sich zwar diejenigen Menschen, die nichts von diesen Wesen wissen, kaum vorstellen können. Unterschwellig schlummert aber wohl eine Ahnung von dieser Notwendigkeit in jedem Menschen, bei den ökologisch engagierten stärker bemerkbar als bei manchen anderen. Aber es genügt nicht, nur aus gewissen Ahnungen heraus, dieses oder jenes zu tun.

Unsere gesamte Entwicklung würde einen ganz anderen Verlauf nehmen, wenn wir die Natur als von Wesen bevölkert ansehen würden und es uns nicht nur darum ginge, uns Menschen egoistisch eine gesunde Umwelt zu erhalten, wenn wir wirklich sehen würden, wie Erde und Mensch, wie

Ernst-Martin Krauss: Elementargeist, Hennestrand

Erdenwesen und Menschenwesen in Zusammenhang stehen. Wenn eine größere Anzahl von Menschen in Kommunikation mit den Naturgeistern eintreten würde, dann würde schlagartig deutlich werden, daß wir etwas mit den Naturwesen zu tun haben und daß es untereinander Aufgaben gibt. Menschen und Naturgeister müssen auf ihre je eigene Weise ihren Beitrag zur Bewältigung dieser Aufgaben leisten.

K.-D.N.: Welche Aufgaben sind das?

E.-M. Krauss: Diese Aufgaben kann man nur als sehr komplex bezeichnen. Vor allem geht es darum, daß wir erfassen, daß alles, was ist, geistiger Natur ist. Es reicht aber nicht, diese Zusammenhänge nur vorstellungsmäßig zu denken, vielmehr muß man dazu kommen, sie real zu erleben. Und wenn man das kann, verändert sich alles vollständig: die Beziehung unter uns Menschen, das Verhältnis zur Natur, zur ganzen Erde und natürlich zu allen unsichtbaren Geistwesen, zum Kosmos.

K.-D.N.: Das Erleben der Welt der Elementargeister wäre also die erste Stufe der Erfahrung, daß die Welt geistig ist, daß sie von geistigen Wesen bevölkert ist und daß auch der Mensch ein geistiges Wesen ist?

E.-M. Krauss: Ja. Und das Wichtigste ist, daß wir die Notwendigkeit sehen, die darin liegt, daß davon unser Wohl und Wehe abhängt. Denn wenn wir uns den Weg zum Geistigen weiter so verbauen, wie das gegenwärtig der Fall ist, können wir auch nicht mehr sachgemäß mit der Materie, mit der Natur umgehen, und wir können dann auch immer weniger mit uns selbst und unseren Mitmenschen zurechtkommen. Wenn wir nicht verstehen, daß wir selbst geistige Wesen sind, wenn wir nicht das Entscheidendste verstehen, daß die ganze Welt geistdurchdrungen ist, verneinen wir das Leben, uns selbst und unsere Mitmenschen. Die Prozesse der zunehmenden Abkehr vom Geistigen vollziehen sich gegenwärtig in dramatischen Ausmaßen, und man könnte fast verzweifeln, weil sie sich mit einer ungeheuren subtilen Macht durchzusetzen scheinen.

K.-D.N.: Hast Du immer das Empfinden, von Elementarwesen umgeben zu sein, spürst Du, daß sie bei Deinem Tun mitwirken, wenn Du Deinen alltäglichen Verrichtungen und Deiner Arbeit nachgehst? Hat das Wissen um die Elementarwesen einen Einfluß auf Deine Arbeit, Deine Aufmerksamkeit oder Dein Interesse für die Menschen und die Welt?

E.-M. Krauss: Das kann ich ganz klar bejahen. Natürlich betrifft das nicht nur das Wissen um Elementarwesen, sondern auch um höhere geistige Wesenheiten. Aber es ist nicht so, daß ich zu jeder Zeit, vor allem nicht im Gedränge des Alltagsgeschäftes, mich stets im Austausch mit Elementarwesen erlebe. Das reale Erlebnis der Beziehung zu den Naturgeistern geht mir zwischendurch immer wieder verloren. Die bewußten Erlebnisse mit diesen Wesen muß ich mir in der Regel erarbeiten, so, wie ich es beschrieben habe. Nur selten stellen sie sich in anderer Weise auch während des Alltags ein.

Meine Begegnung mit Elementarwesen ist also kein Kontinuum, ich bin keineswegs immer auf derselben Höhe dieser geistigen Erlebnisse. Ich mache auch einige kräftige Talfahrten durch, bei denen ich mich dann manchmal frage, ob ich überhaupt jemals etwas Geistiges erlebt habe. Das sind z.B. Phasen, in denen ich von den Alltagsgeschäften vollkommen absorbiert bin. Dann bedarf es immer wieder einer entsprechenden Anstrengung, um mir wieder den Bezug zum Geistigen zu erarbeiten.

Das Geheul der Teufel ist heutzutage ohrenbetäubend

K.-D.N.: Gibt es auch bittere Erfahrungen, die aus Deinen Begegnungen mit Elementarwesen resultieren?

E.-M. Krauss: Ja, ich habe nicht selten das Gefühl, daß ich auch einen Preis zahlen muß, z.B. wenn ich auf Unverständnis meiner Mitmenschen stoße. Das können mitunter herbe Einsamkeitserlebnisse sein.

K.-D.N.: Diese Einsamkeitserlebnisse hat man ja bereits, wenn man sich nur intensiver mit einem geistigen Thema beschäftigt. Dann macht man bereits nach kurzer Zeit die schmerzhafte Erfahrung, von anderen überhaupt nicht mehr verstanden zu werden. Manchmal kann einen das geradezu davon abhalten, diese geistige Beschäftigung weiter zu intensiveren.

E.-M. Krauss: Ja, und trotzdem muß man unermüdlich weiter. Ich kenne die schmerzhaften Einsamkeitserlebnisse. Vielleicht sind sie bei mir aufgrund meiner Unzulänglichkeiten sogar manchmal etwas zu kräftig, aber man muß durch den Nullpunkt des Alleinseinkönnens, des Verlassenseins hindurch. Erst wenn diese schmerzhaften Prozesse durchschritten sind, zeigt sich wirkliche Gemeinschaft, denn erst im Geistigen kann man sich wirklich vereinen. Wenn wir durch den Nullpunkt hindurchgehen, wenn wir von unserem gewöhnlichen Ich Abschied nehmen können, kann sichtbar werden, worin wir wesentlich gemeinschaftlich urständen; dann können wir auch wirkliche Gemeinschaft begründen.

K.-D.N.: Ich erlebe es immer wieder, daß ich durch Sorgen und alltäglichen Ärger aus einem sensiblen geistigen Erleben wie in eine Falle herabgezogen werde. Ich habe z.B. einen Artikel über die Auferstehung geschrieben und war bei dieser konzentrierten Arbeit die gesamte Zeit geistig durchglüht und in einem intensiven geistigen Erleben, allein aufgrund der denkerischen und nachempfindenden Tätigkeit. Danach fluteten wieder das Alltagsgeschehen, die Tagespolitik und die zwischenmenschlichen Ärgernisse in das Bewußtsein, die einen griesgrämig werden lassen. Das ist wie ein Sog. Wenn ich aus einem solchen Tal wieder herauskommen will, muß ich diese herabziehenden Kräfte erst innerlich durchglühen, sie völlig zerschmelzen, um überhaupt zu einem Geistigen durchstoßen zu können. Das ist im Alltagsgeschehen außerordentlich schwierig.

E.-M. Krauss: Ganz recht. So ist das heutzutage. Das Geheul der Teufel ist, wenn man dafür ein Gehör hat, zur Zeit ohrenbetäubend, und es ist sehr schwierig, die himmlischen Melodien nicht zu überhören und in sie auch noch einzustimmen. Aber durch die Konfrontation mit den Schmerzen, den Einsamkeitserlebnissen, der Verlassenheit und vor allem den Niederlagen, den Ohnmachtszuständen ist – das muß man sich immer wieder sagen – die einzigartige Möglichkeit gegeben, diese Widrigkeiten nicht nur zu überwinden, sondern zu durchschauen und zu erkennen, wie sie dazugehören.

Wir müssen ihnen zurückgeben, was sie uns einst gegeben haben

K.-D.N.: Sind die Erlebnisse mit Elementarwesen auch für eine Selbsterkenntnis hilfreich?

E.-M. Krauss: Ja, in fundamentaler Weise. Indem ich solche Versuche der Annäherung an die Elementarwesen mache, komme ich mir Schritt für Schritt auf die Schliche, erlebe, was ich eigentlich bin und daß das Entscheidende das Geistige in mir ist. Ich komme auf diese Weise dazu, mich als Geistwesen unter Geistwesen zu erfassen. Indem ich mir Imaginationserlebnisse erringe, erlebe ich schon etwas Geistiges und sehe mich darin verwoben, sehe, daß ich selbst es bin, der zum Geistigen zugehörig ist, und ich kann mich – der ich mich bisher immer subjektiv erlebt habe – jetzt auch als Objekt erleben. Subjekt und Objekt fallen bei diesen Erlebnissen zusammen. Es ist sehr schwierig, das zu beschreiben. Auf jeden Fall kann man auf diese Weise erleben, wie man mit allem, was ist, innerlich geistig in Verbindung steht. Man erlebt dann vor allem, daß das konkret, real, nicht bloß vorgestellt ist. Und dann kann man z.B. erleben, in welche Nöte es die Elementarwesen bringt, daß die Menschen sich gegenwärtig so sehr verhaften lassen von der Diktatur des bloß rational Denken-Wollens.

K.-D.N.: Rudolf Steiner stellt in einem Vortrag dar, was die Elementarwesen uns im Laufe der Evolution gegeben haben und daß sie mit einer gewissen Trauer auf eine Antwort des Menschen warten:

„Aber sie sind noch immer im Erdenbereiche da, und sie müssen mit den Menschen zusammen ein gewisses Erdenziel erreichen. Das können sie nur, wenn der Mensch ihnen heute gewissermaßen zurückzahlt, was er ihnen einstmals zu verdanken hatte. Und so sagt man sich eben, wenn man mit der Initiationswissenschaft wiederum den Weg zu der Anschauung dieser Wesen hin geht: Diese Wesenheiten haben einstmals menschliche Erkenntnis gehegt und gepflegt, wir verdanken ihnen vieles von dem, was wir sind, denn sie haben uns durchdrungen in unserem früheren Lebenslauf auf Erden, und wir sind durch sie das geworden, was wir eben geworden sind. Nur haben sie nicht physische Augen noch physische Ohren. Einstmals haben sie mit den Menschen gelebt. Jetzt bewohnen sie nicht mehr den Menschen, aber sie sind im Erdenbereich da. Wir müssen uns gewissermaßen sagen: Sie waren einstmals unsere Erzieher, sie sind jetzt alt geworden, wir müssen ihnen wiederum zurückgeben, was sie uns einst gegeben haben. Das aber können wir nur, wenn wir in der heutigen Entwickelungsphase mit Geist an die Natur herandringen, wenn wir nicht nur dasjenige in den Naturwesen suchen, was die heutige abstrakte Verständigkeit sucht, sondern wenn wir das Bildhafte in den Naturwesen suchen, das, was nicht nur totem Verstandesurteile zugänglich ist, sondern was dem vollen Leben zugänglich ist, was der Empfindung zugänglich ist.

Wenn wir das in Geistigkeit, das heißt, aus dem Geiste anthroposophischer Weltanschauung heraus suchen, dann kommen diese Wesenheiten wiederum herbei. Sie schauen und hören gewissermaßen zu, wie wir uns selbst anthroposophisch in die Natur vertiefen, und sie haben dann etwas von uns, während sie von der gewöhnlichen physiologischen und anatomischen Erkenntnis nichts haben, sondern furchtbar entbehren müssen. Sie haben nichts von anatomischen Hörsälen und Seziersälen, nichts von chemischen Laboratorien und physikalischen Kabinetten. Gegenüber dem allen haben sie das Gefühl: Ist denn die Erde ganz leer, ist denn die Erde wüst geworden? Leben denn nicht jene Menschen auf Erden noch, denen wir einstmals dasjenige gegeben haben, was wir hatten? Wollen sie uns denn jetzt nicht wiederum hinführen, was sie doch alleine können, zu den Dingen der Natur?

Damit will ich nur sagen, daß es Wesen gibt, welche heute darauf warten, daß wir uns mit ihnen so vereinigen, wie wir uns mit anderen Menschen in einem wirklichen Erkenntnisgefühl vereinigen, damit diese Wesenheiten teilnehmen können an dem, was wir lernen, über die Dinge zu wissen, mit den Dingen zu handeln." (GA 220/1982/20.01.1923/S.119 f.)

Erlebst Du auch diese Erwartungshaltung der Elementarwesen?

Ihre Verzweiflung ist zutiefst bedrückend

E.-M. Krauss: Ja. Das ist sogar etwas außerordentlich Erschütterndes. Bereits Paracelsus hat über den Exodus der Elementarwesen geschrieben. Schon damals hat er erlebt, wie sich die Gleichgültigkeit der Menschen, die Kälte ihrer Herzen gegenüber den Naturwesen auswirkt. Meine Erlebnisse sind dementsprechend. Vielfach spüre ich, wie bedrückt sie sind, daß sie verzweifelt sind, daß sie rufen: Hört mich denn keiner?! Eigentlich sind sie in einer ähnlichen Lage wie wir einsamen Menschen – es ist eben eine Entsprechung; auch ein Nichtgespräch ist ein Gespräch! –, nur daß wir uns unsere Einsamkeit selbst gezimmert haben. Wenn die Entwicklung so weitergeht, gibt es auf diesem Planeten irgendwann nur noch Einsame unter Einsamen. Das müssen wir verhindern! Wir müssen anfangen, wieder geistig zu sprechen und auch geistig zu hören.

Die Gesten, die ich von den Elementarwesen wahrnehme, sind manchmal zutiefst bedrückend. Und wenn ich mich hier in meiner Wohnung mit meinen Bildern umgebe, auf denen diese Verzweiflung ja auch teilweise zum Ausdruck kommt, dann ist es selbst für mich, der ich diese Bilder gemalt habe und diese Verzweiflung zum Ausdruck bringen wollte, zutiefst bedrückend. Ich bewege dann oft die Frage in mir, ob ich diese fragende und auffordernde Geste, diese Erwartung überhaupt aushalten oder gar ihr entsprechen kann. Dann spüre ich – sozusagen selbst ganz dünnhäutig und ungeschützt in diesen Momenten –, welche Bedrängnisse es in der Elementargeisterwelt derzeit gibt. Das ist ziemlich grauenvoll.

K.-D.N.: Was verstand Paracelsus damals unter dem Exodus der Elementarwesen?

E.-M. Krauss: Den Auszug der lebenbefördernden Elementargeister aus unserer Welt. Dort, wo man Betonburgen baut, wo man die Natur zurückdrängt und die Maschine das Sagen hat, können sich die Naturwesen, wie wir sie aus unseren Märchen und Mythen kennen, nicht mehr halten. Von Menschen mit der Technik erzeugte Elementarwesen treten an ihre Stelle, und die jauchzenden, fröhlichen, das Leben der Erde befördernden Naturwesen verschwinden. Selbstverständlich: Die Technik muß sein und damit auch die sie ermöglichenden Maschinen-Elementarwesen. Aber wir müssen sowohl mit den Technik-Elementarwesen als auch mit den bisherigen Natur-Elementarwesen ins Gespräch kommen, sonst wird es uns geschehen, daß wir Geister, die wir erzeugt haben, nicht wieder loswerden.

Die Elementarwesen warten auf uns

K.-D.N.: Wie können wir den Elementarwesen Nahrung geben? Und wie können wir sie erlösen?

E.-M. Krauss: Das sind zwei verschiedene Aspekte, aber man kann wohl sagen, daß die Ernährung der Elementarwesen auf die Erlösung hinausläuft. Das ist kein Abstraktum, sondern hängt mit dem ganz großen Werk der Erde zusammen. – Unter Ernährung verstehe ich, daß wir die Elementarwesen ernst nehmen, uns bemühen, sie zu verstehen und uns verständlich zu machen, so daß es zu einem wechselbezüglichen Gespräch kommt. Indem wir uns ihnen mitteilen, teilen wir mit ihnen, geben wir ihnen etwas. Damit erkennen wir sie an. Wir erkennen sie. Das ist Nahrung und Befreiung zugleich. So gestärkt, so ernährt, können sie wiederum geben – solange wir zu sehen, zu hören in der Lage sind.

K.-D.N.: Was geschieht mit den Elementarwesen, wenn sie vom Menschen keine Nahrung bekommen und nicht erlöst werden?

E.-M. Krauss: Wer nicht ernährt wird, hungert, muß leiden, und wer nicht erlöst wird, bleibt im Gefängnis, kann sich nicht fortbewegen, bleibt stehen oder regrediert. Aber bitte: Machen wir uns klar, daß den Elementarwesen keine Nahrung zu geben gleichzeitig heißt, uns selbst keine Nahrung zu geben. Man kann klipp und klar sagen, daß, wenn wir den Elementarwesen keine Nahrung geben, wir selbst uns sukzessive den Seelentod geben werden. Und wir geben uns den Seelentod, wenn wir uns vom Geistigen abwenden, den Geistwesen gegenüber kein Interesse aufbringen, wenn wir insofern gleichgültig und hartherzig sind.

Wenn wir eine Verbindung zu den Naturwesen suchen wollen, dann gehört dazu allerdings einige Anstrengung. Allein schon, wenn ich versuchen will, mich mit dem Wesen einer einzigen Pflanze zu beschäftigen, erfordert das sehr viel von einem. Das fällt einem nicht zu, ist eigentlich unbequem. Man muß sich immer wieder einen Ruck geben, um weiter zu sammeln, zu forschen, zu fragen. Man muß lange ohne Ergebnis aushalten können. Das fällt uns alles schwer. Aber die Elementarwesen warten auf solche Bemühungen. Und man kann sagen: Selbst wenn unsere Bemühungen lange Zeit keine deutlich spürbaren Ergebnisse haben sollten, jubeln die Elementarwesen schon, wenn wir wenigstens anfangen, uns um sie zu bemühen.

Die Tore würden sich öffnen

K.-D.N.: Kommen die Naturwesen unter den Einfluß ahrimanischer Mächte, wenn die Menschen keine Verbindung zu ihnen aufbauen?

E.-M. Krauss: Ja, so sehe ich es. Es liegt in der Absicht dieser Mächte, sie in ihren Bann zu ziehen. Alle ihre Absichten laufen auf eine Mumifizierung, auf eine Mechanisierung des Lebens hinaus. Wenn man einen Geschmack davon bekommt, was Rudolf Steiner über das Schlackenhafte der Vorstellungen und Begriffe ausgeführt hat, kann man sich klarmachen, wie sehr wir in unserer Welt dabei sind, uns mit Begriffsleichen auszufüllen. Dieses tote Denken erreicht nicht das Leben der Elementarwesen, trägt vielmehr dazu bei, daß, da alles so oder so in Beziehung steht, von diesem Ersterben, diesem Mechanisieren auch die Elementarwesen nicht unberührt bleiben.

Die Aufgabe für uns Menschen ist es also, aus diesem Schlackenhaften herauszukommen. Aber allein die Frage nach einem möglichen Weg konkret zu formulieren, ist bereits ungeheuer schwer. So etwas fliegt einem nicht zu. Ich selbst erlebe es immer wieder, daß es lange dauert und ich viel Kraft benötige, um überhaupt in eine entsprechende Fragehaltung hineinzukommen. Ich erlebe, wie ich mich intensiv bemühen muß, diese Fragehaltung nicht wieder zu verlieren, ehe die Frage wirklich ausgereift und formuliert ist. Wenn man die Anstrengung aufgebracht hat, eine wirkliche Frage zu formulieren, muß man an ihr weiterarbeiten. Dazu sind oft Mut, Standhaftigkeit und Kontinuität erforderlich.

Man muß immer wieder Liebe in sich entfachen und zugleich Gedankenschärfe entwickeln, immer wieder neu anfangen, nicht verzweifeln, wenn man kein richtiges Ergebnis erzielt. Man muß es wirklich aushalten, bei den vielen vergeblichen Versuchen nicht aufzugeben. Vielleicht erlebt man es sogar, daß man meint, eine Frage lebendig und elastisch ausformuliert zu haben, aber dann kommt dennoch keine Antwort! Dann muß man oft monatelang mit einer solchen Frage schwanger gehen, vielleicht jahrelang. Und genau das ist es unter anderem, was, wie gesagt, die Elementarwesen von uns erwarten. Meines Erachtens würde es schon ausreichen – jedenfalls zunächst –, wenn wir uns diesem Interesse und diesen Anstrengungen hingeben würden. Denn täten wir das, könnten wir sicher sein, daß sich die Tore öffnen würden.

Gespräche mit Mensch und Natur

Interview mit Reijo Wilenius

von Wolfgang Weirauch

Prof. Dr. Reijo Wilenius, *geb. 1930 in Helsinki. Studium der Philosophie und Allgemeinen Geschichte; Dr. habil. 1963 (Philosophie, „The Social and Political Theory of Francisco Suarez"). Lehrer für Geschichte und Philosophie am Gymnasium und an der Arbeiterhochschule von 1953–1958. Chefredakteur der Kulturzeitschrift* Katsaus *von 1957–1968. Lehrer der Rudolf Steiner-Schule in Helsinki von 1961–1973. Ordinarius für Philosophie und Leiter des Philosophischen Instituts der Universität Jyväskylä von 1973–1993. Seit 1980 auch in der Snellman-Hochschule tätig. Vorsitzender der Anthroposophischen Gesellschaft in Finnland von 1966–1996.*

Aufgrund seiner wissenschaftlichen und philosophischen Veröffentlichungen erhielt Wilenius 1977 den Staatspreis für die Förderung neuer Erkenntnis. Auf deutsch sind von ihm Zeitschriftenaufsätze und seine Einleitung in die Philosophie der geistigen Entwicklung der Persönlichkeit des finnischen Philosophen Johan Vilhelm Snellman erschienen („Snellman: Die Persönlichkeit", 1980).

Einer der ersten Interviewpartner der FLENSBURGER HEFTE war Reijo Wilenius (siehe Nr.3/1983; vergriffen). Seitdem sind 13 Jahre vergangen. An einem sonnigen Spätsommersonntag traf ich mich in diesem Jahr wieder mit Reijo Wilenius auf einer kleinen Insel in den Schären vor Helsinki. Genau wie damals holte er mich mit seinem Motorboot vom Festland ab.

In unserem Gespräch wandten wir uns den Haus- und Naturgeistern Finnlands zu und der Frage, wie man übend einen Kontakt zu ihnen aufnehmen kann. Das folgende Interview handelt aber auch von Wilenius' zahlreichen Aktivitäten und Kontakten, durch die sich ein roter Faden seines Lebens zieht: das Gespräch mit Andersdenkenden zu suchen und Brücken zwischen Nichtanthroposophen und Anthroposophen zu bauen.

Man spricht nicht darüber

Wolfgang Weirauch: Welches Verhältnis haben die Finnen zu den Elementarwesen?

Reijo Wilenius: Ich bin ein typischer Anthroposoph, der den Ideengehalt der Anthroposophie zunächst in ihrer Begrifflichkeit aufgenommen hat. Verstärkt wird diese Neigung zur Begrifflichkeit dadurch, daß ich von Beruf Philosoph bin und 26 Jahre als Professor der Philosophie tätig gewesen bin.

Darüber hinaus bin ich aber auch ein typischer Finne, der gerne in der Natur lebt. Die Finnen haben einen gut entwickelten Empfindungsleib, und das bedeutet, daß wir eine Grundlage dafür haben, die Natur zu empfinden. Vielleicht hat man in Mitteleuropa ein zu stark mythisches Bild von den Finnen, aber zweifellos hat dieses Naturerleben in Finnland eine alte Tradition. Man erkennt das, wenn man die Kalevala liest, spürt es aber auch in der modernen Literatur und Musik. Durch die starke Naturverbundenheit haben viele Finnen auch ein mehr oder weniger bewußtes Erleben der Elementargeisterwelt.

W.W.: Erleben Sie auch die Elementargeister?

R. Wilenius: Über meine eigenen Erlebnisse spreche ich nicht gerne. Aber ich kenne Menschen innerhalb und außerhalb der Anthroposophischen Gesellschaft, die die Elementargeister ganz deutlich erleben.

W.W.: Gibt es in Finnland noch viele Menschen, die Elementarwesen schauen, oder haben die meisten nur noch eine Art Ahnung der Naturgeistigkeit?

R. Wilenius: Ein Professor der Ethnologie hat vor zehn Jahren die übersinnlichen Erlebnisse der Finnen gesammelt. Dabei kam heraus, daß Erlebnisse mit Elementarwesen weit verbreitet sind. Aber man spricht nicht viel darüber. Zwei Hellseher, die ich kenne – Tapio Kaitaharju (siehe das Interview mit ihm in diesem Heft) und Esko Jalkanen –, haben aber Bücher über ihre Erlebnisse geschrieben. Ich habe den Eindruck, daß sich die Menschen jetzt am Jahrtausendende stärker mit den Elementarwesen beschäftigen. Vor 20, 30 Jahren war das noch anders, denn in dieser Zeit war der Materialismus stärker ausgeprägt. Gegenwärtig hat sich die Stimmung gewandelt, und die Naturgeister werden ernster genommen. Eine ähnliche Situation findet man auch auf Island.

W.W.: Von Island gibt es sogar Landkarten über das Vorkommen der einzelnen Elementarwesen. Sie leben dort so unmittelbar in der Kultur, daß sich der Straßenbau nach ihnen richtet und Straßen oder Brücken gegebenenfalls nicht gebaut bzw. verzögert fertiggestellt werden, um den Elementarwesen Zeit zu geben umzuziehen. Aber so stark leben die Elementarwesen nicht in der Zivilisation Finnlands?

R. Wilenius: Nein. Früher wurden die Elementarwesen berücksichtigt, und man fragte sie immer, wenn man ein Haus bauen wollte, ob es auf dem vorgesehenen Platz erlaubt sei. Aber es ist gewiß kein Zufall, daß Rudolf Steiner den Zyklus „Die geistigen Wesenheiten in den Himmelskörpern und Naturreichen“ (GA 136) in Helsinki gehalten hat. In diesen Vorträgen spricht er auch sehr viel über Elementarwesen. In Helsinki hat er auch zum ersten Mal die Wochensprüche des Seelenkalenders bekanntgegeben. Er war – wie ich hörte – damals zwar etwas unzufrieden, daß der Seelenkalender in Finnland nicht sogleich genügend aufgenommen wurde. Aber die Finnen sind langsam, und heutzutage ist der Seelenkalender ein wichtiges Buch in der finnischen anthroposophischen Kultur, weil mit ihm das Verhältnis zur Natur geübt werden kann.

Mit der Natur verschmelzen

W.W.: Könnten Sie für einen Mitteleuropäer, der in der Hektik einer Großstadt lebt, eine Naturbeschreibung geben? Was erleben Sie, wenn Sie z.B. an einem stillen See oder am Meer sitzen und die Naturkräfte auf sich wirken lassen?

R. Wilenius: Ich habe die Gewohnheit, jeden Morgen vor der Arbeit einen längeren Spaziergang zu unternehmen. Auch im Winter laufe ich mit Skiern hier ganz in der Nähe am Meer entlang. Ich stehe dann immer eine Weile ganz still am Meer und schaue es genau an. Dabei versuche ich, genau zu betrachten, was vor mir liegt. Dann schließe ich die Augen, und es entsteht das Nachbild. Wenn sich das Nachbild langsam wieder auflöst, kommt eine Empfindung herauf. Bei dieser Übung geht man von außen nach innen, von der sinnlichen Naturbetrachtung über das Nachbild bis zur inneren Empfindung. Durch diese objektive Empfindung kann man sehr viel erleben.

Wenn man an einem stillen See im Landesinneren sitzt, bekommt man natürlich andere Empfindungen. Mein Schicksal ist, daß ich am Meer lebe. Es ist übrigens ein Vorwand vieler Finnen, zum Fischen zu gehen. In Wirklichkeit gehen sie zum See oder ans Meer, weil sie dann in den Empfindungen leben, die die Natur in ihnen erweckt. Sie fühlen dann, daß die Natur in sie hineinfließt.

Eine ähnliche Bedeutung hat auch die Sauna. Wenn sie nicht mit Elektrizität, sondern mit Holz geheizt wird, wird der Körper leichter, und wenn man anschließend vor der Sauna sitzt, bemerkt man, wie die Natur nähergekommen ist. Man öffnet sich der Natur, und mit einem Mal sind das Meer, die Wolken und das Licht nicht mehr nur draußen, sondern in einem selbst. Das geschieht allerdings nicht, wenn man in München oder in Frankfurt in eine Sauna geht.

Die zwei Tomte im Teergraben

W.W.: Was muß man tun, um in der Natur Kontakt zu Elementarwesen zu bekommen? Wie muß man innerlich eingestellt sein, um die Anwesenheit dieser Wesen zu erahnen oder gar zu schauen?

R. Wilenius: Man muß sich für die Elementarwesen interessieren und Respekt vor ihnen haben. Nur dann ist es möglich, daß sie sich zeigen. Es ist immer eine gegenseitige Kontaktaufnahme. Man braucht eine objektive Empfindungsfähigkeit, die man auf dem anthroposophischen Schulungsweg üben kann. Viele Übungen sind so geartet, daß dieses innere objektive Empfindungsorgan entwickelt werden kann.

W.W.: Wo sollte man sich am ehesten hinsetzen, um Elementarwesen zu erleben: vor einen Baum, an einen See, neben eine Quelle, vor einen großen Felsen?

R. Wilenius: Es gibt diese besonderen Stellen, z.B. ein See- oder Meeresufer. Eine besondere Stelle wäre auch eine Waldgegend, in der alte Bäume wachsen, also z.B. eine alte Tanne oder eine alte Kiefer. Man kann den Elementargeistern allerdings auch – wie Kaitaharju erzählt – in alten Saunen oder alten Heuschobern begegnen. – Früher wurde Teer durch einen langsamen Wärmeprozeß in einem Graben hergestellt, und ein Freund hat mir berichtet, daß auch bei diesem Prozeß verschiedene Elementargeister geholfen hätten. Dieser Freund baute sich einst ein Sommerhaus auf dem Land und entdeckte in der Nähe einen alten Teergraben. In diesem Graben wohnten zwei Tomte, die mittlerweile ohne Arbeit waren. Sie waren unglücklich, weil über 100 Jahre kein Teer mehr in diesem Graben zubereitet wurde. Mein Freund hatte die Fähigkeit, mit diesen Elementarwesen zu sprechen, und teilte ihnen mit, daß er in seinem Sommerhaus einen großen Ofen hätte, der nicht gut funktionierte. Und hier fanden die beiden Elementarwesen neue Arbeit.

W.W.: Seitdem funktioniert der Ofen wieder?

R. Wilenius: Ja, soweit ich weiß.

Übungen

W.W.: Bemerken Sie hier in der Gegend die verschiedenen Ätherkräfte?

R. Wilenius: Ich bin kein besonderer Kenner der Äthergeographie und der Ätherwirksamkeiten. Aber auf der höchsten Stelle dieser Insel, aus dem Granitgrund, kommt ein sehr starker ätherischer Strom herauf, der fast mit Händen zu greifen ist. Es ist wohltuend, dort zu sitzen und zu denken. Diese Entdeckung habe ich aber nicht mir selbst zuzuschreiben, sondern einem Freund.

Eine gute Übung ist z.B. das, was Jochen Bockemühl, der ehemalige Leiter der Naturwissenschaftlichen Sektion am Goetheanum, durchführt. Er hat uns oft auf dieser Insel besucht. Seine Methode ist, sich eine Landschaft lange anzuschauen, sich in diese hineinzuleben, dann nach Hause zu gehen und zu versuchen, diese Landschaft zu malen. Ihm geht es vor allem darum, die Landschaft nicht sofort an der jeweiligen Stelle zu malen, sondern ihre Nachwirkung nachher aufs Papier zu bringen. Durch diese Übung kommt man der ätherischen Wirksamkeit und den Elementarwesen näher. – Ich mache den gesamten Sommer über die Übung, die Pflanzen dieser Insel täglich anzuschauen. Zu Hause versuche ich dann, die Pflanzen zu malen. Das werden zwar keine Kunstwerke, aber man bekommt durch diese künstlerische Übung die qualitative Empfindung für die Pflanzen. Vor allem freundet man sich mit den Pflanzen an. Immer wenn ich im Frühling diese Insel betrete, fühle ich, daß ich unter Freunde komme. Eigentlich ist das eine goetheanistische Methode. Sie erfordert viel Geduld.

W.W.: Wenn man eine Pflanze in der richtigen Weise anschaut und sie zu Hause zeichnet, werden dann die in der Pflanze lebenden Elementarwesen erlöst?

R. Wilenius: Das weiß ich nicht, aber es ist möglich. Im ersten Vortrag des schon erwähnten Vortragszyklus (GA 136) gibt Steiner die meditative Übung, das Blau des Himmels, das Weiß des Schnees und das Grün der Wiese intensiv zu betrachten. Wenn man sich ganz dem Blau des Himmels, dem Weiß des Schnees oder dem Grün der Wiese hingibt, kann ein Moment eintreten, in dem die Sinneswelt verschwindet, und dann entsteht eine ganz bestimmte Empfindung bzw. Stimmung. Ich mache die Übung so, daß ich mir zuerst die Sinneswelt anschaue, dann eine Vorstellung des Angeschauten in mir entwickle und nach einiger Zeit die Vorstellung verschwinden lasse, so daß dann die Empfindung entsteht.

Die Naturgeister ziehen sich mehr und mehr zurück

W.W.: Weil die Finnen in den vergangenen Jahrtausenden so stark das Wirken der Elementarwesen erlebt haben, leben die Naturgeister auch heute noch in der Tradition Finnlands. Man glaubt z.B., daß jedes Haus einen Hausgeist habe. Dort wohne der Geist desjenigen, der in diesem Haus bzw. Raum zuerst ein Licht entzündet hat. Was ist damit genau gemeint?

R. Wilenius: Ich habe diese Traditionen nicht systematisch untersucht. Allerdings gibt es die Tradition, daß jedes Haus Haustomte (Kotitonttu) hat. Man kann vielleicht etwas von diesen Wesen in der Stimmung eines jeden Hauses erleben. Es gibt in Häusern oder in Wohnungen objektive Stimmungen, die natürlich vor allem dadurch entstehen, wie die Menschen in diesen Wohnungen leben. Aber früher hatte man einen bewußten Verkehr mit diesen Tomten.

W.W.: Wie kann man mit einem Hausgeist Kontakt aufnehmen, so daß er z.B. auch hilft, Unglücke im Haus zu verhindern?

R. Wilenius: Diese Frage müßte eigentlich ein Hellseher beantworten. Andererseits muß man auch vorsichtig sein, damit man nicht in einen Aberglauben fällt und sich irgend etwas über Elementargeister oder Hausgeister vorstellt, obwohl es gar nicht Realität, sondern nur der eigene Wunsch ist. Deswegen sollte man nur über die Sachen sprechen, die man exakt wahrgenommen hat. Leichter als man denkt, mischen sich in anfängliche Wahrnehmungen die eigenen Wunschvorstellungen hinein.

W.W.: Die Finnen kennen in ihrer Tradition äußerst viele Hausgeistgruppen, z.B. die Poltergeister: Liekkiö, Ihtiriekko, Heitto, Menninkäiset oder andere Wesen, die folgendermaßen heißen: Hittoset, Kakkiaiset, Kalmahiset, Keijoset, Keikkaat, Manalaiset, Mostaväki oder Olemattomat.

R. Wilenius: Man sieht daran, daß die Finnen die Welt der Elementar- und Hausgeister sehr differenziert beschrieben haben. Es gibt z.B. noch die Maahiset, eine untere Sorte von Elementargeistern. Ein Mensch, der sie schauen kann, hat mir geschrieben, daß sie auch noch an denjenigen Stellen leben, von denen die heutige Zivilisation mit ihrer Naturzerstörung alle anderen Elementargeister vertrieben hat.

W.W.: Was hat es mit der Rauchsauna auf sich? Was geschieht beim Mischen des Rauches? Kommt man in einer solchen Rauchsauna den Elementarwesen besonders nahe?

R. Wilenius: Die Wärmung dieser Sauna ist eine sehr kunstvolle Arbeit, bei der den Menschen früher geholfen wurde, daß die Sauna nicht zu brennen begann, was bei einer Rauchsauna immer eine große Gefahr ist.

W.W.: Wer ist Hiisi?

R. Wilenius: Die Hiisis sind leicht bösartige Gnomen, ähnlich wie auch Tursas ein etwas bösartiges Meereswesen ist. Man glaubte, daß Tursas die Boote zum Kentern bringt. Deswegen haben die alten Finnen immer, wenn sie auf See fuhren oder in den Wald oder auf den Acker gingen, durch Zauberworte Kontakt mit den Elementargeistern aufgenommen, um sie milde zu stimmen oder um sie zu fragen, ob es erlaubt sei, den Wald zu betreten oder das Wasser zu befahren. Sie haben sie auch gefragt, ob sie beim Fischen oder beim Jagen helfen können. Aber die meisten der heutigen Menschen gehen mit geschlossenen Augen durch die Landschaft.

W.W.: Beobachten Sie, daß sich die Elementarwesen heute mehr und mehr aus der Welt der Menschen zurückziehen?

R. Wilenius: Ja, das ist ein allgemeiner Prozeß, wie mir berichtet worden ist. Durch die menschliche Naturzerstörung werden sie verdrängt. Nach dem Krieg wurden in Finnland große Waldgebiete gerodet, aus denen sich die Elementarwesen zurückgezogen haben. Wegen ihrer Vertreibung leiden die Elementarwesen. Oft müssen sie sich auch im allgemeinen Weltenäther auflösen. – Also der Grund für die Flucht der Elementarwesen ist natürlich die Naturzerstörung. Im Großraum von Sankt Petersburg – so hat man es mir erzählt – sei dies ganz besonders dramatisch. Überall dort, wo der Boden vergiftet wird und die Bäume zu sterben beginnen, ziehen sich die Naturgeister zurück.

W.W.: Welche Auswirkung hat die Tschernobyl-Katastrophe auf die Naturgeister gehabt?

R. Wilenius: Zwar kann ich es nicht selbst beobachten, aber die radioaktive Belastung der Natur hat selbstverständlich verheerend auf die Ätherwelt gewirkt. Es ist eine langwierige Zerstörung. Entsprechend haben natürlich auch andere Katastrophen gewirkt, z.B. die Bhopal-Katastrophe in Indien.

W.W.: Wenn ein Landschaftsgebiet durch Gifte oder radioaktive Belastung verseucht wird und die Naturgeister flüchten, ziehen dann andere Geister, z.B. Dämonen, in dieses Gebiet ein?

R. Wilenius: Ich kannte einen mittlerweile verstorbenen älteren Finnen, der ein Heiler war und seherische Fähigkeiten hatte. Er hat mir geschildert, daß er jede Nacht gegen die Dämonen in der Welt gekämpft habe.

W.W.: Das heißt also, daß der Mensch dafür verantwortlich ist, welche Wesen um ihn herum leben.

R. Wilenius: Genau. Das hat auch etwas Bedrückendes, daß heute alles von den Menschen abhängt. Die Menschen können weitreichend Gutes und Schlechtes bewirken, denn die gesamte Erdentwicklung hängt jetzt von ihnen ab. Selbst die höheren Geister können nicht ohne den Einsatz der Menschen eingreifen.

Gespräche mit Andersdenkenden

W.W.: Sie üben in Finnland als Anthroposoph eine beispielhafte Tätigkeit im Kontakt zu Menschen anderer Geistesströmungen aus. Was ist Ihre Motivation, das Gespräch mit Vertretern anderer Weltanschauungen, z.B. Menschen, die stark mit der Natur verbunden sind, zu suchen?

R. Wilenius: Ich habe einfach Interesse an den Menschen, an ihren unterschiedlichen Denkweisen und Weltanschauungen. Wichtig ist mir vor allem, von den Individualitäten in anderen Geistesströmungen zu lernen. Wenn man Menschen begegnet, die stark mit der Natur verbunden sind und hellseherische Fähigkeiten haben, kann man bemerken, daß sie oft das Gespräch eines Anthroposophen suchen, damit er ihnen begrifflich erklärt, was sie übersinnlich wahrnehmen. Ich habe den Schwerpunkt nicht auf die Geistesströmungen gelegt, sondern auf die jeweilige Individualität. Es ist der einzelne Mensch, mit dem ich mich angefreundet habe. – Finnland ist im Gegensatz zu Deutschland eine kleine Gemeinschaft von Menschen, und es gelingt eher, miteinander in Kontakt zu treten. Mein ganzes Leben habe ich ein Prinzip gehabt: Wenn jemand mit mir sprechen will, dann spreche ich mit ihm, und wenn mich jemand zu einem Gespräch einlädt, dann folge ich dieser Einladung. Ich bleibe auch nicht fern, wenn ich von vornherein weiß, daß meine Gesprächspartner völlig anders denken als ich. Durch die Vielzahl dieser Gespräche ist ein Netz von Kontakten entstanden.

W.W.: Ist es ein Manko vieler Anthroposophen, daß sie diese Gespräche mit Andersdenkenden nicht genügend führen?

R. Wilenius: Natürlich ist es leicht, von Mankos der Anthroposophen zu sprechen, gerade auch dann, wenn man lange in der Anthroposophischen Gesellschaft tätig gewesen ist. Aber ich bin im Laufe meines Lebens immer mehr dazu gekommen, daß man Forderungen nicht an andere, sondern nur an sich selbst stellen kann. Darüber hinaus steht die anthroposophische Bewegung noch sehr am Anfang, so daß ich verstehen kann, daß viele Anthroposophen zuerst die Identität der anthroposophischen Bewegung stärken wollen, ehe sie mit anderen in ein intensives Gespräch eintreten.

Allerdings denke ich, daß die anthroposophische Bewegung jetzt für eine neue Offenheit reif geworden ist. Und wenn man ernst nimmt, was Rudolf Steiner mitgeteilt hat – daß nämlich am Jahrhundertende eine größtmögliche Kulmination der anthroposophischen Arbeit stattfinden sollte –, dann kann man hoffen, daß die Anthroposophie noch mehr Impulse für das allgemeine kulturelle und soziale Leben geben wird. Aufgaben sind uns genügend gestellt, und ihre Verwirklichung reicht bis in die folgenden Jahrhunderte. Berücksichtigt man diese Aufgaben, dann ist es natürlich nötig, daß wir beginnen, mehr mit Menschen außerhalb der anthroposophischen Bewegung zu sprechen.

Man braucht dieses Gespräch nicht zu fürchten. Wir haben einen ungeheuren Reichtum an Ideen und spirituellen Begriffen, die die Welt braucht. Ich beobachte, daß die Menschen seit den 60er Jahren mehr und mehr eine spirituelle Sehnsucht haben und sich zunehmend mit dem Geistigen auseinandersetzen. Kürzlich las ich ein finnisches Buch, in dem alles gesammelt worden ist, was man unter den Begriff New Age stellen kann. Das Interessante daran war, daß immer wieder berichtet wurde, daß die Menschen neue übersinnliche Erfahrungen machen und Erlebnisse haben, die sie nicht verstehen. Zur Erklärung dieser Phänomene braucht man die anthroposophische Geisteswissenschaft. Man kann zu den anderen Menschen aber nur Kontakte knüpfen, wenn man ihnen zuhört und nicht mit der Anthroposophie missioniert. Dann kann allmählich ein Vertrauensverhältnis entstehen.

W.W.: Wenn die Menschen für spirituelle Fragen zunehmend offener werden, warum ergreifen sie dann nicht die Anthroposophie? Anthroposophen gibt es nach wie vor nur in kleiner Zahl, und die Anthroposophie ist noch lange kein Kulturfaktor geworden. Warum kann man den Menschen, die zunehmend nach dem Geist fragen, die anthroposophischen Begriffe nicht genügend vermitteln?

R. Wilenius: Ich habe keine umfassende Erklärung für diese Situation. Die Mitgliederzahl der Anthroposophischen Gesellschaft wächst nur langsam, es kommen auch nur wenige Studenten in die anthroposophischen Ausbildungsstätten. Ein Grund ist wahrscheinlich, daß die alte Art, Anthroposophie zu vertreten, nicht mehr zeitgemäß ist. In Einführungsvorträgen könnte man mit den Teilnehmern viel mehr die Wahrheit *gemeinsam* suchen und darf sie nicht einfach voraussetzen. Die irdische Erscheinung der Anthroposophie wandelt sich. Um sich heute in der Welt zu verwirklichen, braucht die Anthroposophie neue Arbeits- und Organisationsformen.

Wahrscheinlich mangelt es den heutigen Anthroposophen nicht an Toleranz, sondern oftmals ist man eher ungeschickt, in der heutigen Welt zurechtzukommen. Vielen fällt es nicht leicht, zu anderen Menschen über die anthroposophischen Inhalte zu sprechen, so daß diese Menschen die Anthroposophie aufgrund ihres eigenen Seelenlebens und ihres Kenntnisstandes verstehen können. Unter Anthroposophen kann man glänzende Vorträge halten, aber die Kunst, Menschen die Anthroposophie verständlich zu machen, die noch niemals von ihr gehört haben, ist vielleicht weniger entwickelt worden. Rudolf Steiner hat ja eine ausgezeichnete Übung gegeben, indem er von den zwölf Weltanschauungen gesprochen hat, in die man sich einzuleben lernen muß. Steiner hat diese Übung selbst in seiner Jugend gemacht, denn er war sehr daran interessiert, was Menschen anderer Weltanschauungen dachten.

Die alten Sozialformen müssen verschwinden

W.W.: Welche Gefahren sehen Sie für die anthroposophische Bewegung, wenn nicht immer mehr Anthroposophen das Gespräch mit den Vertretern anderer Weltanschauungen suchen und wenn statt dessen z.B. in der Anthropsophischen Gesellschaft zu starker Dirigismus und zu ausgeprägtes Funktionärstum herrschen?

R. Wilenius: Der sogenannte Dirigismus ist ein Rest der alten Verstandesseelenzeit. Der moderne Mensch, der zunehmend die Bewußtseinsseelenkräfte ausbildet, erträgt ihn nicht mehr. Das merkt man ganz deutlich in den anthroposophischen Ausbildungsstätten. Besonders die jungen Menschen von heute lehnen jede Bevormundung ab. Deswegen muß man Sorge tragen, daß man mit dieser Haltung nicht die Menschen verprellt. Statt dessen sollte man „Die Philosophie der Freiheit" (GA 4) ernst nehmen. Dort wird ein Mensch beschrieben, der die Bewußtseinsseelenkräfte ausgebildet hat und der nur auf seine eigenen Erfahrungen und Einsichten baut. Steiner weist auch darauf hin, daß der Mensch in Zukunft immer freier und autoritätsloser wird. Das ist eine allgemeine soziale Entwicklung, die auch der Soziologe Ulrich Beck beschrieben hat. Deswegen sind die alten Sozialformen auch nicht mehr in der anthroposophischen Bewegung möglich.

W.W.: Welche Umgangsformen mit den Studenten empfehlen Sie den anthroposophischen Studienstätten?

R. Wilenius: Man muß genau zuhören, was die jungen Menschen wollen, fühlen und denken, bevor man ein anthroposophisches Curriculum über sie stülpt. Bei uns in der Snellman-Hochschule versuchen wir, die jungen Studenten als Erwachsene zu begreifen und anzunehmen. Weil an den Ausbildungsstätten viele Dozenten ehemalige Lehrer der Waldorfschule sind, wird nicht immer das der Schule angemessene Lehrer-Schüler-Verhältnis abgelegt. Aber an den Studienstätten sind keine Schüler mehr, sondern erwachsene Menschen.

Die Kritische Hochschule

W.W.: Durch Ihre Biographie zieht sich ein roter Faden: das Gespräch mit anderen Menschen. Wie kam es zur Gründung der Kritischen Hochschule?

R. Wilenius: In Finnland gibt es eine Gymnasiastenorganisation, die besonders in den 60er Jahren sehr einflußreich war. Diese mächtige Jugendorganisation, der alle Gymnasiasten angehören, wählt alle zwei Jahre einen Kurator. Damals war ich noch Waldorflehrer, und man wählte mich zum Kurator. Dadurch lernte ich einige sehr aktive junge Menschen kennen. Einige von ihnen wurden später Politiker. Aber 1968 spürten wir, daß Finnland ein neues Forum benötigte. Als ich dieses Forum vorschlug, wurde die Idee bejaht. Ich war Anthroposoph, meinen Mitarbeitern war es bekannt, und sie akzeptierten es. So konnte die anthroposophische Anschauung in diesem Forum der neugegründeten Kritischen Hochschule unter anderen Richtungen mitwirken. Wir führten verschiedenste Veranstaltungen durch, bei denen Anthroposophen mit Nichtanthroposophen über die unterschiedlichsten Probleme der Welt sprachen. Dieser Versuch gelang, und die Kritische Hochschule wurde zum wichtigsten Gesprächsforum Helsinkis. Der Name „Kritische Hochschule“ war nicht mein Vorschlag, ich wollte sie „Kulturforum“ nennen.

Auch in anderen finnischen Städten wurden Kritische Hochschulen begründet. Anfang der 80er Jahre gab es in der Kritischen Hochschule in Helsinki eine Krise, weil man den Einfluß der Anthroposophen fürchtete. Aber diese Krise wurde überwunden, und es wurde sogar ein Anthroposoph zum Generalsekretär gewählt, der bis vor kurzem gewirkt hat. Seine Stelle hat jetzt ein finnischer Moslem eingenommen, eine sehr feine Kulturpersönlichkeit, die auch vor der Anthroposophie Respekt hat.

W.W.: Können Sie einige Themen nennen, die in den Forumgesprächen diskutiert worden sind?

R. Wilenius: Das für mich Interessante war, daß wir im Vorstand intensiv die Zeitprobleme besprochen haben, welche Themen aktuell sind, also in der Luft lagen. Wir haben uns immer danach gerichtet, welche Probleme aktuell waren. Ein für Finnland damals schon wichtiges Thema war die Ökologie, vor allem das Waldsterben. Professor Erkki Lähde (siehe das Interview mit ihm in diesem Heft) war auch im Vorstand und ist jetzt der Vorstandsvorsitzende. Selbstverständlich haben wir auch über Reinkarnation und Karma gesprochen, führten Gespräche mit den verschiedensten Religionsgemeinschaften, z.B. über den Sinn des Todes. Wir machen es ganz ähnlich wie Sie in den FLENSBURGER HEFTEN, die ja auch ein Gesprächsforum für Anthroposophen und andere Weltanschauungen sind. Meist sprechen zwei bis drei Leute zu einem Thema.

Ideen in der Sauna

W.W.: Was war Ihr schönstes Erlebnis bei Ihrer Arbeit in der Kritischen Hochschule?

R. Wilenius: Es gab viele schöne Erlebnisse, meistens während der Vorstandsarbeit, auch in der Sauna. Ich erinnere mich z.B., wie wir einmal mit Professor Pentti Malaska (Vorstandsmitglied der Kritischen Hochschule und Mitglied des Club of Rome) in der Sauna saßen. Er äußerte, daß man ein Gegengewicht zur Idee des Wirtschaftswachstums schaffen müsse. Daraufhin äußerte einer von uns die Idee des geistigen Wachstums, und wir sprachen darüber, in welchem Verhältnis das geistige Wachstum zum Wirtschaftswachstum steht. Diese Idee des geistigen Wachstums haben wir in die Öffentlichkeit gebracht, und sie ist in den allgemeinen Sprachgebrauch übernommen worden. Mittlerweile gibt es sogar eine Inflation dieses Begriffs, so daß ich ihn nicht mehr gern verwende.

Gegensätze in ein fruchtbares Gespräch führen

W.W.: Würde anderen Ländern auch ein solches Forum, an dem Anthroposophen im Gespräch mitwirken, gut tun?

R. Wilenius: Selbstverständlich. Was man z.B. in Järna (Schweden) im neuen anthroposophischen Kulturhaus durchführt, geht in die Richtung eines solchen Forums. Dort lädt man ins Foyer des Kulturhauses Leute von außerhalb ein, damit sie kurz und einführend Stellung zu verschiedenen aktuellen Problemen nehmen. Ich war bei einem Gespräch anwesend, bei dem es um die Europäische Union ging. Ähnliche Ansätze gibt es auch woanders, z.B. im Forum 3 in Stuttgart. Aber in Järna hat Anders Kumlander die Idee, daß die Anthroposophische Gesellschaft auch ein Forum für solche Gespräche werden sollte.

Anthroposophen haben heute, wenn sie sich gedanklich geschult haben, die Möglichkeit, verschiedene Weltanschauungen zu verstehen. Wer die anthroposophische Gedankenschulung übt, dessen Denken wird beweglich, und man ist nicht nur in der Lage, verschiedene Gesichtspunkte zu verstehen, sondern die unterschiedlichsten Meinungen miteinander ins Gespräch zu bringen und vielleicht zu einem Ganzen zu verbinden. Meine Hoffnung ist es, daß Anthroposophen in der Zukunft immer mehr in der Lage sein werden, gegensätzliche Weltanschauungen in ein fruchtbares Gespräch miteinander zu führen. Denn wenn zwei Gegensätze aufeinander prallen, bedarf es eines Dritten, der beide Seiten versteht.

Diese Zukunftsaufgabe haben besonders die Schweden ergriffen, und bezüglich der schwedischen Anthroposophischen Gesellschaft ist zu bemerken, daß ihr viel mehr neue Mitglieder beitreten als in anderen Ländern der Welt. Die Anthroposophie hat in der schwedischen Öffentlichkeit einen Namen bekommen, weil die Anthroposophen offen und gesprächsfreudig sind und man zu ihnen gehen kann.

Die Snellman-Hochschule

W.W.: Wie kam es 1980 zu der anthroposophischen Snellman-Hochschule?

R. Wilenius: Ende der 70er Jahre gab es in Finnland eine Universitätsreform. Die Universität wurde so reformiert, daß man den Bildungsbegriff der Universität verlor. Man strebte an, nach ostdeutschem Modell Ausbildungsprogramme für die akademischen Berufe zu erstellen. In dieser Zeit haben einige Anthroposophen zusammen mit mir die Bildungsidee von dem finnischen Philosophen Johan Vilhelm Snellman (1806–1881) entdeckt und aufgegriffen. Snellman hat bereits 1840 sehr scharf die Universität kritisiert, weil er der Meinung war, daß die Idee der allgemeinen menschlichen Bildung an den Universitäten verloren geht. Wir haben diese Idee, die auch schon Humboldt hatte, aufgegriffen und für die heutige Zeit erneuert.

Es geht uns nicht nur darum, an der Snellman-Hochschule Anthroposophen zu erziehen, sondern wir wollen die Studenten mit Hilfe der Anthroposophie zu Menschen ausbilden und eine zeitgemäße Hochschulpädagogik entwickeln. Inhaltlich geschieht die Einführung in die Anthroposophie, weil sie zu einer modernen Bildung gehört. Die Dozenten sind Anthroposophen, allerdings werden auch nichtanthroposophische Gastdozenten eingeladen. Unser Hauptanliegen ist die Beachtung dessen, was mit den Studenten innerlich geschieht, denn es ist wichtig, daß die Studenten von Anfang an in ihrem geistigen Suchen und Streben verstanden werden. Die Anthroposophie bietet dafür die wunderbarsten Möglichkeiten, sowohl in den künstlerischen Fächern als auch in den philosophischen Gesprächen und geisteswissenschaftlichen Betrachtungen.

Im ersten Jahr haben wir an der Snellman-Hochschule ein allgemeines Ausbildungsjahr. Im Anschluß spezialisiert sich die Ausbildung, z.B. zum Waldorflehrer oder biologisch-dynamischen Landwirt. Andere Fächer, die man weiterstudieren kann, sind z.B. Philosophie und dramatische und bildende Kunst. Unser Anliegen ist aber vor allem, eine moderne Hochschulpädagogik zu gestalten. Kürzlich wurde eine wissenschaftliche Untersuchung durch einen Dozenten der Universität in Turku über unsere Pädagogik durchgeführt. Unsere Studenten wurden interviewt wie diejenigen der Lehrerbildungs-Abteilung der Universität in Helsinki. Das Ergebnis dieser Studie war, daß unsere Studenten nicht nur mit ihren Studien zufrieden sind, sondern daß sie auch lernen, selbständig zu denken, realen Lebenssituationen entgegenzutreten und sie zu bewältigen. – Wir haben in der Snellman-Hochschule zur Zeit sehr gute junge Dozenten und guten Zufluß von Studenten. Wir können in das allgemeine Einführungsjahr 60 Studenten aufnehmen, hatten allerdings 120 Anmeldungen. Um die Studenten auszuwählen, müssen wir alle interviewen. Wir versuchen, bei ihnen eine wirkliche Motivation zu erkennen, gerade an der Snellman-Hochschule studieren zu wollen.

Das Wesen Europas ist der Dialog

W.W.: Sie haben kürzlich den ungarischen Präsidenten besucht. Worum ging es bei diesem Gespräch?

R. Wilenius: Der ungarische Staatspräsident Göncz ist genauso wie der slowakische Präsident Schirmherr des EFFE (Europäisches Forum für Freiheit im Bildungswesen). Göncz hatte einen Artikel von mir über die Bildungsgesellschaft gelesen. Er war sehr an diesem Thema interessiert und wollte mit mir darüber sprechen, wie Ungarn eine Bildungsgesellschaft werden könne. Er lud mich zusammen mit dem Präsidenten des EFFE, Eginhard Fuchs, ein. Wir haben einen ganzen Abend miteinander gesprochen, mitten in der ungarischen Regierungskrise. Allerdings war ich mit meinem Beitrag etwas unzufrieden, da Göncz mehr konkrete Vorschläge haben wollte, z.B. für die Lehrerausbildung. Göncz besucht ständig ungarische Schulen, macht daraus allerdings kein Medienereignis. Sein Wunsch ist, daß wir dieses Gespräch über die Bildungsgesellschaft in Zukunft weiterführen. In der kommunistischen Zeit war Göncz Dissident, ein Schriftsteller, der in einer Metallfabrik arbeiten mußte. Nach den Meinungsumfragen ist er jetzt der beliebteste Politiker Ungarns.

W.W.: Ferner waren sie als Sachverständiger in Estland, wo Vertreter verschiedener Religionsgemeinschaften zusammenkamen. Welches Thema hatte dieses Treffen?

R. Wilenius: Im Europäischen Parlament ist ein anthroposophischer Referent, der für den Raum Osteuropa zuständig ist. Er hat in Tartu, der alten Universitätsstadt Estlands, mit einer Studentenorganisation das „Forum Balticum" gegründet. Dort finden jährlich internationale Konsultationen statt, zu denen immer etwa 50 Leute eingeladen werden, die über ein Thema diskutieren. Im Februar dieses Jahres hieß das Thema: „Auf der Suche nach der Seele Europas". Teilnehmer waren vor allem hohe Geistliche, z.B. aus der orthodoxen Kirche Rußlands, der katholischen Kirche und der lutheranischen Kirche Westeuropas. Ich selbst sollte auf dieser Tagung zum Hauptthema sprechen, also über die Idee Europas. Das Wichtigste dort war aber, daß die unterschiedlichen Richtungen miteinander ins Gespräch gekommen sind. Wegen der Situation in der Ukraine herrscht momentan ein absoluter Gesprächsstillstand zwischen der katholischen und der orthodoxen Kirche.

Die Konstellation auf der Tagung war äußerst interessant. Ich versuchte zu zeigen, daß es keine einheitliche Idee Europas gibt. Es gibt verschiedene Geistesströmungen, z.B. die aus der Antike stammende Strömung der freien Entwicklung der Persönlichkeit, die christliche, die naturwissenschaftliche, dann die Verschiedenheit der osteuropäischen und der westeuropäischen Geistesart. Ergebnis der Tagung war, daß man erkannte, daß Europa eine pluralistische Einheit ist, die dringend des Dialogs bedarf. Das Wesen Europas ist eigentlich der Dialog. Dieser Dialog zwischen allen Geistesströmungen wurde allgemein akzeptiert. Daraufhin wurde ich zum nächsten „Forum Balticum" eingeladen, um über die Religion des 21. Jahrhunderts zu sprechen. Und man weiß, daß ich Anthroposoph bin.

W.W.: Was werden Sie zu diesem Thema vortragen?

R. Wilenius: Das befindet sich noch im Status nascendi. Meiner Meinung nach könnte auch die Christengemeinschaft stärker an diesem Dialog teilnehmen, denn wenn man gewisse Mauern von Vorurteilen überwindet, findet man gute Gesprächspartner auch in den etablierten Kirchen.

W.W.: Ist die Toleranz der Vertreter der einzelnen Religionsgemeinschaften gegenüber anderen Religionsgemeinschaften und Geistesströmungen groß?

R. Wilenius: Nein, dort herrscht eher noch Intoleranz. In der anthroposophischen Bewegung dagegen wächst die Möglichkeit, wie ich schon gesagt habe, durch anthroposophische Schulung andere Geistesströmungen zu verstehen. Wenn man die eigene Identität gefunden hat, braucht man sich vor den anderen nicht zu fürchten.

Emotionale Intelligenz

W.W.: Sie haben in der finnischen Presse zur Frage der „emotionalen Intelligenz" Stellung genommen. Was meinen Sie damit?

R. Wilenius: Ich war im Februar einige Wochen in den USA und habe dort das neue Buch „Emotional Intelligence" von Daniel Goleman entdeckt. Das Buch ist mittlerweile weltbekannt geworden. Goleman war auch im Frühjahr 1995 Gast der Kritischen Hochschule. Bevor er weltberühmt wurde, haben wir auch mit ihm ein Seminar über Meditation in der Snellman-Hochschule durchgeführt.

Emotionale Intelligenz hat verschiedene Dimensionen. Zum ersten geht es darum, die eigenen Gefühle und Emotionen zu erkennen, zweitens soll man lernen, diese zu beherrschen, drittens geht es darum, die Gefühle anderer Menschen zu erkennen und zu berücksichtigen. Das sind eigentlich Tugenden, die auch auf dem anthroposophischen Schulungsweg entwickelt werden sollen. Ich fand dieses Buch ungeheuer interessant und habe in der größten finnischen Zeitung *(Helsingin Sanomat)* darüber geschrieben.

Das Interessante an diesem Buch von Goleman ist, daß seine pädagogischen Konsequenzen in die Richtung der Waldorfpädagogik gehen. Er empfiehlt z.B., daß man sich in der Kindheit in die Märchen- und Sagenwelt einleben soll. Das Buch bestätigt mir, daß wir Anthroposophen in der sogenannten Außenwelt gute Gesprächspartner finden können, von denen wir sogar etwas lernen können.

Die Bewußtseinsseelenkraft fordert den Dialog

W.W.: Können Sie die heutige Bewußtseinsseelenhaltung des Anthroposophen und des Nichtanthroposophen ein wenig charakterisieren?

R. Wilenius: Rudolf Steiner hat dargestellt, daß die Finnen eine besondere Empfindung für die drei Seelenbereiche – Empfindungsseele, Verstandesseele, Bewußtseinsseele – haben. Mir ist vor einiger Zeit aufgegangen, daß auch die anthroposophische Bewegung durch diese drei Seelenbereiche geschritten ist. Zu Beginn des Jahrhunderts wurde die Anthroposophie mehr mit der Empfindungsseele aufgenommen, für die meisten Menschen war sie eine Art Offenbarung. Auch mir ging es als junger Mensch dementsprechend. In den folgenden Jahrzehnten wurde die Anthroposophie eher zu einer Lehre, die man studieren und verstandesmäßig aufnehmen konnte. Es kamen also die Kräfte der Verstandesseele zur Geltung.

Erst allmählich gelangt die anthroposophische Bewegung auf die Stufe der Bewußtseinsseele. Es ist eine historische Gesetzmäßigkeit, daß alle modernen geistigen Bewegungen durch diese drei Phasen gehen müssen. Die dritte Phase ist die Ebene der Individualisierung der anthroposophischen Arbeit. Jeder Mensch will seine Welt- und Lebensanschauung auf eigene Einsichten und Erfahrungen bauen. Und ein Anthroposoph vollzieht das im Umgang mit der Anthroposophie. Der Schulungsweg wird immer wichtiger. Anthroposophie wird immer weniger eine Lehre sein als vielmehr ein Erkenntnisweg, durch den man in der Welt Neues lernt. Zur Zeit befinden wir uns in diesem Übergang zur Bewußtseinsseele. Natürlich erschüttert das auch die Anthroposophische Gesellschaft, trotzdem habe ich das Vertrauen, daß es mit ihr weitergeht.

Wenn man auf die Stufe der Bewußtseinsseele kommt, dann weiß man, was man selbst weiß: Dann weiß man, wie wenig man eigentlich weiß. Dadurch wird man demütiger, bescheidener und ist eher geneigt, anderen Menschen zuzuhören, auch Nichtanthroposophen.

W.W.: Heutzutage werden unzählige Meditationswege angeboten, durch die man mehr oder weniger schnell zu übersinnlichen Erlebnissen kommen soll. Wie sehen Sie demgegenüber den anthroposophischen Schulungsweg? Manchmal hat man den Eindruck, daß wir alle kaum Fortschritte machen und irgendwelche Nebelwände die Schau in geistige Welten verschleiern.

R. Wilenius: Meines Erachtens hat Jörgen Smit auf diesem Sektor beispielhaft gewirkt, zuerst im Norden Europas, dann für die ganze Welt. Er hat oft Seminare gehalten, wie man auf dem Schulungsweg zu eigenen geistigen Erfahrungen kommt. Er hat z.B. schon vor 20 Jahren bei uns in Helsinki ganz radikal gefragt: „Woran erkennt man einen Waldorflehrer? Nicht daran, daß er einen gewissen Lehrplan und gewisse Methoden hat, sondern daran, daß sein Denken so lebendig ist, daß es auch in das Wesen der kleinsten Kinder hineinschlüpfen kann." Jörgen Smit hat also ganz deutlich zur Schulung der eigenen Seelenkräfte aufgerufen.

Natürlich muß man vorsichtig sprechen, damit man die Menschen nicht beleidigt: Aber die große Gelehrsamkeit scheint mir oft ein Hindernis zu sein, zu eigenen geistigen Erlebnissen zu kommen. Trotz allem geht meines Erachtens die Entwicklung in der anthroposophischen Bewegung dahin, daß man viel mehr zu eigenen geistigen Erfahrungen kommt und auch Erfahrungen miteinander austauscht. Man kann auch erleben, daß der Gang durch die Klassenstunden der Freien Hochschule für Geisteswissenschaft immer wirksamer wird.

W.W.: Welche Empfehlung würden Sie einem Menschen geben, der sein spirituelles Üben auf dem anthroposophischen Schulungsweg verstärken möchte?

R. Wilenius: Den jungen Studenten der Snellman-Hochschule sage ich, daß man nicht so viel zu lesen braucht. Wichtiger ist es, *meditativ* lesen zu lernen, so daß man lernt, die Geisteswissenschaft mit dem Herzen zu studieren und zu verstehen. Bei den meditativen Übungen muß man wach sein, welche Übungen einem aktuell sind. Man muß sich vor der Zwangsjacke eines riesigen Programms hüten. Jeder muß seinen eigenen inneren Takt finden, wieviel er studieren und meditieren will, damit es fruchtbar wird.

Das neue Hellsehen

W.W.: In Finnland leben zahlreiche Hellseher. Liegt das an der noch bestehenden alten Naturverbundenheit vieler Finnen, oder zeigt sich darin bereits eine zukünftig für die ganze Menschheit zu entwickelnde Fähigkeit, eine neue spirituelle Öffnung?

R. Wilenius: Beides ist der Fall. Rudolf Steiner hat in seinem Volksseelenzyklus (GA 121) darüber gesprochen, daß die neue Hellsicht zuerst im Norden Europas beginnen wird. Wenn ich einem Hellseher begegne, habe ich einen Maßstab: Ist er oder sie innerlich ein Christ oder nicht? Im Fall von Tapio Kaitaharju kann ich empfinden, daß er innerlich ein Christ ist. Das neue Hellsehen kündigt sich bei uns in Finnland eindeutig an. Zugleich ist es ein Ahnen vieler Menschen, daß wir in einer Übergangszeit leben. Es gibt auch viele, die sich vor dieser Wandlung fürchten. Aufgrund neuer Erlebnisse und erweiterter Erkenntnisse wird sich auch die Weltanschauung verändern. Das fürchten auch viele Menschen. Deswegen kommen auch schwere Attacken gegen die Anthroposophie vor.

„Wir dürfen die Elementarwesen nicht vergessen“

W.W.: Was können die Mitteleuropäer von den Finnen lernen?

R. Wilenius: Von den Finnen kann man vielleicht das Naturerleben lernen. Gerade in der letzten Woche hatten wir eine gemeinsame Tagung der Anthroposophischen Gesellschaft Finnlands mit der Schweizerischen Landesgesellschaft zum Thema Naturerleben und Geisterleben. Ich glaube, daß wir Finnen den übrigen Europäern auf diesem Gebiet etwas beitragen können. Wir planen jetzt z.B. eine internationale Johanni-Uriel-Tagung in Lappland.

Rudolf Steiner hat dargestellt, daß es in den nordischen Ländern möglich ist, Anthroposophie als Element des Alltagslebens zu begründen. Allerdings gibt er für diese Entwicklung eine Perspektive von vielen Jahrhunderten. Wir haben noch Zeit.

Die Russen erleben sehr stark den Dualismus zwischen Geist und Materie, die Geistigkeit des Himmels und die Dunkelheit der Erde. Die Finnen dagegen erleben den Geist in der Natur. Der russische Philosoph Wladimir Solowjew hat Ende des letzten Jahrhunderts einige Zeit in Finnland gelebt. In seinen Briefen schreibt er, daß er es in Finnland gelernt habe, die Natur als etwas Geistiges zu erleben. Das klingt auch in einigen seiner letzten Gedichte an. Vielleicht liegt hier eine Aufgabe der Finnen für den Osten.

W.W.: Wir haben in diesem Interview über verschiedene Ebenen des Gesprächs gesprochen: das Gespräch des Menschen mit den Elementarwesen, das Gespräch der Anthroposophen mit den Nichtanthroposophen und über das aller Menschen untereinander. Haben Sie eine Zukunftsidee, welche Geistigkeit entwickelt werden könnte, wenn alle Völker Europas oder der Welt in ein fruchtbares Gespräch miteinander eintreten würden? Werden sich die Menschengemeinschaften in Zukunft zunehmend zersplittern wie im ehemaligen Jugoslawien, oder werden die Menschen mit erhöhter Toleranz miteinander verkehren?

R. Wilenius: Es gibt eine furchtbare Zukunftsmöglichkeit, nämlich der gegenseitige Haß und der Kampf aller gegen alle, wie wir ihn z.B. im ehemaligen Jugoslawien anfänglich erlebt haben. Ethnische Kriege sind eine reale Möglichkeit für Europa. Deswegen ist es für die anthroposophische Bewegung zeitgemäß, nicht nur untereinander zu verkehren, sondern auch das Gespräch zwischen verschiedenen Volksseelen, Kulturen, Religionen und Weltanschauungen zu fördern. Das spirituelle Denken der Anthroposophie befähigt uns für solche Aufgaben.

Die Anthroposophie kam auf die Erde, damit man mit ihrer Hilfe auch die geistigen Erfahrungen, die die Menschen immer mehr haben werden, verstehen und für die Zivilisation fruchtbar machen kann. Auch deswegen ist es erforderlich, daß wir aus den eigenen Mauern herausgehen, die wir selbst geschaffen haben, die uns aber auch durch unsere Feinde errichtet wurden. Es gibt genug zu tun!

W.W.: Wie wirken die Elementarwesen bei diesen Prozessen mit? Gibt es Möglichkeiten, daß sie bei den fruchtbaren Gesprächen der Menschen und der Völker einen positiven Einfluß ausüben können?

R. Wilenius: Im Grundsteinspruch zur Begründung der Anthroposophischen Gesellschaft auf der Weihnachtstagung 1923 werden auch die Elementarwesen angerufen. Deswegen dürfen wir die Elementarwesen nicht vergessen! Die Anthroposophie macht es möglich, die Elementarwesen als Glied der christlichen Entwicklung mitzunehmen.

Die Kultur- und Naturgeister Finnlands

Sirkku Lumioksa*

In der nachstehenden kleinen Kulturgeschichte über die Tomte werde ich folgenden Fragen nachgehen: Welche verschiedenen Kultur- und Naturgeister leben in der finnischen Tradition? Wie kam es dazu, daß die Kenntnis der Elementarwesen bis heute weiterlebte? Wie war die Beziehung der christlichen Kirchen zu den Elementarwesen im Laufe der Geschichte? Wer rettete dieses Kulturerbe aus urfernen Zeiten?

Ein Hofgründer markierte früher sein neuerobertes Land mit einem Beil. Mit ihm kam der Grenzgeist. Wir nennen ihn Rajaäijä (Grenzvater), Rajahaltija (Grenzhüter) oder Rajatonttu. Das Wort Tontti kommt aus dem Skandinavischen. Noch heute heißt Grundstück in der schwedischen Sprache Tomt. Es gibt zahlreiche Geschichten über diese Wesen. Sie poltern, schreien, verursachen unangenehme Naturereignisse und streiten miteinander. Manchmal zeigen sie sich auch persönlich, und oft werden sie mit dem Hofgründer identifiziert.

Mit dem ersten Bewohner eines neugebauten Hauses zieht auch der Hausgeist ein. Hierbei wird es wichtig, genau zu beachten, wer das erste Feuer anzündet. Er bleibt als Tomte im Haus! Wenn man möchte, daß dieses Wesen – Kodinhaltija, Kotitonttu oder Huoneenhaltija genannt – ein sanftes Gemüt hat, möge man ein unschuldiges Kind das erste Feuer im Haus anzünden lassen. Eine Frau als Tomte wird für die Kühe und Schafe und für Ordnung, Sauberkeit und Segen im Haushalt sorgen, ein Mann für die Pferde und das Feld. An dieser Stelle können wir in den Geschichten viele humorvolle Ratschläge lesen, die von dem ewigen Kampf der Geschlechter durchdrungen sind.

Der heutige Folklorist nennt diese beiden Wesen – Grenzgeist und Hausgeist – Kulturgeister. Zu ihnen gehören auch die Hüter der Mühlen, Scheunen, Dreschhäuser, Saunen und Kirchen.

---

* Sirkku Lumioksa, geb. 1955 in Helsinki. Studium der Volkskunde, Kunstgeschichte, Archäologie, Weberei. 5 Jahre Mitarbeiterin der Seurasaari-Stiftung, verantwortlich für die Neuerwerbungen für das Freilichtmuseum des Nationalmuseums, die wissenschaftlichen Publikationen und Museumspädagogik. Seit 1981 Lehrerin an der Waldorfschule Lübeck.

Kirkonhaltija, der Hüter der Kirche, darf aber nicht mit dem Geheimen Volk der Kirche verwechselt werden. Dieses Geheime Volk heißt Menninkäiset oder Männinkäiset, die Vergangenen. Darunter versteht man die Verstorbenen, die unter der Kirche oder auf dem Friedhof beerdigt sind. Eine Begegnung mit ihnen könnte lebensgefährlich sein, ganz im Gegenteil zu einer mit dem Hüter der Kirche, den man bitten kann, einen Para entstehen zu lassen. Para ist das listigste und nützlichste Wesen, das man sich vorstellen kann. Es fördert den Reichtum, indem es von anderen klaut und Milch, Butter, Getreide und Geld nach Hause schleppt.

Der Feuerhüter, Tulenhaltija genannt, ist ein sanftes Wesen, solange er mit Respekt behandelt wird. Sollte jemand jedoch auf die Idee kommen, ein Feuer mit schmutzigem Wasser zu löschen, macht er sich schuldig, und die Folge ist ein vernichtender Hausbrand.

Naturgeister

Der Wissenschaftler unterscheidet die Kulturgeister, die unmittelbar mit dem Menschen zu tun haben, von den Naturgeistern. Die ältesten Naturgeister sind sicherlich die Riesen (Jättiläiset, Hiidet), die schon bei der Erschaffung der Moore und Felsen dabei waren. Es gibt sogar Berichte darüber, daß sie bei Kirchenbauten behilflich waren.

Der Wald, das Wasser, einzelne Seen und Flüsse, Bäume und Steine haben ihre eigenen Hüter, die stets persönlich mit diesen Naturgegenständen verbunden sind. Es kommt häufig vor, daß sie von Menschen geschaut werden, und ihre Berichte über diese Erlebnisse sind weit verbreitet. Sie werden Metsätonttu (Waldtomte), Metsänneito (Waldjungfrau), Vedenhaltija (Wasserhüter), Maahinen (Erdgeist) oder Näkki genannt.

Erdgeister (Maahiset)

Es gibt mehrere Berichte über Menschentöchter und -söhne, die einen Unterirdischen geheiratet haben. Solche Ehen sind nicht ohne Probleme verlaufen, obwohl das Unterirdische Volk seine Mitglieder stets mit außerordentlich reicher Mitgift ausgestattet hat. Die aus diesen Ehen hervorgegangenen Kinder wollten häufig in der Geisterwelt aufwachsen. Deshalb bestand immer ein Zwiespalt zwischen den verschiedenen Lebensbereichen. Oft haben die Menschenfrauen auch bei den Geburten der Erdgeister geholfen. Dafür wurden sie jeweils reichlich belohnt.

Walddecke

Ein Bereich, in dem die gegenständliche Welt mit der Welt der Elementarwesen eine mystische Verbindung eingeht, ist das Weiden der hauseigenen Kühe und Schafe im Wald. Dabei kann es vorkommen, daß diese Tiere für mehrere Tage oder für immer verschwinden. Eine solche Situation ist dann wie verhext, und man erklärt es sich damit, daß der Wald eine Decke (Metsänpeitto) über die Tiere geworfen habe. Es kann sein, daß die Waldfrau (Metsänemäntä) sie in ihren eigenen Stall gebracht hat, aber es kann auch sein, daß der König des Waldes sie geholt hat. Deswegen sind viele magische Handlungen notwendig, um die Tiere zu schützen.

Jagen

Der Segen der Waldgeister ist notwendig, um eine Beute zu erlegen. Am schwierigsten ist es, einen Bären zu töten, denn er ist der König aller Tiere und unser aller Urvater zugleich. Dennoch ist sein Fell begehrt, und die Mutprobe, ihn mit einem einfachen Speer zu töten, kommt fast einer kultischen Handlung gleich. Der getötete Bär muß besänftigt werden, damit er nicht den Frauen und Nachkommen mit seiner Rachsucht schadet. Besonders gefährdet sind Schwangere mit männlichen Föten.

Deswegen gibt man nach erfolgreicher Jagd ein großes Festmahl (Peijainen), an dem der Bär selbst als Ehrengast teilnimmt. Später hängt man seinen Schädel feierlich an einen Schädelbaum, meist an eine hochgewachsene uralte Kiefer.

Noch heute nennen wir den Bären nicht mit seinem eigenen Namen (Karhu), wenn wir uns selbst im Wald aufhalten. Er könnte dann nämlich seinen Namen hören und erscheinen. Deshalb gibt es für ihn noch andere Bezeichnungen: Otso, Mesikämmen, Otavainen, Metsän Kuningas, Metsän Omena. Die schwedisch sprechenden Menschen verwenden auch den Namen Nalle. Der Bär ist also eine Gestalt, die gleichzeitig konkret und mythisch, materiell und geistig ist.

Opferbäume

Der Urhof besitzt in Hausnähe einen heiligen Baum. Es ist möglich, daß einer der obengenannten Kulturgeister auf seinen Ästen lebt, dies kann aber genausogut auch ein Waldtomte sein.

Die Hausfrau bringt stets zu den Wurzeln dieses heiligen Baumes eine Gabe von allem, was auf dem Grundstück erzeugt wird: die ersten Gaben der Ernte, die erste Milch der Kühe, und manchmal wird sogar etwas von der ersten Milch der gebärenden Hausherrin hinausgetragen. Einige dieser Bäume existieren noch heute, und sie werden von den Finnen mit großem Respekt behandelt.

Auch den Haustomten wird ein ähnliches Opfer gebracht. Eine typische Gabe ist ein Teller voll Brei. In den meisten Häusern gibt es dafür einen besonderen Ort, z.B. auf dem Dachboden, in einem speziellen Zimmer oder auf dem Tisch. So lassen auch heute noch viele Finnen das Weihnachtsessen über Nacht auf dem Tisch stehen.

Menschen und ihre Hüter

Jeder von uns hat einen Hüter. Manchmal zeigt er oder sie sich als Vorbote (siehe nachstehende Übersetzung einer Karteikarte des Volkskundearchivs: Bericht aus Nordfinnland). Dieser Hüter ist eine Art Doppelgänger des Menschen. An dieser Stelle wird es ein wenig unheimlich. In den Schilderungen dieser Doppelgänger erkennen wir die auch in anderen europäischen Ländern typische Tradition der wandelnden Geister. Allerdings handelt es sich in den meisten Fällen um lebende Menschen. Die Geister der Verstorbenen, die keine Ruhe finden und umherspuken, gehören nicht zu ihnen.

Bericht aus Nordfinnland / Muonio

„Jeder Mensch hat einen Hüter, der ihm auf allen Wegen vorangeht und vor ihm erscheint. Einige erscheinen einen Tag, andere nur wenige Stunden vor dem Menschen. Aber die Menschen sehen diese Vorangehenden nicht. Der Hausherr vom Hof Rikinä hatte z.B. einen derart unverschämten Vorangehenden, daß selbst andere Menschen ihn sahen. Dieser Hüter glich dem Hausherrn außerordentlich und spazierte stets einige Kilometer vor ihm. Erst dann erschien der Hausherr selbst. Jeder Mensch hat einen solchen Hüter, aber nur einige können sie schauen. Mein verstorbener Vater konnte sie schauen und wußte deswegen alle Ereignisse im voraus. Er schlug z.B. einen Stock in die Erde vor einem Hof und sagte: 'An diesen wird unser Besucher sein Pferd binden.' Und so geschah es.“ (Aus einer Karteikarte des Volkskundearchivs, Helsinki)

Die Rauchstube

Der mittelalterliche Hofgründer markierte seine neueroberten Ländereien noch mit einem Beil. Anschließend baute er ein zeltähnliches Gebilde aus einigen Ästen bzw. Fichtenzweigen. Es wird Laavu genannt und auch heute noch bei Bedarf von Elchjägern oder Lapplandwanderern gebaut. Es sieht aus wie ein halbes Zelt, denn die Vorderwand fehlt. An der offenen Stelle errichtet man ein Rakovalkea, ein längliches Feuer in einem ganzen Baumstamm, den man spaltet und ein wenig aushöhlt, damit ein langsames Brennen ermöglicht wird. Diese Komponenten gehören heute zum Grundlehrgang aller Jugendlichen, die in Finnland als Pfadfinder tätig sind. Es mag romantisch klingen, ist aber für den naturorientierten Menschen nichts Besonderes. Für den Kulturwissenschaftler ist dieses Zelt aber etwas, dessen Spuren man bis in die Steinzeit verfolgen kann.

Stellen wir uns nun ein junges Paar vor, das vor einigen Jahrhunderten im Urwald ihr Zuhause gründen wollte. Wie gingen sie bei ihrer Arbeit vor? Nachdem die erste provisorische Übernachtungsmöglichkeit fertiggestellt war, begann man damit, den Wald zu roden. Die Bäume wurden gefällt, die besten für die Bauzwecke zurückgelegt, die kleineren für die Werkzeuge. Die Baumstümpfe, die man mühsam aus der Erde grub, wurden für das Teerbrennen zum Trocknen gelegt. Nachdem man auf dem gerodeten Landstück Gerste gesät und Mairüben gepflanzt hatte – die ersten finnischen Kulturpflanzen –, konnte man sich weiter mit dem Bau befassen.

Der nordische Sommer währt gerade drei Monate. Deswegen hatte man es sehr eilig. So entstand zuerst eine niedrige Hütte, die als Blockbau errichtet wurde. Das Fenster war eine kleine Schiebeluke, denn Fensterglas kannte man in dieser Zeit allenfalls vom Hörensagen.

Die alten Urwaldbäume waren noch sehr dick, und es konnte sein, daß fünf Stämme für die Höhe einer Stube ausreichten. In der Türecke wurde ein Stapel Steine errichtet. Je größer dieser war, desto mehr Wärme konnte für die kalten Nächte gespeichert werden. Diese Steine mußten in einer besonderen Weise geordnet werden, und mit Hilfe von Lehm konnte man im Inneren ein Gewölbe gestalten, so daß ein Ofen entstand. Dieser Ofen mußte groß genug sein, um möglichst lange Holzscheite aufnehmen zu können. Mit den damaligen Werkzeugen war es nicht üblich, das Feuerholz kleinzuschneiden.

So schob man die Holzscheite nach und nach in den Ofen. Das Feuer mußte dabei sorgfältig gehütet werden, und der Untergrund für die Baumteile, die noch nicht im Feuer waren, mußte vor dem Feuer gesichert werden. Langsam wurden so die Steine warm, die Stube füllte sich mit Rauch, und wenn er zu stark wurde, konnte man die Tür öffnen. Alternativ gab es dazu auch eine Luke in der Decke oder an der oberen Kante der Wand.

Während des Heizens war es notwendig, sich ganz ruhig zu verhalten. Jeglicher Luftzug mischte den Rauch und wirbelte ihn herum. Wer aber unterhalb des nach oben steigenden Rauches blieb, konnte atmen. Man benötigt nicht viel Vorstellungskraft, um zu erkennen, daß dieses Heizen mit großer Sorgfalt und Kunstfertigkeit geschehen mußte.

Wenn der Vorgang des Heizens beendet war, konnte man die wohlige Strahlungswärme der heißen Steine genießen, und wenn alles richtig gemacht worden war, hielt die Wärme bis zum nächsten Morgen, selbst wenn draußen 30 Grad Kälte herrschten. Die Rauchschicht hing oben an der Decke und störte die Menschen nicht mehr.

Im nächsten Sommer baute man sich ein zweites Häuschen, zwischen beiden eine Decke und zwei Wände, und wenn man Zeit hatte, folgten noch ein Speicherhäuschen und verschiedene Ställe. Es gab immer genügend Bauholz, und das trockene Klima lud dazu ein, verschiedene kleinere Häuser statt eines großen zu bauen. Ein großes Haus hätte auch viel zu viel Arbeitskraft und Bauzeit erfordert.

Schornsteine waren in ganz Finnland bekannt. Dennoch lebten um die Jahrhundertwende noch viele Familien in Mittelfinnland in solchen Rauchstuben ohne Schornstein. Wie ist das zu erklären?

Finnland erhielt seine Kulturimporte aus zwei Richtungen. Die schwedische Regierung tat alles, um die Ideen der Aufklärung zu verbreiten. Im Westen Finnlands fielen diese auf fruchtbaren Boden. Die dortigen reichen Bauern wohnten in westeuropäisch anmutenden prächtigen Holzbauten mit verschiedenen Öfen, und sie besaßen Schornsteine.

Die ostfinnischen, karelischen Bauten unterlagen schon seit Jahrhunderten den byzantinischen Einflüssen, aus denen sich ganz eigene archaisch anmutende Formen entwickelten.

Auf den Anhöhen im östlichen Mittelfinnland lebte man sehr einsam. Diese Gebiete gehören zu den kältesten Klimazonen Finnlands. Deswegen war das Wichtigste, was der Mensch benötigte, die Wärme. Und Frischluft ist das Gegenteil der Wärme! Für viele Menschen war ein Schornstein Geschmacksache bzw. eine Frage der Wirtschaftlichkeit. Ein Schornstein bedeutete immer einen teilweisen Energieverlust, und diese Energie mußte mit der eigenen Kraft aus dem Wald geholt werden.

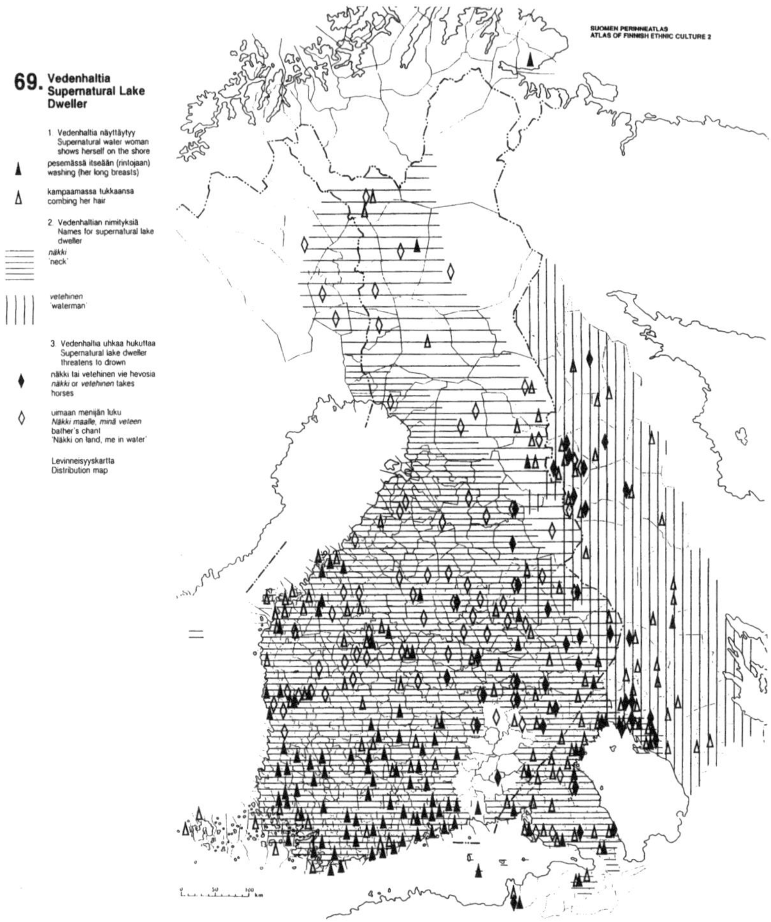

Wassergeister
(Zu den Karten siehe S.108 und den Artikel von Wolfgang Weirauch, S.109 f.)

Nebenbei räucherte man das Fleisch an der Decke. Auch für die Hygiene war die Rauchstube vorteilhaft, denn sie wurde kaum von Ungeziefer befallen.

Die Rauchkatenbewohner sind die letzten Erben der Jägerkultur. Als am Ende des 17. Jahrhunderts die Pelztiere seltener wurden, blieb ihnen nur noch die Landwirtschaft, die aber in diesen Gegenden nie ertragreich war. Sie gehörten zu den ärmsten Bewohnern Finnlands und blieben allein schon wegen der großen Entfernungen, die sie für ihre Besorgungen und für den Handel zurücklegen mußten, äußerst rückständig.

Die erste Behausung der Finnen war eigentlich eine Sauna, die später durch eine Stube ergänzt wurde. Die Bauweise war frei und wuchs stets organisch. Die Erinnerung an diese besonderen Wärmeverhältnisse ließ eine lückenlose Tradition bis in die neueste Zeit zu. Aber der Status der Rauchsauna verwandelte sich.

Die Rauchsauna heute

Jeder Finne braucht eine Sauna. Jeder Wohnblock und jedes Stadthaus, alle Einfamilienhäuser und Reihenhäuser haben selbstverständlich eine Sauna. Der heutige Finne würde es als Nichtbeachtung seiner Menschenwürde empfinden, wenn ihm eine Wohnung ohne Sauna angeboten würde. Derzeit gibt es mindestens 300 verschiedene Saunaofentypen und Saunas, die z.B. in eine Garage oder in eine Kleiderkammer gebaut werden können. Erst neulich wurde das letzte Patent für eine Duschsauna vergeben. Allein davon sind mittlerweile über 10.000 an die Japaner verkauft worden.

Eine Rauchsauna gehört heute zum absoluten Luxus. Dazu benötigt man ein eigenes Grundstück, das weit von den nächsten Nachbarn entfernt liegen muß, damit diese nicht durch den strömenden Rauch gestört werden. In den dichtbesiedelten Städten ist eine Rauchsauna deswegen nicht möglich. Ein Rauchsauna-Besitzer benötigt auch die erforderlichen finanziellen Mittel, die er in das Holz investieren muß. Der Ofen, Kiuas genannt, erfordert mehr Holz und besondere Kenntnisse für seine Beheizung.

Eine Sauna zu heizen und sie zu besuchen, ist stets ein Ritual. Man kann es mit der japanischen Teezeremonie vergleichen. Jede Familie hat bei diesem Ritual ihre eigenen ungeschriebenen Gesetze. Und diese hängen oft mit den Saunatomten zusammen. Ein Tomte, der in einer Sauna wohnt, darf nie beleidigt werden! Deswegen hat man sich dort ordentlich zu benehmen.

Wie der Reformator die Tomte rettete

Um 1500 war Finnland ein riesiges Wald- und Wassergebiet. Schon seit Jahrhunderten hatten die Schweden und Russen um diesen Besitz gekämpft. Deshalb kamen die wenigen Finnen bereits 1155 mit dem katholischen Westen in Verbindung. Die östlichen Teile des Landes wurden ständig von den Russen bedroht, erhielten aber gleichzeitig zahlreiche byzantinische Einflüsse durch die Handelsverbindungen und die griechisch-orthodoxen Einsiedler, die versuchten, in den riesigen Urwäldern Finnlands Klöster zu gründen. Ähnliche Anstrengungen unternahmen auch die Dominikaner, Birkittiner und Franziskaner im Westen des Landes.

Der Weg zur Kirche war damals für die Bewohner Finnlands mit ganztägigen Reisen verbunden, die oft mit großen Booten über die Wasserwege gemacht werden mußten. Wenn man sich vorstellt, daß man von Flensburg nach Kiel reisen würde, um eine Kirche zu besuchen, und das im Winter bei 20 Grad Kälte, kann man verstehen, welche Schwierigkeiten die Christianisierung damals im hohen Norden noch zu überwinden hatte. Ein neugeborenes Kind mußte erst einmal kräftig genug werden, um die Reise zur Taufe überhaupt überleben zu können. Für junge Eheleute war es durchaus üblich, noch in den alten Sitten und Bräuchen zu heiraten; den kirchlichen Segen holte man sich eventuell Jahre später.

Die großen Entfernungen brachten es mit sich, daß der Kirchgang meist mit einer Marktreise verbunden wurde. Auf den alten Kirchenhügeln findet man deshalb noch Speicherhäuschen, die den reichen Bauern während solcher Aufenthalte als Wohnung und Stall dienten. Die Dorfgemeinschaften schlossen sich zu einer derartigen Reise zusammen, um in langen Schlittenkonvois die Strecken durch die Winterlandschaft bewältigen zu können. Der Kampf gegen die Wölfe war so leichter. Auf diese Weise gelangten finnische Pelze und Holzkohlenteer zu den Ostseehäfen, wo sie in die Schiffe der Hanse geladen wurden. Lübeck blieb stets der wichtigste Hafen Mitteleuropas.

So gut es ging, wurden in dieser Zeit auch die Verbindungen nach Stockholm aufrechterhalten, aber der Winter riß stets große Lücken in die Fahrpläne. Das hatte auch eine lange Nachrichtensperre für die Staatsdiener des schwedischen Königshauses zur Folge, die ab 1527 in Finnland die politischen Konsequenzen der Reformation umzusetzen hatten. Die Klöster wurden aufgelöst, und die katholischen Priester sollten durch gottesfürchtige Männer ersetzt werden, die lesen konnten und bereit waren, das „reine Wort Gottes" zu predigen.

Auf der Höhe des heutigen Jyväskylä weideten zu dieser Zeit noch die Rentierherden der Samen. Die mittelfinnischen Einwohner von Pirkka nutzten ihre alten Rechte und beuteten die Samen mit jährlichen Steuererhebungen aus. Durch diese Kontakte wurde es allgemein bekannt, daß die lappländischen Schamanen viel mächtiger waren als ihre finnischen Kollegen.

Ein junger Mann, der in dieser Umgebung lesen lernen wollte, mußte besondere Willenskräfte besitzen. Von einem Priester oder Mönch konnte er bisher sogar in der lateinischen Sprache unterrichtet werden, die höhere Bildung aber mußte aus dem Ausland geholt werden. Die königliche Unterstützung ermöglichte einem begabten Bauernjungen eine solche weite Reise. Allerdings brauchte er einen lateinischen Namen, um die Universität besuchen zu können. Deshalb nannte sich einer dieser Studenten, seiner Herkunft entsprechend, Mikael Agricola. Im Jahre 1537 schrieb er seinem König, Gustav Wasa, einen Brief aus Wittenberg, indem er ihm mitteilte, daß er mit der finnischen Bibelübersetzung begonnen habe. Es folgten weitere Übersetzungen – alles Bücher, die das noch ungebildete heidnische Urwaldvolk brauchte, um zu beginnen, in ihrer eigenen Sprache lesen und schreiben zu lernen.

Mikael Agricola, der Reformator, kann nicht geahnt haben, welches Geschenk er den späteren Wissenschaftlern gemacht hat, als er in seinem 1551 erschienenen Buch „Daavidin Psalttari" eine Liste über die ihm bekannten finnischen Gottheiten hinzufügte. Die ersten „Tonttus" und „Metsänhaltijat" wurden gleichzeitig mit der Entstehung der finnischen Schriftsprache dokumentiert, und zwar gerade noch rechtzeitig, bevor die mächtiger werdenden kirchlichen Bestrebungen das Bewußtsein über diese Naturwesen beeinflußten.

Die Aufklärung und das Teufelswerk

Es ist wichtig zu wissen, daß im 30jährigen Krieg viele finnische Bauernjungen auf der Seite Gustav Adolfs kämpften. Immer wieder geschah es, daß ein verkrüppelter Soldat zurückkehrte und abenteuerliche Geschichten erzählte. So ist es zu erklären, daß z.B. einige Spukgeschichten aus Schleswig-Holstein bei uns in Finnland als Geschichten über Haustomte erzählt werden.

In diesen turbulenten Jahren dienten viele finnische Adlige und Geistliche am Hof in Stockholm, wo viele namhafte Protestanten Asyl gefunden hatten. Wir können uns vorstellen, wie der Gelehrte Comenius den damaligen Staatshalter Axel Oxenstjärna während einer eifrigen Diskussion über die neuen Staatsutopien von Johann Valentin Andreae zu folgenden Satz veranlaßt: „Es wird uns nicht gelingen, unseren großen Staat zu einem vollkommenen zu machen, dafür können wir aber die Erziehung neu gestalten."

Es folgen Taten. Die Universitäten Tartu in Estland, damals auch im großschwedischen Besitz, und Turku in Finnland werden begründet. Ebenso zahlreiche Elementarschulen. Nach Turku reisen acht Professoren aus Schweden, zwei werden aus dem eigenen Land berufen. Von Tartu ergeht der Ruf an deutsche Protestanten.

Viele der dort verbleibenden Kirchenmänner dokumentierten den alten Aberglauben an ihrem jeweiligen Geburtsort. Leider verschwand ein Teil der Tartuer Archivbestände im Jahr 1656, als die Russen das Land eroberten. Turku wurde 1827 in einem verheerenden Brand fast völlig vernichtet. Seitdem sind einige uns interessierende Untersuchungen für immer verloren. Wir kennen sie nur noch aus zeitgenössischen Büchern, in denen sie erwähnt werden.

Die Tomte, Waldgeister und andere Naturgeister haben immer weniger Platz. Zaubereien und magische Handlungen konnten in einem Land, in dem ausschließlich das „reine Wort Gottes" gelehrt werden sollte, bald gefährlich werden.

De effectibus fascino naturalibus

Im Jahr 1733 erschien die erste finnische Untersuchung – „De effectibus fascino naturalibus" – über Schamanismus und Zaubersprüche. Sie beinhaltete unter anderem eine sehr anschauliche Beschreibung über das Verhalten eines Schamanen. In ihr findet man noch einen leisen Nachklang der Stimmungslage, die noch ein Jahrhundert zuvor geherrscht hatte. Gabriel Maxenius, der dieses Werk schrieb, glaubte noch selbst an die Kraft der von ihm publizierten Zauberworte. Seiner Ansicht nach haben sie ihren Ursprung beim Teufel. Für besonders gefährlich hält er die Zauberworte, die ohne andere schamanistische Elemente nur aus ihrer eigenen Kraft wirken. Er schreibt: „Diese sind die schändlichsten und grausamsten, sie bewirken in dem Opfer die gottlosesten und ekelhaftesten Erscheinungen." Für ihn ist das alles Aberglaube, der ausgerottet werden muß!

In der heutigen Religionswissenschaft und Folkloristik weiß man, daß die früheren Volksgottheiten in einer späteren von der neuen Religion beherrschten Epoche zu Teufeln werden. So begegnen wir vielen archivierten Geschichten, deren Hauptpersonen Tomte, Geister oder Teufel sind. Darin spürt man die kräftige Wirkung der evangelischen Pastoren. Das einfache Volk verwechselt hier – vielleicht aus Angst – die Identität der Hausgeister.

Die eigentliche Forschung beginnt

Ab Mitte 1700 gelangen immer mehr kontinentaleuropäische Ideen nach Finnland. Die schwedische Aufklärung erreicht ihre Blüte in dem 1766 erlassenen Druckfreiheitsgesetz. Es ist nun erlaubt, alles zu publizieren, allerdings keine Kritik gegen die Regierung oder die evangelische Kirche. In dieser Stimmungslage erscheinen die ersten Fennofilischen Gedanken. Mit diesem Begriff bezeichnet man die von der Romantik gespeiste politische Haltung, die zunehmend die nationale Identität unterstützen will. Die Kultur des einfachen Volkes wird wichtig und interessant.

Henrik Gabriel Porthan war Student in Turku. 1766 schrieb er seine Dissertation: „De Poesie Fennica". Das Buch wurde später durch zwei weitere Bände ergänzt. Seine Absicht war es, ein Loblied der finnischen Sprache zu singen. Damit wurde er der Vater unserer Folkloristik. Als ein vollwertiges Mitglied der Aufklärung dokumentierte er zwar fleißig, hielt aber die Zauberworte und Hausgeister für „einen Unsinn der alten Weiber".

Der Beginn der vergleichenden Studien

Die ersten Dissertationen von Erik Lenqvist wurden nicht gedruckt und verschwanden in den Flammen. Wir können heute nur vermuten, daß sie als Grundlage für ein weiteres wichtiges Buch dienten: „De Superstitione veterum Fennorum theoretica et practica". Es erschien 1782. In diesem Buch versucht er, all dem Gestalt zu geben, was uns für das Thema der Natur- und Hausgeister interessiert. Lenqvist gehörte zu den ersten finnischen Wissenschaftlern, die in der Lage waren, vergleichende Studien mit anderen Völkern anzustellen. Überall dokumentierten zu dieser Zeit reisende, zeichnende und sammelnde Wissenschaftler Märchen und Glaubensinhalte. Schwedische Forschende entdeckten die Indianer in Delaware. Porthan fährt 1779 nach Deutschland und entdeckt dort ein neues Interessengebiet durch die Lektüre von „Reise durch verschiedene Provinzen des Russischen Reiches" (Pallas).

Zehn Jahre später schrieb Erik Rosenbom ein Werk, das die finnischen und samischen Traditionen vergleicht: „De fama magie Fennis attributae". Es mag die Leser der FLENSBURGER HEFTE interessieren, daß Rosenbom dort feststellt, daß die Finnen keinen Namen für die Schamanentrommel haben! Auch die Geistwesenheiten und Opferkulte werden etwas anders beschrieben.

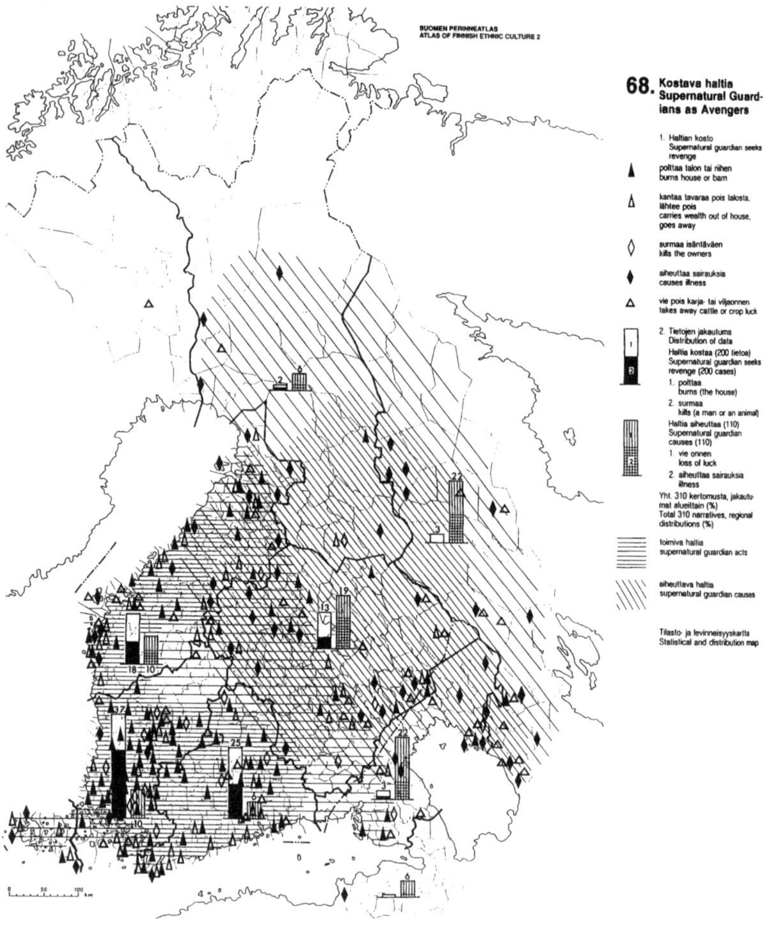

Rachegeister

Christfried Ganander ist eine sehr interessante Erscheinung unter diesen Wissenschaftlern. Er war ein Rationalist der Aufklärung und ein Rydbeckianer. Diese „Glaubensbrüder“ waren fest davon überzeugt, daß der Norden die Kultur Europas befruchtet und erzeugt habe. Es ist natürlich klar, daß dahinter das großschwedische Denken stand.

Ganander suchte aus dem Griechischen und Hebräischen Wortverbindungen mit dem Finnischen. Er glaubte, daß die Finnen Nachkommen Jafets – einer der drei Söhne Noahs – waren und im Norden ein großes

Reich nach der Sintflut gegründet hatten. Sein in Wörterbuchform erschienenes Werk „Mythologia Fennica“ gibt unschätzbare Auskünfte über Elementarwesen, obwohl es in unserem Sinne mehr als eine historische Kuriosität angesehen werden muß. Der damalige Wissenschaftler hielt die Bibel für eine Quelle, die man nicht anzweifeln durfte. Wenn man die entsprechenden Stellen (Genesis 9 und 10) liest, wird es deutlich, daß auch die entlegenen nördlichen Gegenden der Welt in die Pläne Gottes hineingehörten.

Eine Kriegskatastrophe öffnet neue Wege für die Wissenschaftler

1809 verlor Schweden Finnland an Rußland. Eine 700jährige gemeinsame Geschichte war zu Ende. Zar Alexander hatte großes Interesse daran, das neueroberte Land ruhig und die Bevölkerung zufrieden zu halten. Die alten Gesetze und Privilegien wurden bestätigt. Auch die finnische Sprache bekam eine neue Chance, und das gesamte Volk mußte seine Identität neu finden. Als das geschah, war Elias Lönnrot (1802–1884) sieben Jahre alt.

Zwei Jahrzehnte später saß er an der Arbeit zu seinem Hauptwerk. Als junger Student diente er als Hauslehrer auf einem Gutshof an der Ostgrenze Finnlands. Dort entdeckte er erste Volksgedichte. Das erweckte sein Interesse, das nie wieder nachlassen sollte. Von nun an bewältigte er jedes Jahr Tausende von Kilometern, um die alten Sänger zu erreichen. Im Winter fuhr er auf Schlitten oder auf Skiern, in der Sommerzeit durchlief er zu Fuß die unendlichen Weiten der finnischen Wälder oder benutzte ein Boot, wenn ein Wasserweg zu befahren war.

Lönnrot war Arzt und ging nebenbei auch noch seinem eigentlichen Beruf nach. Dabei entdeckte er die alte finnische, auf Schamanismus beruhende Heilkunst. Auch diese dokumentierte er genauso wie die vielen Lieder und Gedichte, Sprichwörter und die alten Rätsel.

Die epischen Lieder, die wir heute als Kalevala kennen, geben uns zahlreiche Auskünfte über Elementarwesen sowie Riten und Zaubersprüche, die wichtig für den Umgang mit diesen sind. Der größte Zauberkünstler der Kalevala, der von Anbeginn der Welt dabei war, ist der alte Wäinämöinen, die Hauptperson der gesamten Geschichte.

Es ist uns heute bekannt, daß Lönnrot einiges zu der Geschichte hinzudichtete, um einen epischen Zusammenhang zu schaffen. Dafür ließ er einiges fort, was er in den bescheidenen Rauchkaten gehört hatte.

Die herbe Sprache und die schonungslosen Schilderungen paßten den aufgeklärten Wissenschaftlern nicht immer in ihr Programm. Deshalb erschienen manche Gedichte erst später. Die Toleranz und Offenheit der heutigen Zeit war nötig, um die alte herbe Liebeslyrik der Finnen lesen zu können. Die Zauberworte für den Bereich der Liebe und Sexualität sind noch drastischer.

Die Kalevala ist also nur ein Teil der finnischen Volksdichtung. Aber ihr gesamter Umfang ist heute publiziert und umfaßt 34 große Bände von der Stärke der Brockhaus-Lexika.

Die Grenze nach Rußland war zu dieser Zeit offen, und einige finnische Männer dienten als Gouverneure in Alaska und brachten großartige volkskundliche Sammlungen mit. Einer der bedeutendsten Reisenden war M. A. Castren. Zwei Jahre nach dem Erscheinen der „Ur-Kalevala" publizierte er sein Buch: „Om Finnanrnas Trollkonst". Er war der erste, der entdeckte, daß Wäinämöinen ein Schamane war. Dazu waren seine weiten Reisen durch Rußland erforderlich. Er war ein unermüdlicher Sammler und Forscher, der keine Strapaze scheute, wenn es darum ging, die Glaubensinhalte und Sitten, Lieder und Geschichten zu dokumentieren.

August Ahlqvist begründete die finnische Sprachforschung. Er war ein Mensch, der eine ihm vollkommen unbekannte Sprache entdeckte und dafür die Grammatik und die Wörterbücher ausarbeitete und verfaßte. Ohne Ahlqvist würden wir heute nicht wissen, daß die Finnen mit den Ungarn und Samojeden, mit den Ostjakken und Vogulen, Mordvieniern und Votjakken Sprachverwandtschaften haben. Ganz nebenbei schreibt er einen für uns sehr interessanten Artikel: „Om Schamanismen och Övriga Religionsformen hos de Turanska Folken" (1881). In diesem Artikel definiert er folgendes: Schamanismus beruhe darauf, daß der Mensch von Geistern umgeben sei, die in der Natur leben. Die Intention dieser Geister sei, den Menschen zu schaden. Um diese Wesen zu besänftigen, müsse der Mensch dauernd beten und Opfer darbringen. Der Schamanist lebe in einer ständigen Angst, und er nähere sich diesen Wesenheiten nur, um selber unbeschadet zu bleiben.

Ahlqvist gehörte zu den ersten, die die Beziehungen des Schamanismus der Turanier mit dem Buddhismus, dem Islam und der christlichen Religion studierten.

Ein anderer Religionswissenschaftler, Uuno Harva, dokumentierte etwas später die Religionen der im russischen Raum lebenden Völker, so daß uns heute auch die Saunatomte der Mordvienier bekannt sind. Die Opfergaben, die diese Wesenheiten dort bekommen, weit weg vom skandinavischen Raum, sind denen sehr ähnlich, die wir in Finnland kennen.

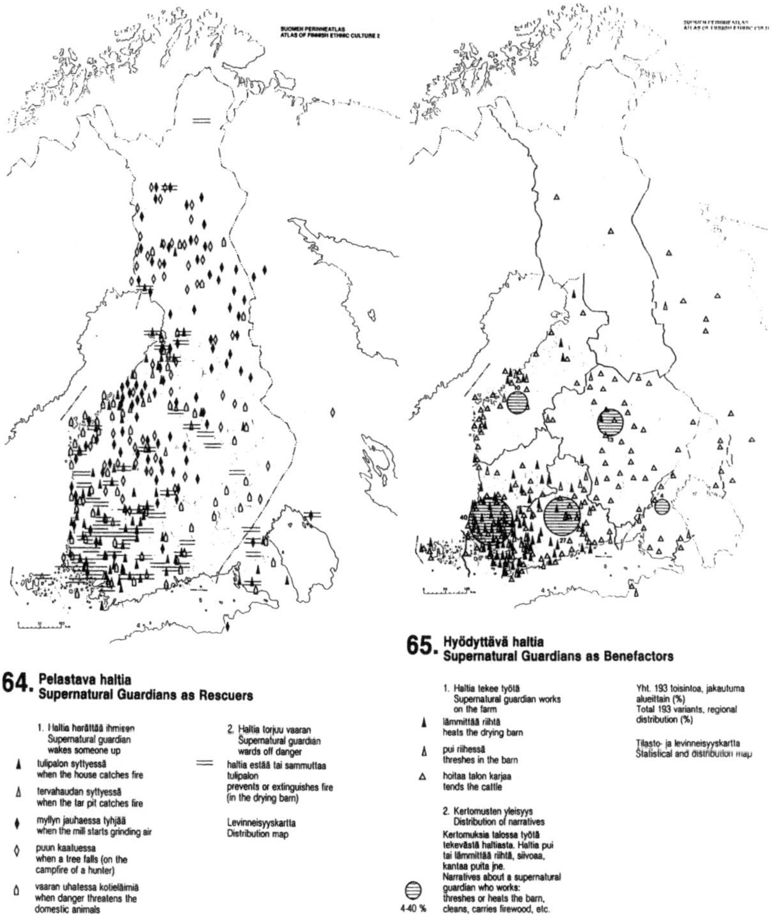

Hüter als Retter und Hüter als Wohltäter

Die Tomte sind wieder da

In dieser Stimmungslage entsteht 1831 die finnische Literaturgesellschaft, allgemein als SKS bekannt. Dort wird systematisch gesammelt und geforscht, und zwar Folkloristik, Volkskunde und Literatur. Die umfangreichen Sammlungen, die heute mehrere Millionen Daten, Notizen und Karteikarten über Tomte und heilige Bäume, über Gedichte und Ereignisse,

Sitten und Häuser, Kleidung und Wörter usw. beinhalten, werden ständig gebraucht. Generationen von jungen Wissenschaftlern und Studenten haben mitgearbeitet, um das Ganze zu ordnen und zu bewerten.

Matti Sarmela ist einer von diesen enthusiastischen Forschern. Im Januar 1996 kam sein großes Werk, „Die gesammelten ethnographischen Karten Finnlands", im Verlag der SKS heraus. Jetzt können wir klar und übersichtlich alle Ortschaften erkennen, an denen Elementarwesen gesichtet wurden. Die neuen statistischen Methoden und die Technik haben es möglich gemacht, das ganze zu leisten.

In den Jahrzehnten zuvor konnten wir viele Untersuchungen über die Wanderwege der Memoranten – der Geschichten, die über Geistwesen erzählen – lesen. Martti Haavio, dessen Bücher auch in französischer Übersetzung erschienen sind, zeigte uns, daß wir mit unseren Tomten nicht allein sind. Er schlug Brücken zwischen Irland und Frankreich, Italien und Finnland, und er zeigte in seinen vielen Essays die verschlungenen Wege, auf denen die Traditionen und Balladen, Glaubensinhalte und Elementarwesen durch Jahrhunderte hindurch im europäischen Raum weitererzählt wurden.

Diese Arbeit ist keineswegs vollendet. Die Tomte sind wieder da. Immer mehr Menschen meinen, mit ihnen täglich in Kontakt zu stehen. Diese Menschen leben nicht mehr abgeschieden, und sie sind keine Analphabeten, die phantasieren. Es sind Menschen, die zu Hause einen Fernseher und einen Internet-Anschluß haben und ganz gewöhnliche Berufe ausüben. Aber die Botschaft, die die Tomte ihnen erzählen, ist eindeutig: Die gesamte Elementargeisterwelt ist ängstlich geworden. Die Natur muß gerettet werden!

Literatur:

Haavio, Martti: Essais Folkloriques. Studia Fennica VIII. Helsinki 1959

Harva, Uuno: Die religiösen Vorstellungen der Altaischen Völker. Helsinki 1938

Lönnrot, Elias: Kalevala. Helsinki 1849. Übersetzung von Lore und Hans Fromm. Stuttgart 1985

Lönnrot, Elias: Om finnanrnas magiska medicin. Helsinki 1832

Pesonen, Heikki: Taikauskon kitkemisestä alkuperän etsintään. Pohjoisten kansojen samanismin tutkimus Suomessa. Helsinki 1980

Sarmela, Matti: Atlas of Finnish Ethnic Culture 2. Helsinki 1994

Die im Text genannten historischen Werke können auf Antrag im Archiv der Finnischen Literaturgesellschaft (Suomalaisen Kirjallisuuden Seura, Hallituskatu 1/PL 259, FIN-00171 Helsinki) besichtigt werden, wenn sie nicht auf Ausstellungsreisen sind.

Die Finnische Literaturgesellschaft

Wolfgang Weirauch

Die Finnische Literaturgesellschaft (Suomalaisen Kirjallisuuden Seura, SKS) wurde 1831 von jungen Männern aus Kreisen der Universität Helsinki gegründet, die ihre Ausbildung zwar in schwedischer und lateinischer Sprache erhalten hatten, sich aber für die Pflege des Finnischen einsetzten. Elias Lönnrot, der u.a. die Kalevala aufgezeichnet hat, war der erste Sekretär dieser Gesellschaft. Bis zur Jahrhundertwende war die SKS eine allgemeine Organisation der nationalen Wissenschaften, später spezialisierte sich ihr Aufgabenbereich. Herzstück ist die Bibliothek mit den Handschriftensammlungen, die die Basis für die heutigen Forschungsarchive bildet.

Der SKS gehören heute fast 3.000 Mitarbeiter an, und es gibt ein Volkskundearchiv, ein Literaturarchiv, die Bibliothek und das Institut für finnische Literatur. In der Bibliothek stehen über 200.000 Bände, vorwiegend traditionswissenschaftliche Literatur aus den Bereichen Folkloristik, Kultur- und Sozialanthropologie, Religionswissenschaft und Volksmusikforschung. In der *Kalevala-Sammlung* stehen sämtliche finnischsprachigen Ausgaben sowie alle Übersetzungen dieses Epos. Die *Alte Fennica,* eine Sammlung vor 1810 erschienener finnischsprachiger Literatur, hat den größten bibliophilen Wert. Sie enthält auch die seltenen Werke von Mikael Agricola.

Das *Volkskundearchiv* ist das Zentralarchiv der geistigen Volkskultur Finnlands. Dort wird überliefertes Wissen aufgezeichnet, werden Register über alle Sammlungen erstellt, Forschungsprogramme durchgeführt und Publikationen hergestellt. – Seine Bestände umfassen rund 3 Mio. Nummern (463 Regalmeter) handschriftlicher Aufzeichnungen, 14.000 Tonbänder, 500 Videobänder und etwa 78.000 Fotos.

Das *Literaturarchiv* ist ein Facharchiv für Literatur- und Kulturgeschichte. Dort werden vor allem Handschriften von Schriftstellern und Forschern sowie kulturgeschichtliche Bild- und Tonaufzeichnungen gesammelt. Es enthält 785 Regalmeter Handschriften.

Die Abbildungen im Artikel von Sirkku Lumioksa und auf der folgenden Seite zeigen die traditionellen Orte, an denen man heilige Bäume und

Steine verehrt und an denen man das Vorkommen der Natur- und Hausgeister Finnlands dokumentiert hat. Sie stammen aus dem „Suomen Perinneatlas“, dem Atlas für Finnisch-Ethnische Kultur, und sie wurden uns mit freundlicher Genehmigung des SKS zur Verfügung gestellt.

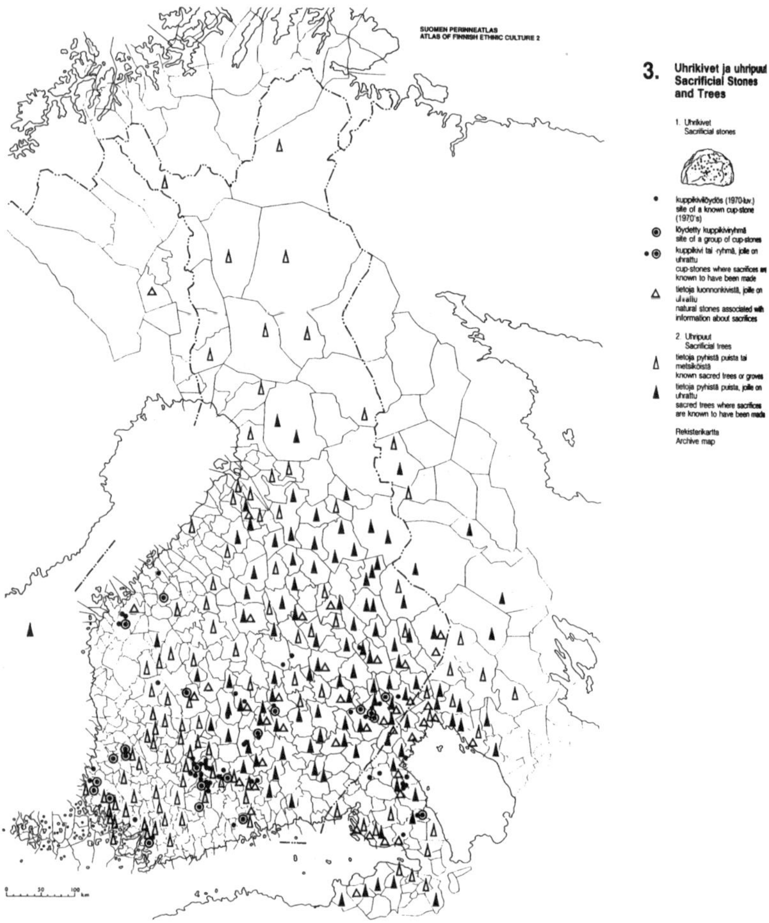

Heilige Steine und Bäume

Freundschaft mit den Naturgeistern

Interview mit Tapio Kaitaharju

von Wolfgang Weirauch

Tapio Kaitaharju, *geb. 1923 in Hamina; verheiratet, zwei Kinder. Schulzeit in Kotka. Während des finnischen Winterkrieges (1939–1940) Zivilschutzaufgaben im zerbombten Kotka. Während des Zweiten Weltkrieges Soldat bis zu seiner Verwundung. Spätere Berufstätigkeit bei der Finnischen Eisenbahn in der Administration und als Verkaufschef.*

Zahlreiche Veröffentlichungen in Zeitschriften. Sieben Buchveröffentlichungen zum Thema Mensch und Natur sowie zur Frühgeschichte Finnlands.

Im Norden Europas haben die Menschen noch ein sehr viel intimeres Verhältnis zur Natur als in Mittel- und Südeuropa. So ist es nicht verwunderlich, daß es dort mehr Menschen gibt, die hellseherische Fähigkeiten besitzen. Das können altbewahrte Kräfte sein, aber auch neuentwikkelte Seelenfähigkeiten. Gemeinsam ist diesen Menschen ein mehr oder weniger bewußter Kontakt zu den Haus- und Naturgeistern bzw. Elementarwesen.

Die meisten Hellseher sprechen nicht über ihre Erlebnisse, denn die Begegnung mit Naturgeistern ist kein Geschehnis der gegenständlichen Welt, das man kurz und präzise beschreiben kann, sondern diese Erlebnisse sind sehr flüchtig, vielgestaltig und intim. Trotzdem ist es für die heutige Zeit wichtig, daß einzelne Seher über die Welt der Elementargeister berichten, damit die übrigen Menschen ein neues Bewußtsein von ihnen bekommen. Denn ihre Welt ist durch die Umweltzerstörung und die Ignoranz der Menschen gefährdet.

Tapio Kaitaharju ist einer von denen, die die Naturgeister schauen, ständig Kontakt zu ihnen haben und auch darüber berichten. Ich besuchte ihn zusammen mit Jussi Tuuri (Pfarrer der Christengemeinschaft, Helsinki, siehe auch die Notiz S.128), der zwischen uns dolmetschte, in Helsinki. Was wir miteinander besprachen, lesen Sie in nachstehendem Interview.

Eine vielgestaltige und formenreiche Welt

Wolfgang Weirauch: Was sind Elementar- bzw. Naturgeister?

Tapio Kaitaharju: Die Welt der Elementargeister ist sehr vielgestaltig und formenreich. In ihr offenbart sich die Lebendigkeit des Erdenplaneten. Diese lebendige Kraft bezeichne ich gerne als die Erdenmutter.

W.W.: Sind die Elementargeister Individualitäten, oder sind es eher Gruppen?

T. Kaitaharju: Es sind sowohl Individualitäten als auch Gruppen. Ihre Aufgaben sind zahlreicher und vielfältiger als diejenigen der Menschen. Die höheren Wesen, die die umfassenderen Aufgaben vollziehen, sind Individualitäten, die niederen Wesen arbeiten dagegen mehr in Gruppen. Man kann die Entwicklungsstufe der Naturgeister an ihrer Gestalt erkennen. Die höherentwickelten haben schärfere und klarere Konturen, diejenigen, die mehr in Gruppen arbeiten, haben keine ausgeprägten Formen, sie verschwimmen eher ineinander. Diese verschiedenen Formen der Naturgeister offenbaren die Lebendigkeit der Erde.

Die Menschen besitzen eine Fülle an Wissen, und die Elementarwesen unterscheiden sich von ihnen dadurch, daß sie über ein großes Potential an Weisheit verfügen. In der menschlichen Gesellschaft sitzen viele Menschen in Positionen, die sie aber wegen ihrer fehlenden Weisheit eigentlich nicht ausfüllen können. So etwas gibt es bei den Naturgeistern natürlich nicht. Jedes Wesen erfüllt dort die Aufgabe, die ihm angemessen ist.

W.W.: Welche Aufgabe hatten die Naturgeister beim Entstehungsprozeß der Erde?

T. Kaitaharju: Am Beginn der Erdenzeit bestand die weibliche Kraft der Mutter Erde, die den Prozeß der Erdentstehung in Gang gesetzt hat. Von Naturgeistern kann man erst von dem Moment an reden, in dem die grüne Erde – also die Pflanzen – zu entstehen beginnen. Die Aufgaben der Naturgeister waren beim Entstehungsprozeß der Erde ganz andere als heute. Diejenigen Naturgeister, die bei diesem Entstehungsprozeß mitgeholfen haben, sind in die Kräfte der Mutter Erde hineingeschmolzen worden. In den darauffolgenden Epochen der Erde entstanden neue Naturgeister, die seitdem in den Prozessen der Natur leben und diese teilweise bewirken.

W.W.: Welche Aufgaben haben die Naturgeister heute?

T. Kaitaharju: Die Naturgeister haben natürlich die verschiedensten Aufgaben. Ihre Hauptaufgabe ist es aber, die Lebendigkeit der Natur zu pflegen und aufrechtzuerhalten. Vor allem in einem Urwald kann man die Arbeit der Elementarwesen sehr anschaulich und wirksam betrachten. Wegen der industriellen Entwicklung und der dadurch bewirkten Luftverschmutzung und dem sauren Regen gibt es aber nur noch sehr wenige Oasen in Finnland, an denen ein intakter Urwald zu finden ist. Aber wenn man Finnland mit den Wäldern und der Natur Mitteleuropas vergleicht, ist es noch immer ein recht gesundes und unberührtes Land.

Die Naturgeister, die mit den Seen, Bächen und größeren Flüssen zusammenhängen, sind ganz andere als diejenigen, die im Wald leben. Selbstverständlich haben sie auch andere Aufgaben.

W.W.: Wann haben Sie zum ersten Mal Naturgeister erlebt?

T. Kaitaharju: Ungefähr seit 1964 kann ich die Naturgeister schauen. Ich bekam zu ihnen ein Verhältnis, als ich mich bemühte, den Zusammenhang zwischen Mensch und Natur bzw. Naturgeistern zu ergründen. Derartige Erlebnisse sind nur möglich, wenn es im menschlichen Leben vorher einen Bruch bzw. eine biographische Krise gegeben hat. Nach einer solchen Phase kann man eigentlich erst die Verbindung zu den Wesen der Natur bekommen, mit ihnen kommunizieren und als Forscher in ihrer Welt verkehren. Ich möchte dazu ein Bild gebrauchen: In einer Krise wird es möglich, daß man sein eigenes Wesen wie einen Sender bei einem Radio auf die richtige Wellenlänge einstellen kann. Entsprechend öffnen sich dem Menschen dann die inneren Augen bzw. inneren Organe zur Wahrnehmung der Naturgeister. Das ist aber nur durch die Erschütterung der biographischen Krise möglich.

W.W.: Wodurch kann eine solche Krise ausgelöst werden?

T. Kaitaharju: In der Schule erfährt man nur von Dingen der diesseitigen Welt. Aber hinter dem Schein der gegenständlichen Welt gibt es verborgene übersinnliche Bereiche, wie z.B. die lebendige Natur und die Naturgeister. Deswegen ist es wichtig, daß man sein Bewußtsein nicht ausschließlich auf die materiellen Gegenstände richtet, sondern innerlich Raum für die verborgenen Bereiche läßt. Es kann zu einer schweren Krise im menschlichen Leben führen, wenn dieses gegenständliche Alltagsbewußtsein ins Wanken gerät. Es ist natürlich nicht so einfach, von heute auf morgen mit der Arbeit mit den Naturgeistern zu beginnen, denn man muß innerlich dazu reif sein. Als ich 1964 meine persönliche Krise durchlebte, öffneten sich mir die verschiedensten geistigen Perspektiven. Die Beziehung zu den Naturgeistern ist ein Bereich davon.

Die erste Begegnung mit den Naturgeistern

W.W.: Können Sie das Erlebnis schildern, als sie zum ersten Mal Elementarwesen geschaut haben? Wußten Sie sofort, um welche Wesen es sich dabei handelte, weil ihnen die Naturgeister vorher ein Begriff waren?

T. Kaitaharju: Ich wohnte früher am Meer und hatte deswegen immer ein sehr nahes Verhältnis zur Natur. Natürlich kannte ich die Naturgeister aus der Welt der Märchen, die mich immer sehr angesprochen hat. Die Nähe zu den Märchen und zur Natur war der fruchtbare Boden für meine ersten Schauungen. Diese Grundstimmung erleichterte mir es sehr, eine Beziehung zu den Elementargeistern zu finden.

Mein erstes Erlebnis habe ich 1972 in einem Buch veröffentlicht. Ich wohnte damals nordöstlich von Helsinki in Kouvola, und es war tiefer Winter, als ich mit meinen Skiern über den Schnee fuhr. Mit einem Mal begegnete ich drei Tomten, die sofort bemerkten, daß ich sie schaute. Die Naturgeister bemerken immer, wenn man sie wahrnimmt. Die Begegnung mit den Naturgeistern ist wie die Begegnung zweier alter Freunde, die sich seit längerer Zeit nicht mehr gesehen haben.

W.W.: Dann erfüllte sich also das, was Sie aus Erzählungen und Märchen über Naturgeister wußten, mit geistiger Realität?

T. Kaitaharju: Ja, es wurde real, und man kann auch sagen, daß mir die Existenz der Welt der Naturgeister bewiesen wurde.

W.W.: Schauen Sie die Elementarwesen immer oder nur in bestimmten Momenten?

T. Kaitaharju: Nur in bestimmten Momenten. Es ist eine Kunst, mit den verschiedenen „Wellenlängen", also der vielfältigen Geistigkeit der Natur, umgehen zu können. Man muß den Umgang mit ihr beherrschen lernen, denn sonst kann es geschehen, daß sie einen überwältigt und man im alltäglichen Leben nicht mehr zurechtkommt. Das kritisch-prüfende Denken muß auch bei den übersinnlichen Schauungen aufrechterhalten werden.

W.W.: Was haben Sie bei Ihrer ersten Begegnung mit den drei Tomten gesprochen?

T. Kaitaharju: Es war eigentlich nur eine Begrüßung unter Freunden.

Ideenfunken leuchten in einem auf

W.W.: Wie gestalten Sie eine Begegnung mit Elementargeistern? Kommen sie zu Ihnen, oder gehen Sie zu ihnen hin?

T. Kaitaharju: Das hängt von der jeweiligen Situation ab. Wenn ich z.B. am Strand entlanggehe, kann es geschehen, daß die Naturgeister erscheinen, weil sie mir etwas zu erzählen haben bzw. mir eine Nachricht überbringen wollen. Aber es gibt auch Situationen, in denen ich auf die Naturgeister zugehe.

Eigentlich gibt es zwei Arten von Gesprächen mit den Naturgeistern. Die eine Art ist so wie bei den Menschen, indem man in Wechselwirkung seine Gedanken austauscht. Die andere Art des Gesprächs ist nicht so sehr ein gegenseitiger Austausch, sondern eher als ob der Funken einer Idee in einem aufblitzt. Die Begegnung mit den Naturgeistern bewirkt, daß diese Idee in einem aufleuchtet und Gestalt annimmt. Das, was man selbst sagen möchte, und das, was die Elementargeister einem mitteilen wollen, bewegt sich auf zwei verschiedenen Ebenen, die aber doch miteinander verschmelzen, so daß man sich versteht. Auch unter den Menschen habe ich bemerkt, daß diese zweite Möglichkeit des Gesprächs immer mehr zunimmt. Man braucht nicht mehr äußerlich miteinander zu sprechen, sondern versteht sich auf einer höheren Ebene.

W.W.: Welche Beziehung haben Sie mittlerweile zu den Naturgeistern aufgebaut? Gibt es regelmäßige Treffen, halten Sie und bestimmte Wesen sich gegenseitige Treue, gibt es Aufgaben, die gegenseitig gestellt werden?

T. Kaitaharju: Hier wirkt eigentlich mehr die Tugend der Unregelmäßigkeit. Das hängt damit zusammen, daß die Grundgesetze der Kommunikation nicht durch das menschliche Wissen bestimmt werden, sondern durch die Weisheit. Die Aufgaben, was zu tun ist, entstehen aus der Weisheit, und diese Aufgaben stellen sich nicht nach menschlichem Maß in regelmäßigen Abständen, sondern unregelmäßig. Ich persönlich versuche und bemühe mich, Klarheit in diese Zusammenhänge zu bringen, so daß ich den Menschen in passenden Momenten etwas aus der Weisheit der Natur vermitteln kann. Ich beabsichtige mit meinen Veröffentlichungen nicht, daß die Menschen meine Mitteilungen sofort bejahen. Aber ein Teil meiner Leser versteht mich, und das fördert das Verständnis für die Welt der Naturgeister.

Der Humor der Naturgeister

W.W.: Haben die Naturgeister auch Humor?

T. Kaitaharju: Dazu möchte ich eine kleine Geschichte erzählen, an der man erkennen kann, daß zu der Kommunikation mit den Naturgeistern auch immer eine bestimmte Art von Humor gehört. Ich war mit einem Rundfunkreporter im Wald. Dort haben wir versucht wahrzunehmen, was dort so alles geschieht und ob sich vielleicht einige Naturgeister zeigen würden. Wir hatten auch einige Begegnungen mit Naturgeistern, und als wir nach einem arbeitsreichen Tag wieder zu Hause in der Wohnung waren, fragte mich der Rundfunkreporter, ob das nun Peikkos oder Menninkäiset gewesen wären. Als der Reporter diese Frage gestellt hatte, kamen die Naturgeister in die Stube und fragten scheinbar ganz besorgt, zu welchem Volk sie nun eigentlich gehörten: „Sind wir Peikkoja, sind wir Tonttuja, heißen wir Menninkäisiä?“ Dies fragten sie mit einem gewissen Witz, aber mit ernster Miene. Mit ihrer Frage wollten sie zeigen, daß diese Begriffe für sie überhaupt nicht wichtig sind. Denn ihr Selbstbewußtsein basiert auf den Aufgaben, die sie bewältigen.

Eine zweite Sache, an der sich die Naturgeister sehr erfreuen können, ist die Liebe der Menschen zu den Zahlen. Die Menschen wollen immer wissen, wie groß und wie breit ein Naturgeist ist, und darüber können sie sich köstlich amüsieren.

Die Waldgeister

W.W.: Welche Aufgaben haben die Waldgeister?

T. Kaitaharju: Die Aufgabe der Waldgeister besteht u.a. darin, daß sie den Bäumen, den Büschen und allen anderen Pflanzen bei ihrem Wachstum behilflich sind. Sie regeln die Harmonie aller Pflanzen untereinander. Sie ernähren sich ihrerseits auch aus den Wachstumsprozessen der Pflanzen. Es ist also ein gegenseitiges Austauschverhältnis. Die Waldgeister sind wie alle anderen Naturgeister immer zu einer Zusammenarbeit mit den Menschen bereit.

W.W.: In welcher Weise können die Waldgeister mit einem für den Wald verantwortlichen Förster zusammenarbeiten?

T. Kaitaharju: In früheren Zeiten war es eine Selbstverständlichkeit, daß alle Menschen, die in irgendeiner Weise im Wald gearbeitet haben, mit den Waldgeistern in Kontakt gestanden und einvernehmlich zusammengearbeitet haben. Immer dann, wenn man die Waldpflege mit den ursprünglichen Kräften des Waldes durchführt, helfen die Waldgeister. Dies geschieht nicht, wenn man den Wald brutal ausbeutet. Bei Menschen, die aber den Wald im Einklang mit der Natur pflegen, ist es nicht vonnöten, daß sie ein Bewußtsein der Waldgeister haben. Die Waldgeister stehen trotzdem als Helfer bereit.

W.W.: Gibt es einen führenden Geist des Waldes, der die niederen Geister befehligt?

T. Kaitaharju: Es gibt eine Hierarchie unter den Waldgeistern. Die niederen Waldgeister sind an einen bestimmten Platz im Wald gebunden. Es ist immer ein Ort, der mit ihrer Aufgabe zusammenhängt. Die höherentwickelten Geister haben größere Gebiete des Waldes zu versorgen, so daß man von einer bestehenden Organisation unter den Waldgeistern sprechen kann. Ihre Hierarchiestufe bemißt sich nach ihrer Weisheit.

W.W.: Gibt es Versammlungen der hierarchisch unterschiedlichen Waldgeister, auf denen besprochen wird, welche Aufgaben die einzelnen Wesen zu vollbringen haben?

T. Kaitaharju: Ja. Allerdings gibt es auf diesen Versammlungen keine Verständigungs- und Meinungsverschiedenheiten, weil alle Waldgeister im Einklang mit der Weisheit der Natur schwingen.

W.W.: Was wird auf diesen Versammlungen besprochen? Welche Aufgaben stehen an?

T. Kaitaharju: Wenn die Menschen z.B. Raubbau im Wald betreiben und große Flächen roden, entsteht eine ziemliche Panik unter den Elementargeistern des Waldes, und sie beraten, ob und wie sie diese Fläche des Waldes wieder heilen können. Durch den Kahlschlag im Wald wird die Existenzgrundlage der Waldgeister vernichtet, ihre Wohngebiete werden kleiner, denn sie müssen sich aus diesen Gebieten zurückziehen. Man kann das besonders in Lappland beobachten, wo in den vergangenen Jahrzehnten durch den Menschen große Waldgebiete vernichtet worden sind. Infolge dieser Waldrodung ziehen sich nicht nur die Elementarwesen zurück, sondern die Kräfte der Mutter Erde sinken in die Erde hinein, so daß man später große Mühe hat, an der gleichen Stelle wieder einen Wald anzupflanzen. Wenn es nicht gelingt, daß die in die Erde herabgesunkenen Kräfte der Mutter Erde wieder in eine Neuanpflanzung von Bäumen hinaufsteigen, damit sie bei ihrem Wachstum helfen, dann wird es auch nicht möglich sein, Heilungsprozesse in diesem neuangepflanzten Wald wirksam werden zu lassen. Die Heilungs- und Wachstumsprozesse des Waldes werden dann sehr erschwert. Alles Organisch-Stoffliche ist von der Verbindung zu den Lebenskräften abhängig. Der Mensch ist von diesen Lebenskräften genauso abhängig wie der Baum des Waldes.

W.W.: Gibt es auch bei den Menschen einen solchen Bruch zu den Lebenskräften wie bei einer großflächigen Waldrodung?

T. Kaitaharju: Das ist eine gute Frage. Man kann dieses Phänomen sehr oft beobachten! Qualität und Quantität der Lebenskräfte des Menschen sind von dem Milieu abhängig, in dem er lebt, sind abhängig davon, welche Nahrung er zu sich nimmt und womit er sich beschäftigt. Die Qualität der Lebenskräfte ist in den letzten Jahrzehnten in allen Bereichen durch die Taten der Menschen zurückgegangen und schlechter geworden. Der Kahlschlag eines Waldes ist ein äußeres Bild für die Abnahme der Lebenskräfte auf allen Gebieten. Weil die ätherischen Kräfte der Menschen nachlassen, werden sie auch anfälliger für alle möglichen Krankheiten.

Luft-, Wasser- und Hausgeister

W.W.: Können Sie den Charakter und die Aufgaben der Luftgeister beschreiben?

T. Kaitaharju: Die Luftgeister stehen auf einem sehr hohen, umfassenden Niveau. Sie haben ihre Aufgaben in dem meteorologischen Geschehen der Erde. Ihre Aufgaben sind nicht individuell, sondern in die Weisheit des gesamten Erdorganismus eingebunden. Wenn der Mensch in den Wetterverhältnissen Störungen verursacht, kann es geschehen, daß die Luftgeister mit Stürmen und Orkanen antworten müssen. Auch die Luftgeister erwarten eine Zusammenarbeit mit der Menschheit, um die kranken Lebensbedingungen auf der Erde korrigieren zu können.

Leider ist die Naturwissenschaft weit davon entfernt, die Existenz von Naturgeistern anzunehmen, deswegen ist die Zusammenarbeit in der heutigen Zeit fast vollständig vernachlässigt. In der Medizin benutzt man allerdings die Lebenskräfte der Natur, ohne von ihnen zu wissen.

W.W.: Könnten Sie dafür ein Beispiel nennen?

T. Kaitaharju: Ein gutes Beispiel ist die Akupunktur. Bereits vor vielen 1.000 Jahren hat man die ätherischen Kräfte erforscht und sich bei dieser Heilmethode dienstbar gemacht. In Finnland hielt die Akupunktur vor etwa 30 Jahren Einzug. Damals mußte sie noch große Widerstände überwinden. Heute gibt es bereits eine Universität, an der man Akupunktur studieren kann. Trotzdem besteht auch im Bereich der Akupunktur eine große Kluft: Man lehrt ihre Methoden, aber man will nicht die heilenden Kräfte zugeben, die dahinter stehen. Ich verstehe allerdings gut, daß man diese Lebensenergie nur schwer akzeptieren kann, denn wenn man sie voll bejahen würde, gäbe es eine große Revolution auf allen Gebieten der Naturwissenschaft.

W.W.: Welchen Charakter und welche Aufgabe hat der Geist eines Baches oder einer Quelle?

T. Kaitaharju: Die Geister der Bäche und Quellen leiten fortwährend neue Lebensenergien ins Wasser, so daß das Wasser verlebendigt wird.

W.W.: Welcher Art sind die Tomte in den Häusern, z.B. die Saunatomte?

T. Kaitaharju: Auch heute sind noch in manchen Häusern Tomte zu finden. Früher gab es sogar mehrere Tomte in jedem Haus, und die Kommunikation zwischen ihnen und den Menschen war mehr oder weniger selbstverständlich. In einem Hochhaus, in dem viele Menschen leben und wo fortwährend Krach ist, wäre der Aufgabenbereich der Tomte nur sehr minimal. Deswegen wird man in solchen Häusern auch kaum noch Tomte finden.

W.W.: Welche Aufgaben erfüllt ein Hausgeist in einer Wohnung oder einem Haus, in dem er sich noch aufhalten kann?

T. Kaitaharju: Ein Hausgeist versteht seine Wohnung als seine eigene Behausung. Deswegen sorgt er dafür, daß in einem Haus alles ordnungsgemäß funktioniert. Man kann sehr verschiedene Berichte von ihren Aktivitäten geben. Sie helfen z.B., in einem Haus verlorene Dinge wiederzufinden.

Die Bilder verschwinden aus dem Bewußtsein

W.W.: Sie sind auch den Großgeistern des Klosters Valamo begegnet. Können Sie darüber etwas erzählen?

T. Kaitaharju: Ich habe vor einiger Zeit das Kloster in Valamo für einige Tage besucht und dort in aller Stille gelebt. Dabei bin ich den alten Großgeistern von Valamo begegnet. Ich sah in diesen Tagen in einem großen Panorama, in einer Bilderreihe wie in einem Film, die historischen Ereignisse des Klosters Valamo. Diese Bilder und Ereignisse habe ich alle aufgeschrieben. Die Inhalte dieser Bilder sind so geartet, daß man sie mit dem gewöhnlichen Gedächtnis kaum behalten kann. Sie verschwinden, wenn man sie nicht schnell niederschreibt. Es ist ähnlich wie bei Traumerlebnissen. Deswegen habe ich auf meinen Reisen oft ein Diktiergerät bei mir, damit ich meine Schauungen und Erlebnisse gleich festhalten kann. Man kann die Technik nicht vollkommen ablehnen.

Dämonen

W.W.: Gibt es auch dämonische Naturgeister?

T. Kaitaharju: Ja, die gibt es. Mit dieser Frage berührt man im Grunde den Kern der Naturkräfte. Alles Dasein ist von zwei unterschiedlichen Kräften bzw. Qualitäten durchdrungen, den guten und den bösen Kräften. Natürlich gibt es dafür verschiedene Bezeichnungen auf allen Ebenen der geistigen Wesen. Für die Ebene der Naturgeister gilt folgendes: Immer dann, wenn der Mensch gute Kräfte in sich entwickelt, positive Beziehungen zur Natur aufbaut, strömen die guten Naturgeister zu ihm hin bzw. in ihn ein. Das Umgekehrte gilt für die dämonischen Wesen. Der Mensch hat also den Schlüssel zum Kontakt mit den entsprechenden Naturwesen.

W.W.: Das heißt also, daß je nach den guten oder schlechten Gedanken bzw. Gefühlen eines Menschen gute oder schlechte Elementarwesen um ihn herum sind?

T. Kaitaharju: Genauso ist es. Man kann die Naturgeister nicht täuschen und irreführen, denn der Irrtum liegt auf der Ebene des Intellekts, nicht aber auf der der Weisheit.

W.W.: Können Sie die guten bzw. bösen Elementarwesen schauen, die um einen Menschen herum sind?

T. Kaitaharju: Die Schwierigkeit besteht darin, daß man es immer mit Energien zu tun hat. Man kann sehen, daß die positiven Elementarwesen positive Energien erzeugen, die bösen Elementarwesen negative. Letztere potenzieren z.B. die Negativität, die in die Welt hineinströmt. Ihre Frage ist schwer zu beantworten.

W.W.: Ich stelle es mir folgendermaßen vor: Ein Mensch spricht z.B. eine Lüge aus. In diesem Moment öffnet er sich für einen Lügendämon, der jetzt in irgendeiner Weise mit ihm in Verbindung stehen muß. Meine Frage ist, ob Sie diesen schauen können.

T. Kaitaharju: Ja, schon. Aber es ist immer schwer zu beantworten, wie so ein Geist aussieht. Immer wenn man einen Geist beschreibt, bewegt man sich auf der Ebene des Wissens. Wichtiger ist es, welche Gefühlsbegegnung man mit einem Geistwesen hat.

W.W.: Fühlen Sie den Unterschied zwischen guten und schlechten Wesen?

T. Kaitaharju: Ja, aber das kann eigentlich jeder Mensch. Auch wenn man die Geister nicht schaut, kann man in seinem Fühlen die guten oder schlechten Wesenheiten, die um einen anderen Menschen herum sind, empfinden, wenn man einigermaßen sensibel ist. Aber eine exakte Charakterisierung der verschiedenen Gefühle, die man aufgrund der verschiedenen Geister bekommt, ist sehr schwierig. Sehr viel leichter ist es, einen Ort in der Natur aufgrund der Empfindungen, die man hat, zu charakterisieren. Man bemerkt sehr schnell, ob man sich an einem Ort gut oder schlecht fühlt.

W.W.: Haben Sie schon einmal erlebt, daß Sie von dämonischen Wesen attackiert worden sind, und wie kann man sich vor solchen Attacken schützen?

T. Kaitaharju: Die unbequemen und negativen Wesen, die einen attakkieren, kann man auf keinen Fall mit der gleichen negativen Energie zurückstoßen. Wenn man Negativität gegen Negativität schickt, dann steigert sich diese Negativität. Aus diesem Grund muß man immer versuchen, einen positiven Ansatz zu finden. Man kann dämonischen Wesen mit positiver Energie entgegenwirken. Es ist genau wie bei den Menschen: Wenn man einer Haßattacke mit eigenem Haß begegnet, steigert sich dieser Haß gegenseitig.

W.W.: Also muß man dem Haß mit Liebe begegnen?

T. Kaitaharju: Ja.

W.W.: Wie kann man als ein Mensch der heutigen Zeit, der in einer Stadt lebt und keine Elementarwesen schauen kann, eine Beziehung zu Naturgeistern entwickeln?

In die Landschaft hineinhören

T. Kaitaharju: Es ist sehr schwer, hier einen Rat zu geben, denn jeder Mensch ist ein Individuum. Deswegen kann ich keine allgemeingültige Methode nennen. Was aber jeder Mensch für die Begegnung mit Naturgeistern braucht, sind innere Wachstumsprozesse. Verständnis für die Existenz der Naturgeister kann man vielen Menschen vermitteln, aber die eigene Begegnung mit Naturgeistern kann der Mensch nur ermöglichen, wenn er sich innerlich umwendet und öffnet.

W.W.: Kann man dieses innere Wachstum üben? Kann man üben, Naturgeister zu schauen?

T. Kaitaharju: Ja, das kann man. Dazu muß man richtig in die Natur hineinfließen. Auch muß man zu ergründen versuchen, welche Landschaft einem am liebsten ist, z.B. ein Wald, ein Gebirge oder ein Wassergebiet. Wenn man eine entsprechende Naturlandschaft aufsucht, muß man versuchen, in die Landschaft hineinzuhören. Wenn man lernt zu hören, kann man anfänglich ein neues Bewußtsein entwickeln, so daß man Schritt für Schritt zu einer Begegnung mit den Naturgeistern heranwachsen kann. Allerdings darf man nicht ungeduldig sein, denn diese Prozesse gehen nicht schnell, sondern sehr langsam. Das Tempo für den Kontakt zu den Naturgeistern wird durch die innere Reifung des Menschen bestimmt.

Wenn man dagegen versucht, zu schnell und unvorbereitet in die Welt der Elementarwesen einzudringen, dann gerät man in heillose Verwirrung. Man erhält dann Visionen, die man im eigenen Vorstellungsleben nicht mehr von dem Schauen der Weisheit der Natur unterscheiden kann. Wichtig ist auch, bevor man den Kontakt zu Naturgeistern aufnehmen will, die eigenen Möglichkeiten nüchtern und real einzuschätzen. Hat man Geduld? Ist man fähig, hinzuhorchen und zu warten? Ist man bereit, innerlich zu reifen? Wenn man dazu nicht bereit ist, sind den Trugbildern Tür und Tor geöffnet.

Die Naturgeister können uns inspirieren

W.W.: Die Menschen gehen ständig durch die Welt der Naturgeister und sehen sie nicht. Wie ist es für die Naturgeister, daß die Menschen sie nicht bemerken? Lachen sie über den Menschen, oder sind sie traurig, daß die meisten Menschen sie nicht mehr wahrnehmen?

T. Kaitaharju: Die Grundstimmung der Naturgeister ist eine ganz bestimmte Traurigkeit. Denn sie fühlen, daß die Menschen sich mehr und mehr von ihnen entfernen. Viele Elementarwesen haben auch einen humoristischen Sinn, besonders was die materialistische Denkweise der Menschen betrifft. Zum Beispiel machen sie sich immer wieder über die Sammelleidenschaft des Menschen lustig. Ihre Hauptgesinnung ist das Leben, und alles, was für das Leben unnötig ist, ist nach ihrer Meinung überflüssig und lächerlich.

W.W.: Warum sind Kinder offener für Naturgeister?

T. Kaitaharju: Das Kind ist mit den Naturkräften noch mehr als der Erwachsene verbunden. Die Kinder sind auch nicht so sehr mit den Wissensinhalten belastet wie die Bewußtseine der Erwachsenen. Die kleinen Kinder haben noch zahlreiche Begegnungen mit den Naturgeistern, aber wenn sie zu den Erwachsenen darüber sprechen, werden sie von ihnen oft zurechtgewiesen, weil sie angeblich dummes Zeug reden. Insofern sind die Erwachsenen schlechte Vorbilder für die Kinder. Etwa bis zum fünften Lebensjahr sind die Kinder noch weitgehend für die Naturgeister offen, dann geht es schrittweise zurück.

W.W.: Wie können Naturgeister und Menschen zusammenarbeiten? Was können Menschen den Naturgeistern, was können Naturgeister den Menschen geben?

T. Kaitaharju: Wir können bei unserem Bild der Waldpflege bleiben. Wenn der Mensch den Wald in der richtigen Weise pflegt und sich für die Natur interessiert, dann werden sich die Naturgeister auch für die Menschen interessieren, und die Elementargeisterwelt kann einzelne Menschen mit richtigen Ideen inspirieren. Der Mensch braucht das nicht bewußt mitzuvollziehen, aber er bekommt z.B. einen richtigen Einfall für die Pflege seines Waldes. Weil sich der Mensch für die Natur interessiert, gibt die Elementargeisterwelt ihm diesen Einfall als Geschenk zurück. Das Geschenk, das der Mensch den Elementargeistern macht, ist z.B. die richtige und gesunde Waldpflege. Gleiches gilt natürlich für alle Landschaften, in denen der Mensch das Leben erhalten oder retten will. Dort gestaltet sich noch ein lebendiger Austausch zwischen Mensch und Naturgeistern.

W.W.: Welche Beziehung hatten die Finnen früher zu den Elementargeistern?

T. Kaitaharju: Darüber habe ich einen Artikel veröffentlicht, nachdem die isländische Präsidentin Finnbogadottir Finnland besucht hatte. In Island besteht nämlich noch diese tiefe Beziehung der Bevölkerung zu den Naturgeistern, wie sie auch einstmals in Finnland gewesen ist. – Natürlich ist das Bewußtsein der Finnen für die Naturgeister gegenüber früher sehr zurückgegangen, trotzdem gehört es immer noch zum Wesen der Finnen, daß sie potentiell einer Beziehung zu den Elementarwesen zugeneigt sind. Wenn die äußeren Weltgeschehnisse noch katastrophaler werden, dann wird eine Zeit kommen, daß man wegen der äußeren Not diese Schichten des Daseins wieder stärker berücksichtigen wird.

W.W.: Welche geistige Aufgabe hat Finnland für die Welt?

T. Kaitaharju: Auch darüber habe ich gerade ein Buch geschrieben. Wenn man die Entwicklung der einzelnen Völker in den letzten Jahrhunderten verfolgt, vor allem was auf wissenschaftlichem Gebiet alles geleistet und geschrieben worden ist, dann entdeckt man in Finnland einen großen Bereich ungeschriebener Schätze, die noch nicht gehoben sind. Die eigentliche Geschichte Finnlands ist die ungeschriebene. Trotzdem haben wir Finnen eine sehr alte Kultur, mit der wir auch heute noch verbunden sind. Die Aufgabe der Finnen für die Welt wird erst dann kommen, wenn man in den anderen Ländern nach neuen Lebensformen sucht, die nicht nur der äußeren Welt verhaftet sind.

W.W.: Denken Sie dabei an neue Sozialformen zwischen den Menschen oder an eine neue und tiefe Beziehung zur Natur und den Naturgeistern?

T. Kaitaharju: Beides. Hinzu kommen noch die unentdeckten Naturkräfte, die noch in den verborgenen Bereichen ihrer Entdeckung harren. In Zukunft wird man auch neue Kräfte und Fähigkeiten entwickeln müssen, um in der Menschheitszivilisation weiterzukommen.

W.W.: Welche neuen Energien wird die Menschheit in Zukunft entwikkeln?

T. Kaitaharju: Auf jeden Fall werden neue Energieformen entwickelt werden. Aber das ist ein ethisches Problem. Denn diese neuen Energieformen können auch für den Egoismus ausgenutzt werden. Statt daß man neue Lebensformen schafft, könnten auch zerstörerische Waffen entwickelt werden. Auf diesem Sektor gibt es grenzenlose Möglichkeiten. Ähnlich war es auch mit der Kernenergie. Die Menschheit war für diese Kräfte nicht reif. So können auch alle noch kommenden Energieformen und Kräfte mißbraucht werden.

Die Lebenskräfte werden verätzt

W.W.: Wie wirken radioaktive Strahlen und andere Umweltgifte auf die Naturgeister?

T. Kaitaharju: Die radioaktive Belastung, z.B. durch die Tschernobyl-Katastrophe, kann man immer noch mit äußeren Geräten messen. Das ist katastrophal genug. Aber viel grausamere Folgen richten diese radioaktiven Strahlungen in der ätherischen Welt an.

W.W.: Können Sie diese Schädigungen im Bereich des Lebens etwas genauer darstellen?

T. Kaitaharju: Die radioaktive Bestrahlung hat im ätherischen Bereich eine ätzende Wirkung, ähnlich wie eine Säure Metall verätzt bzw. sich in das Metall hineinfrißt. Prozesse, die normalerweise im Bereich des Lebens ablaufen, werden plötzlich durch diese ätzende Wirkung unterbrochen.

W.W.: Wenn eine radioaktive Wolke über eine Landschaft zieht und sich dort niederschlägt, sterben dann die Naturgeister dieses Gebietes, werden sie verätzt oder ziehen sie sich schnell zurück?

T. Kaitaharju: Man kann die Begriffe, die für die Menschheit gelten – Sterben, Erkranken, Fliehen –, auch auf das Reich der Naturwesen anwenden. In bezug auf das Gebiet um Tschernobyl kann man sogar vom Tod der Naturgeister sprechen. Eine derartige radioaktive Katastrophe vernichtet die Naturgeister. Selbstverständlich fliehen die Naturgeister auch, wenn die Umwelt vergiftet wird. Aber wenn die Naturgeister sterben, verschmelzen sie mit den Kräften der Mutter Erde. Die radioaktiven Strahlungen wirken auch tief in die Kräfte der Mutter Erde hinein, schädigen sie und rufen dort starke Veränderungen hervor.

W.W.: Wenn die Elementarwesen aus einer Gegend fliehen, weil diese durch äußere Gifte verunreinigt ist, können sie dann an anderen Stellen neue Aufgaben ergreifen?

T. Kaitaharju: Meistens finden die Naturgeister eine neue Aufgabe. Aber wenn sie keine mehr finden, verschmelzen sie mit der Mutter Erde.

W.W.: Ich habe vor einigen Jahren den Reaktor in Tschernobyl besucht (siehe dazu die Berichte im FLENSBURGER HEFT 42, „Sind wir noch zu retten? Zerstörung oder Verwandlung der Erde"). Sie sagten, daß die radioaktive Strahlung in dem Gebiet von Tschernobyl die Naturgeister vernichtet bzw. zur Flucht getrieben habe. Nun ist die Landschaft in der Nähe des Reaktors – rein äußerlich und auf den ersten Blick – noch intakt. Können denn Bäume und andere Pflanzen in dieser Gegend noch ohne Naturgeister wachsen?

T. Kaitaharju: Ich glaube nicht, daß in dieser Gegend noch Naturgeister leben. Wenn die Bäume äußerlich noch intakt aussehen, so werden sie doch innerlich – also in ihren Lebenskräften – schon stark beschädigt sein.

W.W.: Sie haben erwähnt, daß sterbende Elementarwesen mit der Mutter Erde verschmelzen. Können Sie das noch etwas erläutern?

T. Kaitaharju: Weder gräbt man ihnen ein Grab, noch verbrennt man sie. Sie werden in die Energiefelder der Mutter Natur hineingeschmolzen. Wenn es ein natürlicher Tod eines Naturgeistes ist, dann ist dieser Verschmelzungsprozeß ein schönes Ereignis. Wenn die Naturgeister aber z.B. durch radioaktive Bestrahlung sterben, ist dieser Verschmelzungsprozeß ein sehr beklagenswertes Ereignis.

W.W.: Es gibt eine Aussage von Rudolf Steiner, daß die Wassergeister der Ostsee im Sommer von höheren geistigen Wesen, z.B. Erzengeln, eingeatmet werden. Dieser Verschmelzungsprozeß mit den höheren geistigen Wesen sei für diese Naturgeister ein Lusterlebnis. Haben Sie auch dementsprechende Erfahrungen?

T. Kaitaharju: Ich halte diese Prozesse für möglich. Die Naturgeister wirken stark im jahreszeitlichen Geschehen der Natur mit. Mal sind sie wacher, mal sind sie schläfriger. Da auch höhere geistige Wesen im jahreszeitlichen Geschehen der Naturkräfte mitwirken, kann ich die Aussage Steiners gut nachvollziehen.

Naturkatastrophen werden kommen

W.W.: Wird die Menschheit bald durch größere Krisen gehen, und welcher Art werden diese sein?

T. Kaitaharju: Welcher Art die Krisen bzw. Katastrophen sein werden, ist offen. Aber die Ausrichtung des menschlichen Denkens und Handelns bringt es mit sich, daß diese Katastrophen bald kommen werden. Welche Katastrophen kommen, und wie sie im einzelnen ablaufen werden, ist nicht das vordringlich Interessante. Wichtig ist vielmehr, wann der Sättigungsgrad erreicht ist, wann das Faß überläuft. Wenn dieser Sättigungsgrad erreicht ist, dann muß die Natur dafür sorgen, daß ihre Lebensverhältnisse wieder korrigiert werden. Und das geschieht durch die verschiedensten Naturkatastrophen. In der Zeit dieser Katastrophen werden auch die neuen Lebensformen und Energiearten entdeckt werden.

W.W.: Wie kann der Mensch diesen Krisen begegnen, wie kann er in ihnen bestehen, und welche Rolle kann dabei die Beziehung zwischen Mensch und Naturgeistern spielen?

T. Kaitaharju: Man darf niemals die Bereitschaft der Naturgeister, dem Menschen zu helfen, vergessen. Und wenn die Katastrophen kommen, dann ist vielleicht die Bereitschaft der Menschen größer, die Existenz der Naturgeister zu akzeptieren, aber die Hilfsbereitschaft der Naturgeister ist vorhanden, und man kann darauf vertrauen, daß sie den Menschen in den kommenden Katastrophen Einfälle geben werden, wie die Menschen in diesen Katastrophen bestehen und mit ihnen umgehen können. Krisen – sowohl in der menschlichen Biographie als auch in größeren Zusammenhängen – sind nicht umsonst, sondern immer dazu da, daß die alten nicht mehr tauglichen Lebensformen zerstört werden, so daß neue entstehen können. Insofern bewirkt jede Krise etwas Positives.

Das Wesen des Waldes

Interview mit Erkki Lähde

von Jussi Tuuri* und Wolfgang Weirauch

Prof. Dr. Erkki Lähde, *geb. 1938. Professor für Waldpflege am Institut für Waldforschung und Dozent an der Universität in Helsinki. Vorstandsvorsitzender der Kritischen Hochschule in Helsinki. 40 Veröffentlichungen, vorwiegend zum Thema der Waldpflege.*

Aufgrund des Waldschadensberichtes, den der deutsche Landwirtschaftsminister Jochen Borchert am 21.11.1996 dem Kabinett vorlegte, ist eine leichte Verbesserung des Waldzustandes zu registrieren, vor allem in Bayern und Ostdeutschland. Aber das ist kein Grund zur Euphorie, denn die

* Jussi Tuuri, geb. 1951, verheiratet, drei Kinder. Seit 1976 Pfarrer der Christengemeinschaft, bis 1977 in Kiel, danach in Helsinki.

Verbesserung ist vor allem durch den kühl-feuchten Sommer und den Zusammenbruch der Schwerindustrie Ostdeutschlands bedingt. Im Bundesdurchschnitt sind noch immer 57 % der Bäume krank. Eine dramatische Verschlechterung wird bei den Eichen registriert, bei den Buchen ist der Zustand ohnehin seit Jahren sehr schlecht. Die Fichten und Kiefern zeigen dagegen leichte Verbesserungstendenzen. Alles in allem gibt es also keine Entwarnung.

Ähnlich ist die Situation weltweit, wenn auch regional verschieden. Ursache sind die Emissionen aus Industrie- und Energieerzeugungsanlagen sowie aus dem Straßenverkehr, durch die radioaktive Belastung und die zunehmende UVB-Strahlung. Aber es gibt auch subtilere Ursachen, die schädigend auf den Lebensbereich des Waldes und auf die Naturwesen einwirken – die Gesinnung der meisten Menschen.

Erkki Lähde beschreibt in folgendem Interview die äußere und innere Beziehung zwischen Mensch und Wald sowie die vielgestaltigen Lebensvorgänge von Pflanze, Tier und Naturgeistern im Gesamtorganismus Wald. – Jussi Tuuri hat das Interview übersetzt.

Wald und Erde

Wolfgang Weirauch: Welche Bedeutung hat der Wald für die Erde?

Erkki Lähde: Dazu möchte ich einen alten Häuptling zitieren. Er sagte: „Wald ist für die Erde wie die Haut für den Menschen. Und wenn man die Wälder vernichtet, geschieht genau dasselbe, als wenn der Mensch seine Haut verliert." Bekannt ist ja auch der Vergleich, daß die Wälder die Lungen der Erde sind. Auch wenn der Vergleich nicht ganz exakt ist, könnte man sagen, daß die Wälder die Haut und die Lungen der Erde sind. Sie sind für den Erdorganismus und den Menschen lebenswichtig. Wir wissen ja, daß die Wälder das Grundelement für die Photosynthese sind, denn sie binden Kohlendioxid und erzeugen Sauerstoff.

Die Erde und die Wälder stehen fortwährend in einer engen Wechselbeziehung miteinander. Ohne die Erde könnten die Wälder nicht wachsen, und sie geben ihr auch wiederum etwas zurück. Insofern bilden Wald und Erde eine Einheit, zwischen ihnen findet kein Kampf statt, sondern eine fruchtbare gegenseitige Wechselbeziehung.

W.W.: Welche verschiedenen Waldtypen gibt es in Finnland?

E. Lähde: Allgemein meint man, daß in Finnland ein strenges Klima herrscht und der Erdboden sehr steinig ist. In Wirklichkeit haben wir aber recht fruchtbare und ertragreiche Gebiete, Flußtäler, Seeufer und Sümpfe – alles in allem eine fruchtbare und vielseitige Landschaft. Wir haben sehr viel fließendes Gewässer, was für den Wald sehr gute Wachstumsbedingungen schafft. Natürlich ist das Waldgebiet auch immer wieder von steinigen Gebieten durchsetzt. Deswegen gibt es in Finnland eine breite Skala von Waldtypen. Die weitverbreitetsten Waldtypen nennt man Blaubeerwald oder Preiselbeerwald. Die Waldtypen haben ihren Namen von den Pflanzen erhalten, die in den jeweiligen Wäldern wachsen. Diese Typenarten des Waldes werden für wissenschaftliche Zwecke und die Industrie klassifiziert. In Finnland gibt es sehr vielseitige Bodenarten. Die besten Böden sind natürlich für die Landwirtschaft aufbereitet worden, so daß die Waldtypen, die auf ihnen wuchsen, verschwunden sind.

Der Wald als Gesamtorganismus

W.W.: Betrachten Sie alle Organismen des Waldes als voneinander unabhängige Organismen, oder bildet der Wald einen Organismus als Ganzes?

E. Lähde: Ich vertrete die Meinung, daß der Wald ein Gesamtorganismus ist, und zwar von den tiefsten Schichten der Erde bis hinauf in die Höhen, in die das Leben eines Waldes reicht. Dieser Organismus lebt als eine Ganzheit von den tiefen Erdschichten bis über die Spitzen der Bäume. In dieser lebendigen Schicht leben alle Pflanzen und Tiere, alle sichtbaren und unsichtbaren Kräfte, die zum Organismus des Waldes hinzugehören. Die normale westliche Wissenschaft ist der Ansicht, daß in dieser Lebensschicht ein sehr rauher Kampf ums Dasein herrscht. Dieser Kampf, so glaubt man, bestehe nicht nur zwischen den verschiedenen Arten, sondern auch zwischen den einzelnen Individualitäten derselben Gattung. Meiner Ansicht nach ist diese Betrachtungsweise einseitig und sogar fehlerhaft. Natürlich dienen verschiedene Tiere und Pflanzen anderen Tieren als Nahrungsgrundlage und werden gefressen. Aber das gehört zum natürlichen Verlauf des Lebens in der freien Natur. Ich sehe statt dessen ein anderes Grundgesetz im Wald: Dort herrscht eine gegenseitige Wechselbeziehung zwischen allen Wesen, die zusammen einen Gesamtorganismus schaffen.

W.W.: Können Sie diesen Waldorganismus in seinen Einzelheiten ein wenig konkreter darstellen?

E. Lähde: Es ist wichtig zu bemerken, daß der Wald kein Alter hat. Man kann dem Wald kein Alter zuschreiben, obwohl das im Widerspruch zur allgemeinen Betrachtungsweise steht. Immer wieder hört man, daß ein

Wald 50 oder 150 Jahre alt sei, aber das kann nicht wahr sein. Stellen wir uns vor, daß wir uns an einem Sommertag im Wald aufhalten: Die verschiedensten Pflanzen und Tiere werden uns dort begegnen, z.B. Insekten, die nur ein paar Tage alt sind. Es können auch Mücken sein, die erst seit wenigen Sekunden leben, oder Schmetterlinge, die seit einigen Minuten durch die Luft fliegen. Vielleicht begegnen uns auch Vögel, die vor ein paar Wochen geschlüpft sind, oder Bäume, die schon seit geraumer Zeit im Wald wachsen. Wir können aber auch auf Gewächse stoßen, die einige Jahrzehnte oder sogar Jahrhunderte alt sind. Deswegen ist es eine grobe Vereinfachung, dem Wald ein bestimmtes Alter zuzuschreiben.

Die einzelne Pflanze oder ein bestimmter Baum hat natürlich ein bestimmtes Alter, aber der Wald als harmonischer Pflanzen- und Tiergesamtorganismus ist wie eine Familie, in der auch die verschiedensten Individualitäten mit sehr unterschiedlichem Alter gleichzeitig existieren. Der Vergleich zur Menschenfamilie gilt nur im weitesten Sinne, denn in einem Wald gibt es eine Fülle von jüngeren und kleineren Pflanzen und Tieren, aber nur sehr wenige uralte Wesen. Das Ökosystem Wald kann nur dann wirksam bleiben, wenn alle Bäume eine familienartige Gesamtheit bilden und wenn unter diesen Bäumen sehr viele kleine bzw. junge Bäume neben wenigen großen und alten Bäumen existieren. Nur eine derartige Waldfamilie trägt eine fortschreitende Kraft in sich. Oft schließt man viel zu schnell, daß der Wald wie ein einzelner Baum sei, der beim Nullpunkt zu wachsen anfange und nach 200 bis 300 Jahren nicht mehr existiere. Aber der Wald ist nicht wie ein einzelner Baum. Das muß man sehr deutlich sehen. Diese Vielaltrigkeit muß in einem Wald bewahrt werden. Und zu dieser Vielaltrigkeit gehört auch noch die Vielartigkeit.

W.W.: Gibt es in einem Wald bestimmte Pflanzengesellschaften, also Pflanzen, die zusammengehören, wie z.B. Pilze und Bäume?

E. Lähde: Davon gibt es viele, und sie sind ein wichtiger Teil der geschilderten gegenseitigen Wechselbeziehung. Es gibt sehr viele Pflanzen, die zu den Bäumen gehören, z.B. verschiedenste Buscharten, aber auch die auf der Erde wachsenden Pflanzenarten. Natürlich haben viele Bäume auch Beziehungen zu bestimmten Pilzarten. Die gegenseitige Wechselbeziehung zwischen Bäumen und Pilzen besteht darin, daß die Pilze von den Bäumen Feuchtigkeit und Nahrungsstoffe erhalten, und durch ihr eigenes Leben versorgen sie wiederum die Bäume mit Wasser und anderen Nahrungsstoffen. Ein Baum kann eigentlich in vielen Fällen nicht leben, wenn er nicht eine Symbiose mit Pilzen eingeht. Und das ist wiederum ein Beweis dafür, daß kein Kampf ums Dasein stattfindet, sondern eine sehr vielschichtige, feine und sensible Wechselbeziehung miteinander.

Dieses gegenseitige Wechselverhältnis findet vor allem unter der Erde in den Humusschichten statt. Aber auch im sichtbaren Gebiet über der Erdoberschicht kann man sehr feine Wechselbeziehungen beobachten. Dort gibt es verschiedene Flechtenarten, vor allem Bartflechtenarten, die in einer gegenseitigen Wechselbeziehung zum Baum stehen. Bevor die großindustrielle Verschmutzung flächendeckend begann, gab es in den finnischen Wäldern sehr reiche Flechtenschichten auf den Bäumen. So wie die Pilzarten vorwiegend im Wurzelgebiet des Baumes ihre Funktionen ausüben, haben die Flechten vor allem ihre Funktion in den Baumspitzen. Das Geben und Nehmen der einzelnen Pflanzen vollzieht sich also ober- und unterhalb der Erde, also im gesamten Lebensbereich eines Baumes.

Dementsprechend gibt es auch ein reges Zusammenleben des Tierreiches mit den Bäumen, z.B. fressen und verbreiten die einzelnen Vogelarten die Samen der Bäume. Es gibt viele Bäume, deren Befruchtung von den Insekten des Waldes abhängig ist. In weiten Gebieten Lapplands haben wir es z.B. in diesem Frühling erlebt, daß die lappländische Sumpfbrombeere nicht befruchtet wurde. Obwohl die Blüten der Sumpfbrombeeren kräftig geblüht haben, konnte keine Befruchtung stattfinden, weil die Insekten fehlten. Deshalb gab es in Lappland in diesem Jahr fast keine einzige Frucht.

Im ganzen gibt es eine unglaubliche Fülle der verschiedenartigsten Formen des Zusammenlebens und gemeinsamer Funktionen. Der Organismus eines Waldes ist ungeheuer weit verzweigt und vielgestaltig. Leider gibt es viel zu viele Ansatzpunkte, an denen der Mensch durch sein unbewußtes und naives Verhalten die Gesamtheit des Waldes stört oder gar vernichtet.

Die Bartflechten verschwinden

W.W.: Wie stark sind die Ausmaße des Waldsterbens in Finnland?

E. Lähde: Wenn man das Waldsterben so verstehen will, daß der Wald vollständig ausstirbt, so wie es in Mitteleuropa in der Nähe bestimmter Fabrikanlagen oder seit den 70er Jahren in verschiedenen Gebirgsgegenden geschehen ist, dann haben wir diese Art von Waldsterben noch nicht in Finnland. Aber man kann in Finnland auch die Phänomene eines verlangsamten Waldsterbens bemerken. Es gibt einzelne Bäume oder Baumgruppen, die am Aussterben oder bereits ausgestorben sind. Diese Entwicklung geht von Jahr zu Jahr schneller voran. Natürlich gibt es in der Natur auch wellenartige Wechsel von Wetter- und Klimaverhältnissen, die hier mit hineinspielen. Der Sommer in diesem Jahr hat dem Wald z.B. recht gut getan, weil es viele Niederschläge gab. Dadurch wurde das voranschreitende Waldsterben verdeckt. Aber jetzt am Ende des Sommers, als die Trockenzeit wieder einsetzte, kamen die Schäden des Waldes stark zum Vorschein. Entsprechend sind auch viele andere Phänomene des Waldsterbens wieder in den Wäldern sichtbar geworden.

W.W.: Welche Anzeichen von Umweltschäden finden sich an den Bäumen. An welchen Bäumen zeigen sich die Schäden am meisten?

E. Lähde: Man kann die Schäden tatsächlich an allen Baumarten des Waldes bemerken. Die Bäume haben keinen natürlichen Schutz gegen die Umweltgifte, und der Schmutz ist überall, denn er kennt keine Ländergrenzen. Der Verschmutzungsgrad ändert sich natürlich von Jahr zu Jahr ein wenig. In Mitteleuropa spricht man bereits seit einiger Zeit von Fensterfichten, und man meint damit Fichten, von denen die Nadeln und kleineren Äste von der Baumspitze abgefallen sind, so daß diese Fichten im oberen Bereich „Fenster" gebildet haben. In Mitteleuropa kann man dieses Phänomen am deutlichsten an den Edelfichten beobachten, aber auch bei den in Finnland wachsenden gewöhnlichen Fichten kann man diesen Schaden bereits deutlich erkennen.

Aber schon lange Zeit vorher konnte man die subtileren Schäden beobachten, z.B. daß die Bartflechtenarten verschwanden, was mit dem Schwefelgehalt der Luftverschmutzung zusammenhängt. Früher brauchte man nur einige Schritte in den Wald hineinzugehen, und man war von diesen Bartflechten überall umgeben. Die Kinder benutzten sie zum Spielen. Heute sieht man nur noch wenige und kleine Büschel dieser Flechten im Wald.

Der Gehalt von Schwefeldioxid in der Luft ist eine der wenigen Verschmutzungsarten, die durch internationale Regelungen teilweise begrenzt werden. Seitdem der Schwefelgehalt in der Luft ein wenig zurückgeht, verstärkt sich auch wieder das Wachstum der Bartflechten.

Die Farbe des Waldes ändert sich

Etwas, was die meisten Menschen überhaupt nicht bemerken können, ist die Änderung der Farbe des Waldes. Die Farbe der Bäume ist überall sehr viel heller geworden. Es ist, als ob dieses wunderschöne dunkle Grün von den Bäumen abgewaschen worden wäre. Der Begriff Waschen beschreibt im Grunde sehr gut, was mit den Bäumen geschehen ist. Denn der saure

Regen hat eine große Wirkung auf die Farbe der Blätter und Nadeln. Überall in Europa kann man bemerken, daß die Bäume nicht mehr so wunderschön dunkelgrün wie vor 20 oder 40 Jahren sind. Diese Prozesse vollziehen sich allerdings so langsam, daß die Menschen sie nicht bewußt mit den eigenen Augen wahrnehmen können. Deswegen müssen wir lernen, viel schärfer, aber auch subtiler wahrzunehmen, damit wir auch die langsamen Verarmungsprozesse in der Natur mit den eigenen Augen bemerken können. Es ist bereits für die meisten Menschen äußerst schwierig, die Bäume im eigenen Garten so anzuschauen, daß man die Veränderungen der letzten fünf Jahre an ihnen bemerkt. Trotzdem findet diese Verarmung bei allen Bäumen statt. Auch das Abfallen der kleineren Äste und Nadeln ist überall auf der Erde zu registrieren.

Die Bäume wenden sich ab

Seit einiger Zeit beobachten wir in Finnland ein besonderes Phänomen: Die Kiefer – Finnlands wichtigste Holzart – hat ihre Spitze in den letzten Jahren gedreht und nach Norden gerichtet. Das widerspricht allem, was wir bisher in der Schulwissenschaft gelernt haben. Alles Lebendige müßte sich diesem Wissen gemäß eigentlich nach Süden richten, zumindest in unseren nördlichen Gegenden, denn die Bäume brauchen das Sonnenlicht. Dieses neue Phänomen, das sich die Bäume von der Sonne wegdrehen, ist das Gegenteil dessen, was wir bisher kennengelernt haben. In jedem Lehrbuch für die Wanderer in Finnland heißt es noch, daß, wenn man seinen Weg verloren habe, man die Bäume betrachten solle, um die richtige Himmelsrichtung zu erkennen. Denn nach Süden hin sind die Bäume buschiger. Wenn man den Bäumen aber heute in dieser Hinsicht Glauben schenkt, wird man sich endlos verirren. Diese Krankheit der Bäume ist ähnlich wie der Rinderwahnsinn durch die Menschen verursacht worden.

Der Hintergrund ist die wegen des sich vergrößernden Ozonloches immer stärker werdende ultraviolette Strahlung, vor der sich die Bäume zu schützen versuchen. Das Phänomen der sich drehenden Bäume kann man seit etwa 15 Jahren beobachten. Als ich es mit einer Forschungsgruppe untersucht und veröffentlicht habe, antwortete man uns von seiten der Wissenschaft, daß die Ursache lediglich der Wind oder das Gewicht des Schnees auf den Zweigen sei. Aber weil dieses Phänomen in den letzten 15 Jahren immer stärker wurde, mußte man auch in der Öffentlichkeit der Wahrheit ins Gesicht sehen.

Seit einigen Jahren können wir ein weiteres Phänomen an den Blättern der Espe beobachten. Die Espe wendet ihre Blätter mit der hellen Unterseite, die normalerweise zur Erde gerichtet ist, zum Himmel. Bei vielen Espen ist die dunkle Seite der Blätter gegen den Boden gerichtet. Dieses Phänomen kann man auch von weitem beobachten. Früher konnte man die helle Unterseite aller Blätter von weitem erkennen, durch die Drehung der Blätter sehen die Espen nun ganz bunt gescheckt aus. Dieses Phänomen tritt verstärkt an der Südseite der Espen auf. Vor allem erkennt man es an denjenigen Bäumen, die an Stellen stehen, die nach Süden hin offen sind. Wahrscheinlich versucht der Baum, sich vor den schädlichen UVB-Strahlen zu retten. Dieses Phänomen wird auch bei allen anderen Laubbaumarten sichtbar, wenn auch nicht so deutlich wie bei der Espe. Die Drehung der Kieferbäume kommt auch in Mitteleuropa vor, aber soweit ich die wissenschaftlichen Veröffentlichungen verfolgen konnte, ist dieses Phänomen noch nicht näher beschrieben worden.

Zusammenfassend kann man sagen, daß die Menschen zwar durch die Wälder gehen und sich die Bäume anschauen, aber nicht bemerken, was mit den Bäumen geschieht. Man muß erst mit dem Finger auf die erschreckenden Phänomene an den Bäumen zeigen, damit die Menschen sie wahrnehmen können. Erst dann erschrecken sie und fragen: „Ist das wirklich wahr? Warum geschieht das?“ Es stimmt also das alte Sprichwort, daß man den Wald vor lauter Bäumen nicht sieht. Man könnte natürlich noch sehr viele andere Phänomene darstellen, aber das würde den Rahmen des Interviews sprengen.

Die Lebenskraft des Waldes läßt nach

W.W.: Wie stark ist der Artenrückgang von Wildpflanzen und Wildtieren in Finnland?

E. Lähde: Im Rahmen der Waldverschmutzung kann man davon noch nicht sprechen. Aber durch den Eingriff einer rigiden Waldpflege und ihrer Nachwirkungen kann man sehen, daß der Artenrückgang kräftig im Gange ist. Durch diesen Eingriff des Menschen und das starke Abholzen der Wälder sind überall auf der Welt die Pflanzen- und Tierarten zurückgegangen, teilweise auch in Finnland. Vor allem bei zahlreichen Pilz- und Insektenarten ist die Art so dramatisch zurückgegangen, daß man schon fast von einer Vernichtung, zumindest aber von einer Bedrohung sprechen muß. Besonders die Tier- und Pilzarten, die gerne bei den alten Laubbaumarten leben, sind stark im Rückgang begriffen. Weltweit gibt es also viele Tierarten, die vom Aussterben bedroht sind. In Finnland ist die Bedrohung noch nicht so stark, weil die Ostgrenze Finnlands an die großen Waldgebiete in Rußland stößt, in denen man noch alle Arten findet. Derzeit sind einige Arten ganz ausgestorben, und 200 bis 300 Arten liegen in der Gefahrenzone.

W.W.: Welche Krankheiten an den Bäumen und in den Wäldern verursacht der Mensch durch Monokulturen, Kahlschläge, Raubbau, Luftverschmutzung und radioaktive Strahlung?

E. Lähde: Alle die von Ihnen genannten Auswirkungen des menschlichen Eingriffs in die Natur steigern sich gegenseitig. Die Krankheit des Waldes besteht vor allem darin, daß die Lebenskraft nachläßt; vor allem bei den Bäumen, aber auch bei allen anderen Pflanzenarten des Waldes. Und wenn die Lebenskraft nachläßt, wird die Widerstandskraft gegen Umweltschäden geringer, sogar gegen harte Wettereinflüsse, die normalerweise natürlich sind.

Die Krankheiten entstehen vor allem dort, wo die Schutzmechanismen des Lebendigen geschädigt oder vernichtet worden sind. Wenn die Ganzheit des Waldes einseitig geworden ist, wenn die Arten durch Monokulturen ausgedünnt werden, also wenn man nur eine Baumart anpflanzt oder aus einem Mischwald alle Laubbäume wegschlägt, so daß nur die Fichten übrigbleiben, schwächt man auch die Widerstandskraft der Bäume. Kahlschläge im Wald wirken auch verheerend, vor allem dann, wenn man auf den abgeholzten Stellen durch künstliche Stickstoffdüngung besonders schnell neue Bäume heranzüchtet, um einen raschen Ertrag großer Holzmassen zu bekommen. Dann vernichtet man ebenso schnell den gesamten Schutz eines Waldes. Das geschieht vor allem dadurch, daß der Humus des Waldes vernichtet wird.

Die radioaktive Bestrahlung ist weithin als eine Kraft bekannt, die vor allem auf die Lebenskraft des Waldes oder der gesamten Natur wirkt und verschiedene Krebskrankheiten hervorruft. Verschiedenste Allergien in der Natur entstehen auch durch die radioaktive Strahlung. Alle Krankheiten finden leichter den Weg zu den lebendigen Wesen, wenn ihre Immunsysteme geschwächt sind.

W.W.: Wie stark zerstört die zunehmende UVB-Strahlung die Bäume?

E. Lähde: Diese Strahlung wird stärker und ist sehr gefährlich. Wahrscheinlich ist die schädigende Wirkung sehr viel größer als heute öffentlich zugegeben wird. Allerdings müssen wir bedenken, daß nicht die UVB-Strahlung allein, sondern die Gesamtwirkung aller Kulturschäden für die

Vernichtung der Natur verantwortlich ist. Die Ausdünnung der Ozonschicht, die Schadstoffe in der Luft und das Bodenozon in den erdnahen Bereichen wirken z.B. zusammen auf die Lebenskraft der Wälder und hinterlassen dort eine vernichtende Wirkung. Die starke UVB-Strahlung hat auch ihren Einfluß auf das normale Menschenleben. Früher saß man z.B. mit seinem Stuhl im Hof und freute sich, in der Sonne sitzen zu dürfen, und man schob seinen Stuhl immer so, daß man von der Sonne bestrahlt wurde. In den letzten Jahren schieben die Menschen ihren Stuhl so, daß sie nicht dem Sonnenschein, sondern dem Schatten folgen. Die reine Sonnenbestrahlung wird zunehmend von den Menschen als schädlich empfunden.

W.W.: Wird Europa zur Wüste?

E. Lähde: Das ist eine sehr schwierige Frage. Wenn die heutige Entwicklung voranschreitet, wird Europa zu einer Wüste werden, aber wie lange das noch dauern wird, vermag ich nicht zu sagen. Radikale Veränderungen sind also nötig, und mit kleinen kosmetischen Veränderungen ist nichts getan. So etwas verschiebt die Schäden nur um ein paar Jahre. Deswegen benötigen wir eine grundlegende Veränderung der Lebensweise aller Menschen, wenn die mittlerweile klar zu erkennenden Umweltschäden in ihrer Wirkung noch aufgehalten werden sollen. Aber damit ist ein ernstes Problem verbunden. Selbst wenn wir es erreichen, daß die Verschmutzung der Umwelt weltweit stark eingeschränkt würde, werden wir noch auf lange Zeit die längst eingeleiteten Vernichtungstendenzen zu tragen haben. Die Vernichtung der Ozonschicht wird z.B. noch mehrere Jahrzehnte, vielleicht sogar Jahrhunderte voranschreiten, bedingt durch die Stoffe, die jetzt schon in der Luft sind. Deswegen haben wir dringendsten Handlungsbedarf!

Der Wald als Freund des Menschen

W.W.: Welche Bedeutung hat der Wald für den Menschen?

E. Lähde: Zwischen beiden besteht eine wichtige und tiefe gegenseitige Wechselbeziehung. Je tiefer der Kontakt des Menschen zur Natur ist, desto größer ist die Wirksamkeit des Waldes für die menschliche Existenz. Besonders in Finnland ist diese Beziehung zwischen Mensch und Wald sehr ausgeprägt. Der Finne lebt physisch, psychisch und geistig vom Wald. Viele Qualitäten, die man heute in Finnland antrifft, wären ohne den Wald undenkbar.

W.W.: Welche Beziehung hatte der Mensch in den vergangenen Jahrhunderten zum Wald?

E. Lähde: In früheren Zeiten – das ahnt man auch durch die verschiedenen Märchen und Volkserzählungen – hatte der Mensch eine sehr tiefe Naturbeziehung. Der Wald war früher wie ein Freund zu den Menschen. Man ging in den Wald, um ihm die Freuden und Sorgen zu erzählen, und durch den Wald erhielt man Trost und Kraft für das alltägliche Leben. Der Wald flößte dem Menschen aber auch Furcht ein, was am deutlichsten dadurch sichtbar wird, daß man immer versuchte, die Kinder vom Wald fernzuhalten. Man hielt den Wald auch für gefährlich. Dieser Angstaspekt ist in viele Erzählungen eingeflossen.

Aber die tiefe Beziehung zum Wald ist mehr als nur ein erzieherischer Aspekt. Heutzutage geht diese Beziehung zum Wald allerdings rapide zurück, auch bei den Finnen. Bei den Mitteleuropäern ist die Beziehung zum Wald noch viel stärker zurückgegangen, besonders bei den Franzosen. Das bedeutet natürlich nicht, daß es nicht überall einzelne Menschen gibt, die dieses tiefere Natur- und Waldverhältnis lebendig erhalten haben. Aber die allgemeine Entwicklung betrachte ich mit großer Sorge. Denn eigentlich kann man sich vorstellen, daß die Zukunft der Menschen nicht besonders glücklich werden wird, wenn diese Beziehung ganz abbricht.

W.W.: Haben die Finnen eine besondere Beziehung zum Wald?

E. Lähde: Meines Erachtens besteht diese besondere Beziehung noch heute. Viele Finnen haben noch ein Organ für das Verhältnis von Wald und Mensch. Denn wer in den Wald geht, bekommt von ihm Kräfte, und der Wald bekommt seinerseits Kräfte vom Menschen. Die Finnen haben wahrscheinlich die Möglichkeit zu einer bewußteren Beziehung zum Wald als die meisten anderen Völker der Erde.

Die Gesinnung des Menschen wirkt auf den Wald

W.W.: Wirkt auch die Seelenhaltung der Menschen auf den Wald?

E. Lähde: Auf jeden Fall. Es gäbe keine gegenseitige Wechselbeziehung zwischen Wald und Mensch, wenn diese nicht auf den verschiedensten Ebenen stattfände, also nicht nur auf der physischen, sondern auch auf der psychischen und geistigen. Wenn z.B. die Menschen, die beruflich im Wald zu tun haben, in ihrer Seele und in ihren Gedanken eine einseitige oder gar eine die Natur ablehnende Haltung tragen, werden die Lebenskräfte des Waldes davon betroffen, und ich kann mir vorstellen, daß allein von solchen Arbeitskolonnen oder Berufsgruppen lähmende Wirkungen in den Wald hineinströmen. Wenn diese Ursachen länger anhalten, wird man die

Wirkungen nach längerer Zeit deutlicher bemerken können. – Auch der Einsatz der Technik im Wald kann verheerende Wirkungen auf die natürlichen Lebenskräfte des Waldes ausüben, die dadurch schwächer und schwächer werden. Ein ähnliches Verhältnis besteht ebenfalls in den zwischenmenschlichen Beziehungen. Im sozialen Miteinander kann man oft erleben, daß eine sehr negativ eingestellte Persönlichkeit Lähmungsprozesse im Sozialen hervorrufen kann.

W.W.: Wie muß sich das Denken der Menschen verändern, damit der Wald wieder gesünder werden kann?

E. Lähde: Die ganze Denkungsart der Menschen müßte mehr in die Richtung der schon angesprochenen Wechselwirkung zwischen Natur und Mensch gehen. Sie sollte eine helfende Funktion ausüben. Ich möchte einen Vergleich zum biologisch-dynamischen Landbau ziehen: Bei der Zubereitung der Präparate hängt ein Teil der Wirksamkeit dieser Präparate davon ab, wie der Mensch bei ihrer Herstellung gestimmt ist bzw. welche seelisch-geistige Haltung er im allgemeinen hat. Die richtige Wirkung und Kraft der Präparate hängt damit zusammen, daß der ganze Mensch, also auch seine seelisch-geistigen Kräfte, bei der Herstellung mitgewirkt hat. Deswegen werden die Anweisungen und Forschungsergebnisse – in diesem Fall bei der biologisch-dynamischen Anbauweise –, die Rudolf Steiner gegeben hat, nur dann wirken, wenn der *ganze* Mensch dabei ist.

Etwas Ähnliches drückt auch eine alte finnische Bauernweisheit aus, die besagt, daß bereits der Bauer, der über seine Felder geht, eine segnende Wirkung auf die Saat ausübt. In derselben Weise besteht eine Wirksamkeit zwischen Mensch und Natur bzw. zwischen Mensch und Wald. Die ganze Gesinnung des Menschen wirkt in den Wald hinein.

Eigentlich bin ich ganz hoffnungsvoll für die Zukunft, daß auch für den Wald eine ähnliche Kultur entstehen wird, wie wir sie bereits im biologisch-dynamischen Landbau durch die Präparate und Potenzierungen haben. Das Entscheidende aber wird die Gesinnung bleiben, von der alles andere abhängig ist. Es gibt bereits Menschen, die sich auf diesem Gebiet versuchen und eine Art Waldmedizin mit homöopathischen Mitteln und Präparaten entwickeln. Erste Tests werden bereits durchgeführt.

W.W.: Der Mensch muß also heute zur Gesundung des Waldes mit neuen Mitteln eingreifen. Können Sie die Bereiche schildern, in denen der Mensch vor allem korrigierend in den Wald eingreifen sollte?

E. Lähde: Wenn man sich anschaut, was die Menschen heute alles im Wald machen, dann wäre es für den Wald am besten, wenn überhaupt kein

Mensch mehr in den Wald gehen würde. Das klingt zwar etwas grob, aber der Mensch könnte sich im Wald ganz anders verhalten und gesundender in ihm wirken. Der Mensch müßte die schon erwähnte bewußtere Wechselwirkung mit den Kräften des Waldes aufgreifen. Dann kann man die von den Menschen verursachten schädigenden Wirkungen heilen. Am dringendsten ist diese Pflege natürlich an den Stellen, wo der Verschmutzungsgrad und die Schädigung schon sichtbar geworden sind. Vor allem aber brauchen alle Wälder eine andere Gesinnung und ein neues Verständnis der Menschen.

Holzgewinnung, ohne den Wald zu zerstören

W.W.: Was geschieht mit einem Wald, den man sich selbst überläßt?

E. Lähde: Die größten Teile dieser Wälder würden viel gesünder werden und sich schnell in einem besseren Zustand befinden. Das hängt damit zusammen, daß der Mensch mit fast allem, was er im Wald tut, falsch handelt. Seine Wirksamkeit ist fehlerhaft und teilweise sogar vernichtend. Würden diese Fehlhandlungen abrupt beendet, dann würde sich der Zustand unserer Wälder schlagartig verbessern. Es gibt aber auch Wälder, die bereits vom Menschen so manipuliert sind, daß die Natur selbst empfindet, daß diese Wälder keine Teile der gesamten Natur mehr sind. Solche Wälder würden ohne den Eingriff des Menschen wahrscheinlich schnell absterben. Ich denke dabei an Monokulturen, die eher einem Park entsprechen, der eine regelmäßige Pflege benötigt. Aber die Waldnatur hat natürlich etwas ganz anderes im Sinn, und so müßte sie diese parkähnlichen Wälder zuerst vernichten, damit anschließend ein neuer natürlicher Wald wachsen kann.

W.W.: Wie kann man Holz aus einem Wald gewinnen, ohne die Lebensgemeinschaft Wald zu zerstören?

E. Lähde: Selbstverständlich muß man Holz aus dem Wald gewinnen, denn der Mensch braucht es zu vielen Zwecken. Doch der Mensch kann sein Holz aus dem Wald holen, ohne diese Lebensgemeinschaft zu vernichten. Er muß aber darauf achten, den vorhin von mir geschilderten Gesamtorganismus des Waldes nicht zu zerstören. Das bedeutet, daß man im Wald gleichzeitig sehr verschiedene Arten von Bäumen in unterschiedlichem Alter stehen lassen muß. Wenn man Bäume fällt, möchte man natürlich hauptsächlich diejenigen Bäume schlagen, die ein hohes Alter haben. Das ist zwar verständlich, aber man sollte darauf achten, nicht alle alten Bäume auf einmal zu vernichten. Man darf immer nur einen Teil von ihnen aus dem Wald herausholen.

Zusätzlich muß man bedenken, daß man beim Fällen und beim Transport der gefällten Stämme nicht die Bodenkultur des Waldes zerstört. Es gibt bereits verschiedenartige technische Einrichtungen und Versuche, mit denen man den Schaden beim Fällen der Bäume verringern kann. Aber diese neuen sanften Technologien interessieren leider nicht die Öffentlichkeit, ebenfalls nicht die Waldindustrie und die Organisationen, die die Waldpolitik betreiben. Das fehlende Interesse ist darin begründet, daß diese sanften Technologien kurzfristig ein wenig teurer sind als die normalen Technologien für die Holzgewinnung.

Jussi Tuuri: Können Sie diese sanften Technologien ein wenig näher beschreiben?

E. Lähde: Es gibt z.B. Waldbearbeitungsmaschinen, die nicht auf Rädern fahren, sondern auf vier Füßen wie ein lebendiges Wesen schreiten. Diese Maschine geht mit vorsichtigen Schritten durch den Wald und verhindert somit größere Zerstörungen. Dieser Apparat hat Füße wie ein großes Insekt. Es gibt aber auch Maschinen mit Rädersystemen, die den Waldboden nicht so stark zerstören. Weiterhin gibt es einen Traktor, der letztes Jahr in Finnland den ökologischen Preis bekommen hat. Außerdem sollte man nicht die alte finnische Sitte vergessen, daß man nur im Winter Holz aus dem Wald geholt hat, also in Zeiten, in denen sich längst Frost und Schnee über die Landschaft gelegt haben. Wenn die Landschaft schneebedeckt ist, kann man ruhig größere Spuren im Wald hinterlassen, denn sie werden im Frühling nicht mehr vorhanden sein. Aber heutzutage ist alles anders, denn die Waldarbeiten finden nicht nur im Winter statt, sondern ziehen sich über das ganze Jahr hin. Erst dadurch sind die Probleme entstanden. Das bedeutet gleichzeitig, daß man mit den alten Erfahrungen gebrochen hat und die Ordnungen des Waldes und der Natur zerstört hat.

Der Mensch als Helfer der Natur?

W.W.: Veredeln Sie auch Bäume?

E. Lähde: Auf keinen Fall, denn die Natur veredelt die Bäume selbst so gut, daß ich vollends damit zu tun habe, diesem Veredelungsprozeß zu folgen.

J. Tuuri: Wie ist der Stand der Waldforschung in Finnland überhaupt?

E. Lähde: Die allgemeine finnische Waldforschung versucht, wie eine Verrückte neue Arten hervorzubringen. Die allgemeine Waldforschung denkt ohnehin, daß der Mensch der oberste Gott sei, der neue Arten schaffen könne, die geeigneter als die von der Natur geschaffenen seien. Diese Einstellung ist meines Erachtens eine vollkommene Illusion. Ich kann mir nicht vorstellen, daß Arten gefunden werden, die besser wären als die, die aus den Naturprozessen selbst hervorgegangen sind. Ich glaube auch nicht, daß diese in Zukunft gefunden werden. Der Mensch hat vielmehr die Aufgabe des Helfers gegenüber der Natur.

W.W.: Gibt es bei Bäumen, die in einem Kulturwald stehen, eine stärkere Resistenz gegen Kälte- und Dürreeinflüsse, Insektenfraß und Pilzbefall?

E. Lähde: Der Kulturwald hat keine widerstandsfähigeren und anderen Arten als der Naturwald. Aber der Kulturwald hat genau wie der Naturwald Arten mit unterschiedlicher Stärke in sich, die unterschiedlich auf die naturbedingten Einflüsse wie Kälte, Trockenheit, Insekten und Pilzbefall reagieren. Es ist doch sonnenklar, daß man eine Kiefer aus Südfinnland nicht nach Nordfinnland transportieren kann, denn die südfinnische Kiefer hat nicht die gleiche Widerstandskraft gegen die starken Kälteverhältnisse Nordfinnlands entwickelt.

Es gibt aber auch ganz außergewöhnliche Waldbäume, z.B. die Lärche und einige Erlenarten, die wahrscheinlich in früheren Epochen der Erdgeschichte derart harte Zeiten erlebt haben, daß sie eine ganz besondere natürliche Stärke entwickelt haben. Sie haben eine Art Erinnerung in sich, einen Schutzmechanismus für extreme Wetter- und Klimaverhältnisse; eine Art Reserve. Und wenn die Umweltschäden in den Naturwäldern stärker um sich greifen, haben vielleicht gerade diese beiden Baumarten die Möglichkeit, länger zu überleben als die meisten anderen Baumarten. Es kann gut sein, daß wegen der immer stärker werdenden Umweltschädigung eine sehr krisenhafte Epoche kommen wird, in der sich der Mensch zunehmend auf diese starken Baumarten stützen muß. – Aber das ist ein Bereich, von dem wir noch sehr wenig wissen. Es ist noch kein Allgemeinwissen, sondern wird noch in der Forschung untersucht. Vielleicht kann der Mensch in Zukunft mit diesen Baumarten etwas von den Waldschädigungen überdekken, indem er die zerstörten Waldbereiche wieder mit diesen stärkeren Arten aufforstet. Ich bin mir natürlich bewußt, daß dieser Gedanke im Widerspruch zu dem steht, was ich vorhin als Ideal dargestellt habe.

W.W.: Entwickelt ein Wald, den man regeneriert, auch regenerierende Eigenfunktionen, und siedeln sich neue Tier- und Pflanzenarten an?

E. Lähde: Es gibt einige Anzeichen, die in diese Richtung deuten, obwohl es im allgemeinen eine krankhafte Entwicklung ist. Wenn man einen Kulturwald in Bereichen anlegt, die von der Umwelt stark geschädigt sind, so wirkt dieser regenerierte Wald wie ein mumifiziertes Gebiet. So etwas finden wir in der Nähe der finnischen Stadt Harjavalda, wo große industrielle Schäden in der Natur zu finden sind. Der Wald ist dort so stark mumifiziert, daß nicht einmal mehr Insekten dort existieren können. Selbst die schädlichen Insekten können nicht mehr Fuß fassen. Auch die Bäume, die dort wachsen, haben den Charakter von lebendigen Mumien.

Ich halte es sogar für möglich, daß in einem solchen regenerierten Wald Tier- und Pflanzenarten einziehen, die normalerweise keinen Platz im Wald finden würden. Wenn die natürlichen Tier- und Pflanzenarten aus diesen Gebieten verschwunden sind, haben die anderen mehr Lebensraum. Sie finden dann vielleicht von ganz anderen ökologischen Systemen ihren Weg in diesen regenerierten Wald. In Finnland kann man das in Gebieten mit radikalen Kahlschlägen gut beobachten, denn in diese Gebiete ziehen Insekten und Vogelarten hinein, die nicht zu den Wäldern, sondern zu offenen Wiesengebieten gehören. Das ist zwar noch ein harmloses Beispiel, aber ich kann mir gut vorstellen, daß ähnliche Artenbewegungen auch in den total erkrankten Wäldern stattfinden werden. Allerdings hat die Forschung hier noch keine klaren Ergebnisse vorgelegt.

Am deutlichsten kann man es bei den Pilzarten beobachten, beispielsweise bei den grauen Pilzarten, die auf den Ästen der Bäume zu wachsen beginnen, so daß der ganze Baum ein mehr oder weniger graues Antlitz erhält. Sie haben also in der geschädigten Natur einen viel größeren Lebensraum bekommen, als ihnen im gesunden Wald zugestanden hätte. Wenn die Bartflechten auf den Ästen absterben und verschwinden, nehmen diese Pilze ihren Platz ein. Aber diese neuen Schmarotzer auf den Bäumen tragen zur Vernichtung der Bäume bei, und ihr Zusammenspiel hat einen ganz anderen Charakter als das ursprüngliche gegenseitige Wechselverhältnis der Bäume mit den ursprünglichen Pilzarten.

Die Elementarwesen wirken im Lebensleib des Waldes

W.W.: Könnten Sie den Ätherleib eines Waldes beschreiben?

E. Lähde: Das ist eine schwierige Frage, und sie geht viel tiefer, als man mit der herkömmlichen Wissenschaft dringen kann. Die Schulwissenschaft weiß von diesen Bereichen nur sehr wenig und versteht auch kaum etwas davon. Denn sie will von dem Leben nichts wissen! In dem Lebensleib eines Waldes sind sämtliche Lebenskräfte eines Waldes enthalten. Der Lebensleib gestaltet die Gesamtheit aller Lebenskräfte eines Waldes. Ich möchte noch einmal an den Häuptling erinnern, der von dem Wald als von einer Haut der Erde gesprochen hat. Wenn man weiter in diesem Bild sprechen will, dann sind die Lebenskräfte eines Waldes die über der physischen Natur nächstliegende Schicht. Die physische Seite des Waldes schöpft ihre Kräfte aus diesem Gebiet des Lebensleibes. Wenn wir den Wald durch Umweltverschmutzung und Raubbau schwächen, so bedeutet das, daß auch die Lebens- und Entwicklungskräfte eines Waldes in ihrer Gesamtheit und in der Vielfalt der verschiedenen Pflanzenarten gleichzeitig schwächer werden. Unter dem Ätherleib eines Waldes verstehe ich also das große Feld aller Lebenskräfte, die sehr vielförmig und vielschichtig sind.

W.W.: Welche Naturgeister gibt es im Wald, und welche Aufgaben haben sie?

E. Lähde: Ich kann Ihnen antworten, was ich darüber von guten Freunden gehört habe und in der Literatur und dem finnischen Volksgut gelesen habe.

Im Wald sind wie überall in der Natur verschiedenartige Naturgeister zu finden. Alle Elementarwesen haben ihre eigene genaue Aufgabe in der Natur. Die Sylphen z.B., die auf finnisch Keijo heißen, haben ihr Aufgabengebiet mehr im Blumen- und Blütenbereich des Waldes, und solche Naturgeister, die weiterentwickelt bzw. stärker sind, haben ihr Wirkensgebiet z.B. in den einzelnen Bäumen. Und wenn ein Baum einen eigenen Naturgeist bekommt, dann muß es ein besonderer Baum sein. Es ist wohl so, daß unter den Naturwesen eine Arbeitsteilung vorhanden ist, die man ernst nehmen sollte. Allerdings ist diese Arbeitsteilung nicht so zu verstehen, daß zwischen ihren Tätigkeiten scharfe Grenzen gezogen werden können, denn es ist wohl anzunehmen, daß zwischen den einzelnen Naturwesen ein starker Austausch vorherrscht. Die gegenseitige Wechselbeziehung und der Kräfteaustausch haben unter den Elementarwesen genauso eine wichtige Bedeutung wie im physischen Teil eines Waldes.

W.W.: Haben Sie Elementarwesen geschaut?

E. Lähde: Diese Frage möchte ich nur ganz kurz beantworten: Ja.

Erholungsgebiete für die Naturgeister

W.W.: Gibt es besondere Stellen, an denen die Elementarwesen vorzugsweise leben?

E. Lähde: Ganz sicher. Ich bin in solchen Wäldern gewesen, z.B. in Mittelfinnland. Das sind Wälder, die teilweise Naturschutzgebiete sind und in denen die Umwelt und Kulturschäden kaum sichtbar sind. Dort hat die Waldnatur ihr eigenes Leben gestalten können, und zwar so, wie es ursprünglich gemeint war. Als Landschaft sind diese Gebiete besonders starke Orte. Humoristisch gesehen sind diese Plätze Erholungsgebiete für die Naturgeister, die in geschädigten Landschaften leben. Auch die Menschen gehen an solche Plätze in der Natur, um sich von dem täglichen Streß zu erholen, und sie kehren erfrischt wieder zurück. Ebenso versammeln sich die Naturgeister in dem von mir genannten Wald. Solche Waldgebiete gibt es natürlich viele. Es kann sein, daß die Naturgeister aus großen Entfernungen zu diesen Erholungsstellen wandern.

Auf der anderen Seite gibt es auch solche Stellen in der Natur, die alles andere als Erholungsstätten für die Naturgeister sind und an denen man deshalb auch keine erleben kann.

W.W.: Wie wirkt es auf die Naturgeister, wenn die Menschen einen Wald als Erholungsplatz nutzen bzw. wenn der Wald lediglich als Rohstofflieferant dient?

E. Lähde: Es muß nicht schädlich sein, wenn die Menschen einen Wald als Erholungsstelle nutzen. Ausschlaggebend ist die Beziehung der Menschen zum Wald und zur Natur. Eine ganz andere Sache ist es natürlich, wenn der Wald lediglich als Rohstofflieferant gebraucht wird. Dann werden die Lebensmöglichkeiten für die Naturgeister kleiner, denn sie brauchen als Lebensgrundlage das Zusammenwirken aller Pflanzen und Tiere in der Ganzheit eines Waldlebens. Wenn der Mensch schädigend in einen Wald eingreift, vernichtet er gleichzeitig den Lebensraum der Naturgeister.

W.W.: Was geschieht mit den Elementarwesen, wenn man in einem Wald nur Monokulturen anbaut?

E. Lähde: Auch dann wird ihnen die Lebensgrundlage entzogen. Soweit ich mir ein Bild durch Mitteilungen vertrauter Menschen oder aus dem alten Volksgut habe machen können, bedeutet es, daß die Elementargeister dann nach anderen Orten umziehen müssen. Das ist aber kein plötzliches Geschehen von einem Tag auf den anderen, sondern ein allmählicher Prozeß. Die schwächeren ziehen zuerst um, die stärkeren Naturgeister können an solchen Orten noch länger ausharren.

Naturgeister können dem Menschen helfen

W.W.: Unterstützen die Elementarwesen den Menschen in seiner Tätigkeit, wenn er sich als Helfer für den Wald zur Verfügung stellt?

E. Lähde: Dazu sind die Elementargeister sofort bereit, und ich weiß von konkreten Ereignissen, bei denen die Elementargeister sehr schnell und praktisch geholfen haben. Ein Beispiel sind die Bemühungen und Proben mit potenzierten Stoffen und Präparaten. Diese Präparate werden mit Hilfe von Spritzen im Wald verteilt. Natürlich ist es mühselig, diese potenzierten Flüssigkeiten über große Waldgebiete zu verteilen. Derjenige, der einmal die Präparate verteilen sollte, war etwas verzweifelt und traurig, weil das Gebiet für die Verteilung so riesengroß war, seine technischen Möglichkeiten und Apparate zur Verteilung aber nur ganz klein.

Als er mit der Arbeit anfing, war es windstill. Aber schon nach kurzer Zeit entstand ein wirbelwindartiger leichter Wind, der ihn wie ein Hauch umgab und den Wasserdampf der Spritze ergriff, so daß sich die potenzierte Flüssigkeit sehr rasch über ein großes Gebiet verbreitete. Als der Verteiler mit seiner Arbeit fertig war, legte sich der Wind sofort wieder, und es war windstill wie zuvor.

Das ist nur ein kleines Beispiel dafür, daß man sofort eine schnelle Antwort bekommt, wenn man dem Wald helfen will. Ich könnte sehr viele Beispiele erzählen, wie die Elementargeister den Menschen geholfen haben, aber auch wie sie andererseits etwas von den Menschen erwarten.

Über die Naturgeister Islands

Antti Tuuri*

In allen skandinavischen Ländern kennt man alte Mythen und Geschichten von Naturgeistern, über die Wesen der Luft, des Wassers, des Waldes, der Erde oder großer Landgebiete. Manchmal mischen sich diese Wesen in das Leben der Menschen ein. Sie können den Menschen behilflich sein oder seinen Bestrebungen entgegenwirken, sie können freundlich, aber auch bedrohlich auftreten.

Diese Naturgeister gehörten früher wie selbstverständlich zum Leben der alten Finnen. Die großen Gruppen dieser Naturgeister – das Volk des Wassers und das des Waldes – hatten beide ihr eigenes Königreich. Dort herrschte eine klare Hierarchie, und es lohnte sich, mit diesen Königreichen ein gutes Verhältnis zu pflegen, wenn man ein Fischer oder Jäger war.

Das Verborgene Volk

Auch in Island ist das Wissen um die Naturwesen in die uralten Sagen und Dichtungen eingeflossen. Die Beschreibungen dieser Wesen sind unterschiedlich und haben sich im Laufe der Zeiten verändert. Man kann jedoch einige Typen klar erkennen und sie in Gruppen einteilen.

Die häufigsten Geistwesen werden im Isländischen mit dem Namen Huldufólk, das Verborgene Volk, bezeichnet. Oft werden sie auch Alfur genannt, obwohl es sich dabei, genaugenommen, nicht um das gleiche Volk handelt. Der Name Alfur kommt im Zusammenhang mit diesen Naturwesen schon in der Edda und in alten Gedichten vor, wo sie zusammen mit den Asen erscheinen.

In der Edda von Snorri Sturluson (1179–1241) wird außerdem über Wesenheiten gesprochen, die Ljósálfur (Lichtgeist) und Dökkálfur (Geist

---

* Antti Tuuri, geb. 1944 in Kauhava/Finnland. Studium zum Dipl.-Ing. an der Technischen Hochschule Helsinki, 1971–1983 in der graphischen Industrie in Finnland tätig. Seit 1983 freier Schriftsteller. Veröffentlichungen: 33 Romane, Novellensammlungen und Sachbücher (Übersetzungen in mehr als zehn Sprachen). Zwölf Schauspiele, ca. 100 Hörspiele, Film- und Fernsehmanuskripte und Opernlibrettos. In deutscher Sprache sind erschienen: „Der steinigste Ort“ (Novellensammlung), „Fünfzehn Meter nach links“ (Roman), „Winterkrieg“ (Roman), „Das große kleine Land“ (Reisebuch über Island).

Übersetzung des Artikels: Sirkku Lumioksa.

der Dunkelheit) heißen. Die Geister des Lichtes leben laut Snorri in Alfheim, der Welt der Alfen, und sie sind sehr schön und von Sonnenlicht umgeben, wogegen die Geister der Dunkelheit tief in der Erde leben und pechschwarz sind.

Der Begriff des Hulduvolks, des Verborgenen Volkes, taucht in der Literatur erst im 17. Jahrhundert auf. Einige Jahrhunderte zuvor erschien in der Literatur der Huldumadur (der geheime Mann), der offensichtlich ein Mitglied dieses Volkes ist.

Über den Ursprung des Verborgenen Volkes gibt es vielerlei Geschichten. Nach einer Erzählung hatte Adam vor Eva bereits eine andere Frau, und die Kinder aus dieser ersten Ehe sind die Urväter des Verborgenen Volkes. Diese erste Frau Adams war aber sehr schwierig, und er kam nicht mit ihr zurecht. Deshalb schuf Gott aus der Rippe Adams eine neue Frau, Eva, und für Adams erste Frau erschuf er einen neuen Mann aus ihrer eigenen Rippe. Aus dieser neuen Ehe von Adams erster Frau entstanden weitere Mitglieder des Verborgenen Volkes.

Nach einer anderen Erzählung kündigte Gott einmal seinen Besuch bei Adam und Eva an. Aber da Eva es nicht schaffte, alle ihre Kinder bis zum Zeitpunkt des Besuches zu waschen, verbarg sie einige von ihnen vor Gott. Als aber Gott nach ihnen fragte, gab Eva vor, daß diese nicht existieren würden. So verfügte Gott, daß diejenigen Kinder, die er selbst nicht sehen durfte, unsichtbar bleiben müßten.

Laut einer anderen Erzählung wurden alle diejenigen Geister, die sich auf die Seite Satans stellten, als dieser sich im Himmel gegen Gott auflehnte, in die Dunkelheit geworfen. Fortan mußten sie zusammen mit Satan auf der Erde leben und machten Höhlen, Berge und Steine zu ihren Wohnungen. Man begann, sie „das verborgene Volk“ (Alfur) zu nennen, und außerdem wußte man, daß das Verborgene Volk Kühe und Schafe besaß und katholisch war.

Riesen

Die Isländer haben für den Begriff Riesen das Wort Tröll, das aus dem Verb trylla abgeleitet ist, das bedeutet: fahren wie ein Verrückter. Die Riesen sind laut isländischer Tradition ein heidnisches Volk, das im Gebirge lebt und sich meist vom Jagen und Fischen ernährt. Sie können es nicht ertragen, Kirchenlieder oder das Läuten der Glocken am Sonntag zu hören. Ihre Augen ertragen auch kein Sonnenlicht, und es ist möglich, daß sie zu Stein erstarren, falls sie noch nach dem Sonnenaufgang unterwegs sind. Unter den Riesen gibt es sowohl Männer als auch Frauen. Die Männer werden Jötunn, Risi oder Thurs genannt, während die Frauen mit den Namen Hagdgygur oder Skessa bezeichnet werden.

Es gibt freundliche und bösartige Riesen. Die Volksmärchen erzählen z.B. über Riesenweiber, die Bauernsöhne zu ihren Männern machen, mit ihnen Kinder bekommen und oft unter normalen Lebensumständen bei den Menschen leben. Im 17. Jahrhundert lebten die Riesen sehr stark in der Volkstradition, aber bereits im 19. Jahrhundert verblaßte ihre Gegenwart im Bewußtsein.

Zwerge

Zwerge erscheinen erst spät in der isländischen Volkstradition, obwohl man einige den Zwergen gewidmete Ortsnamen kennt. Der isländische Begriff für Zwerg ist Dvergur. Als Ortsnamen kennt man z.B. Dvergasteinn, Dverghamrar, Dverghóll. In einer Volksgeschichte heißt es, daß eine ganze Zwergengemeinschaft am Seydisfjord, am Dvergasteinn, lebt. Dort hat sie ihre Wohnungen und Kirchen in den Steinen. Es wird erzählt, daß sie kurzbeinig, großköpfig und bartlos sind. Namen haben sie keine.

Wasserhüter (Wassergeister)

Wassergeister werden in den Volksgeschichten mit dem gemeinsamen Namen Kynjadyr bezeichnet. Das sind in Meeren, Seen und Flüssen lebende Wesenheiten, zur Hälfte Mensch, zur Hälfte Wasserwesen: Wasserzwerge, Wassernixen, Seepferde, aber auch Meeresungeheuer. Sie haben im Isländischen viele Namen: Hafbúi, Hafdvergur, Haffrú, Hafgúa, Hafgygur, Hafmadur, Hafmey, Hafstrambi, Haftröll, Marbendill, Marbúi, Mardvergur, Margygur, Marmennill, Meyfiskur, Sjóálfur, Saedvergur, Saetröll.

Es wird erzählt, daß einige Menschen gestorben sind, nachdem sie das Fleisch der Seepferde gegessen haben, die in den Fischernetzen hängengeblieben waren. Zwei Männer behaupteten sogar, daß sie im Jahre 1880 gesehen hätten, wie ein Seeungeheuer einen Mann von einer Straße Reykjaviks mitgenommen hätte. Natürlich erscheint diese Geschichte äußerst verdächtig, und meine isländischen Freunde meinten, daß diese Männer wahrscheinlich zu viel von der „Schwarzen Pest“, dem isländischen Branntwein, getrunken hätten, wenn es nicht ein ganz besonderer isländischer Versicherungsbetrug gewesen sei.

Die Uralten Männer

In den Volksgeschichten wird auch von den Uralten Männern gesprochen. Sie gehören oft zu den Eroberern, also zu den ersten Wikingern, die nach Island kamen. Man hat sie dabei beobachtet, wie sie ihre Schätze hüten, die sie im Laufe ihres Lebens in der Erde vergraben haben.

Die Erdgeister erscheinen in vielen Geschichten in Verbindung mit den Alfen oder dem Verborgenen Volk. Auch die Erscheinung der Verstorbenen spielte in Island eine Rolle, aber die Erzählungen über sie sind dem Mythenschatz anderer Völker sehr ähnlich.

Die Einstellung zu den Naturgeistern heute

Die Einstellung zu den Naturgeistern unterlag im Laufe der Jahrhunderte in Island einem ähnlichen Wandel wie in den anderen skandinavischen Ländern: Immer weniger Menschen wurden geboren, die die Fähigkeit hatten, Naturgeister zu schauen und ihre Botschaft zu überbringen. Der christliche Glaube bewirkte genauso wie die von Europa kommenden Vorstellungen über Weihnachtstomte und Hausgeister, daß sich auch die isländischen Mythentraditionen änderten.

Das Verborgene Volk blieb allerdings als eine eigenständige isländische Form der Naturgeister in der Tradition am Leben, und man weiß, daß noch heute viele Menschen mit ihnen in Verbindung stehen. Die Beschreibungen über das Verborgene Volk differieren allerdings ein wenig voneinander, je nach den Erzählern bzw. den Personen, die behaupten, die Fähigkeit zu haben, mit dem Verborgenen Volk in Kontakt zu stehen. Die jeweiligen Erlebnisse der einzelnen Erzähler sind aber offensichtlich so intensiv, daß die abweichenden Beschreibungen anderer Erzähler für Irrtümer oder gar Lügen gehalten werden.

Eine Frau, Erla Stefansdóttir, die sich selbst als Seherin bezeichnet, hat sogar eine detaillierte Landkarte über eine kleine Stadt in der Nähe von Reykjavik gezeichnet, auf der sie die Wohnplätze des Verborgenen Volkes und anderer Naturwesen markiert hat. Sie hat auch die Gestalt der Naturwesen gezeichnet. Auch von Reykjavik hat sie eine entsprechende Karte angefertigt, allerdings scheinen in der Hauptstadt Islands sehr viel weniger Naturwesen zu leben als in der kleinen Nachbarstadt. – Andere Menschen, die auch zu dem Verborgenen Volk in Verbindung stehen, haben allerdings ihre Schauungen nicht in den Zeichnungen Erla Stefansdóttirs wiedererkennen können. Sie hatten andere Schauungen. Viele von ihnen erzählen, daß es zahlreiche Wohnplätze des Verborgenen Volkes in Hafnarfjördur gibt. Man glaubt, daß es in Island 15.000 Wesen des Verborgenen Volkes gibt. Sie werden überall im Land angetroffen.

Neuzeitliche Erzählungen

Den meisten Menschen erscheinen die Wesen des Verborgenen Volkes im Traum, heute ebenso wie in früheren Zeiten. Aus den Erzählungen hört man immer wieder, daß sie die Menschen um Hilfe für sich und ihre Kinder anflehen, da ihre Lebensmittel zur Neige gingen und ihnen der Hungertod drohe. Einige Menschen sind mit den Hilfesuchenden in die Behausungen des Verborgenen Volkes gezogen und haben dort festgestellt, daß sie ähnlich wie die Menschen leben, nur ein wenig altertümlicher. Denjenigen Menschen, die ihnen halfen, haben die Wesen des Verborgenen Volkes aus Dank Erfolg im Leben geschenkt, manchmal aber auch Schmuckstücke, die in den Familien Jahrhunderte aufbewahrt werden.

In den Erzählungen, die am Anfang dieses Jahrhunderts entstanden, werden die Behausungen und Haushaltsgegenstände des Verborgenen Volkes oft moderner als die der isländischen Menschen beschrieben. In der letzten Zeit scheint die Entwicklung des Verborgenen Volkes allerdings hinter der materiellen Entwicklung der Menschen hinterherzuhinken.

Die meisten Erzählungen, die heute über das Verborgene Volk auftauchen, beschreiben Konflikte zwischen ihnen und den Menschen. Man erzählt sich z.B. von Bauarbeitern, die versucht haben, eine Straße über einen Wohnplatz des Verborgenen Volkes zu legen. Die Folge war aber, daß die Maschinen zum Stillstand kamen: Die Maschinen hatten vielerlei Betriebsstörungen oder hörten ganz einfach auf zu funktionieren. Auch Sprengsätze blieben Blindgänger, und Erdrutsche haben die weiteren Arbeiten verhindert.

Wegen dieser massiven Störungen hat man einen Menschen aufgesucht, von dem man wußte, daß er mit dem Verborgenen Volk in Kontakt stand, und man hat ihn zu der Straßenbaustelle gebracht, damit er mit dem Verborgenen Volk verhandeln konnte. – Oftmals war das Verborgene Volk in solchen Fällen bereit umzuziehen. Manchmal gerieten die Verhandlungen allerdings in eine Sackgasse, so daß man sich gezwungen sah, eine neue Straßenführung zu legen, die die Wohnstätte des Verborgenen Volkes umging.

Es wird erzählt, daß die Straßenbaufirmen Islands eine Liste von Personen führen, die in der Lage sind, entsprechend mit den Naturwesen zu verhandeln. Es wird sogar behauptet, daß diese Menschen bereits in der Planungsphase der einzelnen Straßenführung herangezogen werden, um eine Verbindung zum Verborgenen Volk zu schaffen, damit die Straße nicht über eine ihrer Wohnstätten, über einen heiligen Stein, ein besonderes Lavafeld oder durch eine von ihnen bewohnte Gebirgsformation läuft. In solchen Fällen verhandeln diese Sonderbotschafter der Straßenbaufirmen über die Bedingungen, die das Verborgene Volk für den Fall stellt, daß sie bereit sein sollten, von den für die geplante Straßenführung vorgesehenen Stellen fortzuziehen.

Mir kam auch folgende besondere Eigenschaft des Verborgenen Volkes zu Ohren: Erst kürzlich untersuchte man die Schweißnähte neuer in der Erde verlaufender Wasserrohre in der Stadt Hafnarfjördur. Man fotografierte mittels einer besonderen Röntgentechnik die gesamte Rohrleitung. Als der Film entwickelt wurde, entdeckte man, daß diejenigen Bilder nicht belichtet waren, die man von Rohren gemacht hatte, die durch einen Park laufen, von dem man behauptet, daß dort das Verborgene Volk lebt. Die Aufnahmen wurden wiederholt, aber die Stellen, an denen das Verborgene Volk seine Wohnstätte hat, konnten wiederum nicht aufgenommen werden.

Eine Gruppe von Menschen aus Reykjavik versucht derzeit, alle neuzeitlichen Erzählungen über den Kontakt zum Verborgenen Volk zu sammeln. Ihre Arbeit ist nicht sonderlich systematisch, aber man hat dabei festgestellt, daß viele Isländer erst dann über ihre Erlebnisse sprechen, wenn sie vom Verborgenen Volk die Erlaubnis bekommen haben, öffentlich darüber Mitteilung zu machen.

Viele haben auch erzählt, daß sie mit dem Verborgenen Volk schon seit ihrer Kindheit in Verbindung stehen, und bereits als Kind habe man ihnen aufgetragen, daß es nicht ratsam sei, über ihre Erlebnisse zu gewöhnlichen Menschen zu sprechen.

Feuer, Luft, Wasser, Erde

Island ist ein Land, in dem die Naturkräfte fortwährend sehr stark auf den Menschen einwirken. Heftig eruptierende Vulkane, ewige Gletscher, Berge und Gebirgsketten, riesige Lavafelder, freiströmende Flüsse und der die Insel umgebende Ozean sind Elemente, die auf die Menschen einwirken und für das Leben der Isländer Bedingungen stellen. Auch diejenigen, die die Geschichten über das Verborgene Volk, die Zwerge, Alfen und andere Naturwesen für unglaubwürdig halten, geben zu, daß die isländische Natur stark auf sie einwirkt und sie fortwährend sehr anspricht. Und immer wieder geschieht es, daß sich die Isländer hinreißen lassen, über Geschehnisse zu sprechen, in denen sich das Verborgene Volk den Menschen gezeigt habe.

Die Erzählungen der eigentlichen Seher weichen leider sehr stark voneinander ab und sind subjektiv belastet. Offenbar werden in die Traumbegegnungen mit dem Verborgenen Volk eigene Visionen und Erinnerungsbilder der Seher gemischt, und auch die Beschreibungen der Erlebnisse, die man im Wachbewußtseinszustand gemacht hat, sind nicht einheitlich. Die Erzählungen konzentrieren sich meist auf dieses Verborgene Volk, das uns Menschen sehr ähnlich ist. Obwohl es nichtsinnliche Wesen sind, stellt man sich ihre Entwicklung ziemlich gegenständlich und materiell vor.

Merkwürdigerweise habe ich bei meinen zahlreichen Besuchen auf Island keine neueren Erzählungen über Naturgeister gehört, die mit den in Island so kräftig erscheinenden Elementen Feuer, Luft und Wasser zusammenhängen.

Von Dämonen und Elementargeistern

Interview mit Leander Petzoldt

von Thomas Höfer

Prof. Dr. Leander Petzoldt, *geb. 1934 in Rennerod/Westerwald. Studium der Germanistik, Anglistik, Geographie und Volkskunde in Frankfurt/M., Berlin (FU) und Mainz. 1963–1965 Forschungsassistent an der Akademie der Wissenschaften und der Literatur in Mainz. 1965 Staatsexamen, 1967 Assessorenexamen. 1967–1973 Wissenschaftlicher Assistent an der Universität Freiburg. 1973–1984 Professor für Literaturwissenschaft und Volkskunde an der Pädagogischen Hochschule in Weingarten/Württemberg. Habilitation 1974 an der Universität Gießen; Gastvorlesungen in Gießen 1977, Zürich 1978 und 1988/89, Innsbruck 1984. Seit 1985 Ordentlicher Universitätsprofessor und Vor-*

stand des Instituts für Europäische Ethnologie (Volkskunde) an der Universität Innsbruck. 1986 Visiting Professor an der Universität Los Angeles (UCLA); 1995 Pennstate University. 1989 Auszeichnung mit dem „Premio Pitré" (International Prize for Ethnoanthropological Studies).

Ausgewählte Publikationen: „Der Tote als Gast" (1968); „Vergleichende Sagenforschung" (1969); „Schenkenberg – Eine Wallfahrt im Hegau" (1979); „Bänkelsang. Vom historischen Bänkelsang zum literarischen Chanson" (1974); „Magie und Religion" (1978); „Märchen, Mythos, Sage" (1989); „Dämonenfurcht und Gottvertrauen" (1989); „Kleines Lexikon der Dämonen und Elementargeister" (1990).

Der Glaube an Dämonen und Elementargeister, an Kobolde, Gespenster, Elfen, gute und böse Feen, an Wesen mit übernatürlichen Eigenschaften und Fähigkeiten ist so alt wie die Menschheit. Immer wieder hatten und haben Menschen Erlebnisse und Wahrnehmungen, die sie sich auf natürliche Weise nicht erklären können, und zu allen Zeiten und in allen Kulturen haben sie davon berichtet. Viele derartige Erzählungen sind in Märchen, Sagen und Legenden eingeflossen, die uns als Zeugnisse volkshafter Glaubensüberzeugungen überliefert sind.

Das folgende Interview mit Leander Petzoldt gibt Einblicke in den derzeitigen Stand der Volksglaubensforschung, die Gestalten des Volksglaubens anhand der zugänglichen schriftlichen Überlieferungen untersucht und beschreibt. Gestalten wie der Bilwis, das Mittagsgespenst oder Kobolde und Elementargeister werden besprochen und auf ihre volkskundliche Herkunft hin untersucht.

Thomas Höfer: Was verstehen Sie unter Volksglauben?

Leander Petzoldt: Volksglauben umfaßt alle Glaubensvorstellungen und glaubensmäßigen Überlieferungen, die in der Bevölkerung lebendig sind oder lebendig waren und die nicht einer speziellen Religion zuzuordnen sind. Die Grenzen des Volksglaubens zur Religion sind dabei fließend, zumal z.B. die christlichen Konfessionen Elemente des Volksglaubens übernommen haben. Das bekannteste Beispiel ist das Weihnachtsfest, das ursprünglich kein christliches Fest war, sondern ein germanisches Fest zur Wintersonnenwende.

Ich spreche bewußt von Volksglauben und nicht von Aberglauben, denn der Begriff Aberglaube enthält eine eindeutig negative Wertung. Wenn man heute vom Volksglauben als Aberglauben spricht, wird immer schon die

Unglaubwürdigkeit des jeweiligen Glaubensgegenstandes unterstellt. Aberglaube heißt ursprünglich Afterglaube und bezeichnet in der christlichen Terminologie den Glauben, der nach dem offiziellen Glauben kommt, und diese Bezeichnung diente zur Abgrenzung der offiziellen religiösen Lehre von allen anderen, im Volk lebendigen Glaubensvorstellungen.

Im weiteren Sinne gehört zum Volksglauben auch das sogenannte Volkswissen, wobei dieses Wissen natürlich nicht dem modernen Wissenschaftsbegriff entspricht. Mit Volkswissen ist tradiertes Wissen wie z.B. Wetterregeln und Volksmedizin gemeint. In der englischen Sprache spricht man hier von Folk-lore, wobei *lore* ein altes Wort für Wissen, Lehre ist. Folklore meint heute jede Art von volkstümlicher Überlieferung, aber auch dieser Begriff hat im allgemeinen Sprachgebrauch einen leicht negativen Beigeschmack bekommen, weil er geradezu inflationistisch gebraucht wird.

Volksglaubensforschung

T.H.: Wo liegt Ihr eigener Forschungsschwerpunkt?

L. Petzoldt: Mein Hauptforschungsgebiet ist die Narrativistik, die Volkserzählungsforschung, und hier insbesondere die Motivforschung mit Schwerpunkt auf der Sagenforschung. Ich gehe also z.B. der Frage nach, in welcher Weise und wo sich ein bestimmtes Erzählmotiv historisch nachweisen läßt. Dabei spielt auch immer die Mentalitätsforschung eine Rolle, also die Frage, warum bestimmte Menschen bestimmte Geschichten erzählen und warum bestimmte Motive besonders beliebt sind, warum sich bestimmte Motive über Jahrhunderte oder Jahrtausende nahezu unverändert erhalten und andere innerhalb kurzer Zeit nach ihrem Aufkommen wieder absterben. Ein anderer Forschungsansatz beschäftigt sich mit den sogenannten Ökotypen. Dabei geht es um die Frage, wie sich ein bestimmtes Motiv verändert, wenn es von einer Ethnie in eine andere übergeht. Hier zeigt sich, daß die Menschen die Motive der Volkserzählung ihrer jeweiligen Lebenssituation, den Lebensumständen und ihren geistigen und sozialen Bedürfnissen anpassen.

Die Mordeltern

Man kann auch verfolgen, wie sich ein Motiv verwandelt, wenn es von einer Gattung in eine andere übergeht. Das Motiv von den Mordeltern, den Eltern, die als Gastwirte ihren eigenen Sohn, der unerkannt bei ihnen nach langer Abwesenheit übernachtet, aus Habgier töten, findet sich als Erzählung, als Flugblatt, als Schauspiel, als Memorabile, Märchen und Sage, im Bänkelsang, und es taucht bis ins 20. Jahrhundert immer wieder als Zeitungsnachricht auf. Albert Camus hat den Stoff in seinem Drama „Le malentendu“, das Mißverständnis, behandelt. Ein Zeitgenosse Goethes, Zacharias Werner, hat darüber eine „Schicksalstragödie“ geschrieben: „Der 24. Februar“. Aber das sind nur die literarischen Ausformungen. Schon im frühen 16. Jahrhundert taucht die Erzählung auf englischen Flugblättern auf, im Volksschauspiel und dann in Mitteleuropa als Predigtexempel. Innerhalb der letzten 300 Jahre hat das Motiv von den Mordeltern die verschiedensten literarischen Gattungen durchlaufen.

Das alles ist ein Gebiet, das nicht nur von Volkskundlern, sondern auch von Germanisten beackert wird, und ich selbst bin von Haus aus Germanist. Aber in meiner Funktion als Lehrstuhlinhaber für Europäische Ethnologie habe ich natürlich das Fach in seiner ganzen Breite zu vertreten, und dazu gehören auch z.B. Ergologie, Geräte-, Haus- und Brauchtumsforschung, Nahrungsethnologie, Museologie, Volkskunst u.ä.

T.H.: Auf welche Quellen stützt sich Ihr „Kleines Lexikon der Dämonen und Elementargeister“?

L. Petzoldt: Das Lexikon stützt sich auf den Volksglauben und die Volksüberlieferung. Was dieses Lexikon von ähnlichen unterscheidet, ist die Tatsache, daß hier nicht nur die bekannten Gestalten wie Ahasverus und Beelzebub, Hexe und Rübezahl beschrieben werden, sondern daß eine große Zahl der nur im Volksglauben bekannten und in den Volkssagen auftretenden tiergestaltigen und menschlichen Dämonen nach ihrer Herkunft und Funktion, nach Gestalt und Charakter dargestellt werden: der Alperer und die Befana, der Bilwis und der Dibbuk, der Entenwick und der Fischkönig, das Gütel und die Habergeiß, der Incubus und der Kynokephalos, die Langtüttin und das Mittagsgespenst, Merlin und Odin, die Pudelmutter und der Vogel Rock, die Sennenpuppe und das Tattermandl, die Unke und der Vampir, der Werwolf und der Zombie – alle diese dämonischen Gestalten bevölkerten die Phantasie unserer Vorfahren, und ihre Spuren finden sich noch in Redensarten und in Volksbräuchen.

Ich versuche, bei den einzelnen dämonischen Gestalten so weit zurückzugehen wie möglich, und werte althochdeutsche und mittelhochdeutsche Texte aus, den „Physiologus“, Agrippa von Nettesheim, Trithemius, Paracelsus u.a. Ich nutze dabei die gesamte mir zugängliche Literatur und kann so Wandlungen von Gestalten des Volksglaubens und ihrer Auffassung im Volk verfolgen.

Der Bilwis

Eine interessante, eigenartige und geheimnisvolle Figur ist z.B. der oder die Bilwis, eine dämonische Gestalt, die bereits in Wolfram von Eschenbachs „Willehalm" (1220) erwähnt wird und die auf germanische Glaubensvorstellungen zurückgeht, wobei wir bei einer solchen Zuordnung heute sehr vorsichtig sind.

Der Bilwis hat im Laufe der Zeit eine Reihe von komplexen und zum Teil widersprüchlichen Wandlungen durchgemacht und vereint viele Vorstellungen des Volksglaubens in sich. Mein Kollege Claude Lecouteux hat nachzuweisen versucht, daß mit diesem Dämon ursprünglich die germanische Göttin Bil gemeint war, die eine Personifizierung des abnehmenden Mondes und seiner lähmenden Kräfte war. Dann entwickelte sich die Figur zu einem elbischen, zwergenhaften Wesen, das Menschen und Vieh durch Abschuß eines Pfeiles lähmen kann. Im 13. Jahrhundert schließlich wurde der Bilwis zu den Unholden gerechnet, bis er schließlich als Hexe oder Zauberer angesehen wurde, mit Sicheln an den Füßen, mit denen er das Korn der Felder umlegt und damit unbrauchbar macht. Der Bilwis hat so im Laufe der Überlieferung eine Entwicklung von einer gottähnlichen zu einer anthropomorphen Gestalt durchgemacht.

Das Mittagsgespenst

Ein anderes Beispiel für eine Gestalt, die sich schon in der Antike belegen läßt, ist das *Daemonium meridianum*, das Mittagsgespenst. Schon im Volksglauben Vorderasiens in vorchristlicher Zeit finden sich Schilderungen eines gefährlichen dämonischen Wesens, das den Menschen um die Mittagszeit bedroht. Das Mittagsgespenst wurde für eine um die Mittagszeit einsetzende Müdigkeit verantwortlich gemacht. Die geschilderten Symptome reichen von Erschöpfungsanfällen, Kopfschmerzen und Fieberzuständen bis zu seelischen Depressionen, Lebensüberdruß und schließlich Wahnsinn. Origines setzte es später mit der *Acedia* – Langeweile, Überdruß – gleich, die die Mönche und Einsiedler befällt. Die Acedia gilt als eine der sieben Todsünden. Die Ursache für all diese Symptome ist nach heutigem Wissen wohl die in Mittelmeerländern um die Mittagszeit eintretende extreme Hitze, die dem Menschen ja tatsächlich gefährlich werden und zu entsprechenden Erscheinungen führen kann.. – Das Mittagsgespenst war zunächst ein unbestimmter Dämon des Volksglaubens mit wechselnden

Eigenschaften, nahm im Laufe der Zeit aber immer mehr menschliche Züge an.

Auch ein Bezug zu den Vegetationsdämonen und Korngeistern ist nachweisbar. Die Kornfrau wird auch als Mittagsfrau bezeichnet und achtet auf die Einhaltung der Mittagsruhe. Wenn sie jemanden mittags bei der Arbeit antrifft, so fragt sie ihn solange aus, bis er vor Erschöpfung stirbt. Die einzige Rettung ist, ihre Fragen geduldig zu beantworten und sie auf diese Weise hinzuhalten, bis die Mittagsstunde vorbei ist.

Der Sündenfall der Volkskunde im Dritten Reich

T.H.: Sie sagten vorhin, bei der Zuordnung einer Figur zum germanischen Glauben wäre man heute vorsichtig geworden. Können Sie das näher erläutern?

L. Petzoldt: Das hängt mit der Wissenschaftsgeschichte des Faches insgesamt zusammen. Zur Zeit des Dritten Reiches wurde beinahe der gesamte Volksglaube auf germanischen Ursprung zurückgeführt, ohne daß es für eine solche Kontinuität im einzelnen irgendwelche Belege gegeben hätte. Insbesondere die Volkskundeforschung wurde damals für die Zwecke der nationalsozialistischen Ideologie mißbraucht, und viele Volkskundler ließen sich für die Zwecke der Nazis einspannen. Viele vermeintliche Erkenntnisse der damaligen Zeit spuken heute noch in den Gehirnen einiger Zeitgenossen herum, und deshalb ist immer Vorsicht geboten, wenn es um Bezüge zum germanischen Volksglauben geht. Die Gefahr ist einfach groß, daß man hier irgendwelchen Hinterlassenschaften der NS-Propaganda auf den Leim geht.

Auch heute glauben die Menschen an Dämonen

T.H.: Die Hauptquellen des Volksglaubens, aus der die Forschung heute schöpfen kann, stammen aus dem 18., 19. Jahrhundert. Gibt es auch zeitgenössische Quellen?

L. Petzoldt: Meinen Sie, ob es heute noch Menschen gibt, die an Dämonen glauben? Die gibt es natürlich. Ich würde sogar sagen, daß der Glaube an Dämonen heute fast ebenso verbreitet ist wie zu früheren Zeiten. Die Bereitschaft der Menschen, übernatürliche Gestalten als Realitäten für möglich zu halten, ist nach wie vor weit verbreitet. Denken Sie nur an den Engels- und Teufelsglauben. Auch der Glaube an den Teufel und an Engel ist im Grunde eine Form des Dämonenglaubens. Die Engel sind ja keine Erfindung des Christentums. Die Vorstellung, daß es Mittler zwischen Gott und den Menschen gibt, stammt ursprünglich aus dem Persischen und kam über das Judentum ins Christentum. Ähnliches gilt auch für die Vorstellung vom Teufel. Die Personifizierung des Bösen ist so alt wie die Menschheit und läßt sich in beinahe jeder Religion und jeder Art von Volksglauben nachweisen.

Ein Indiz für die heutige Verbreitung von Dämonenglauben ist z.B. die Flut an Fantasyliteratur, die zum Teil an volkstümliche Überlieferungen anknüpft. Entsprechende Motive wurden auch von der Filmindustrie gerade in den letzten Jahren verstärkt aufgegriffen, und die Bereitschaft der Menschen, sich auf diese Dinge einzulassen, ist groß. Denken Sie nur an den Film „Poltergeist“ – übrigens ein deutsches Lehnwort im Englischen – und seine Nachfolger. Geschichten mit dämonischen Gestalten sprechen die Leute heute an.

Der UFO-Glaube ist auch nichts anderes als ein an die Bedingungen des technischen Zeitalters angepaßter Volksglaube. Viele UFO-Geschichten weisen nach Art und Inhalt große Ähnlichkeiten mit mittelalterlichen Erzählungen auf. Ein Erzählmotiv hat z.B. zum Inhalt, daß kleine menschenähnliche Wesen Frauen entführen, um von ihnen Kinder zu empfangen. Waren es bis zu Beginn der Neuzeit Vorstellungen von Totenheer, Wilden Jägern bzw. dämonischen Kollektiven, die durch die Lüfte zogen, so sind es jetzt Flugkörper einer uns überlegenen technischen Kultur. Die Struktur der Erzählung ist die gleiche, aber die konkreten Gestalten und Zusammenhänge sind der jeweiligen Epoche entnommen. Die hier sichtbar werdende Geisteshaltung entspricht einem technisch verbrämten, mythischen Denken, und das Interesse an diesen sogenannten „Urban legends“ scheint alle sozialen bzw. Bildungsschichten zu umfassen. Der Mensch kann sich einfach kein intelligentes Sein vorstellen, das anders aussieht als er selbst, er kann sein eigenes Vorstellungsvermögen nicht überschreiten, und so entlehnt er Elemente seines jeweiligen Vorstellungshorizontes und macht sie zum Bestandteil seines Glaubens an übernatürliche Wesenheiten.

Wesen zwischen Gott und dem Menschen

T.H.: Was verstehen Sie unter dem Begriff Dämon?

L. Petzoldt: Der Begriff Dämon ist griechischen Ursprungs. Die Griechen sahen in den Dämonen übernatürliche Wesen, die zwischen Gott und dem Menschen stehen, und die zunächst weder gut noch böse waren. Die Aufgabe der Dämonen bestand nach der Vorstellung der Griechen darin, den Menschen ihr Schicksal zuzuteilen. Man sah sie als Begleiter und auch als Schutzgeister des Menschen. Auf die Aufgabe der Schicksalszuweisung weist auch die Grundbedeutung des Wortes *Daimon* hin, vom griechischen *daiesthai,* die soviel meint wie teilen, zuteilen.

Durch das Christentum wurden die antiken und auch die germanischen Götter diabolisiert, so daß den Dämonen mehr und mehr negative Eigenschaften, schädliche Einflüsse zugeschrieben wurden, bis Luther schließlich alle Dämonen zu Verwandlungsgestalten des Teufels erklärte.

Im Volksglauben dagegen waren Dämonen immer sehr ambivalente Wesen, die dem Menschen sowohl schaden als auch ihm Gutes tun konnten. Ein typisches Beispiel hierfür ist der Kobold.

T.H.: Der Begriff Dämon ist demnach ein Sammelbegriff für alle möglichen Wesen mit unterschiedlichsten Eigenschaften?

L. Petzoldt: Richtig.

Elementargeister

T.H.: Wie verstehen Sie den Begriff Elementargeister?

L. Petzoldt: Elementargeister sind im Volksglauben Wesen, die im weitesten Sinne in den vier Elementen – also Erde, Wasser, Luft und Feuer – wirken. Insbesondere die spekulative Naturphilosophie seit dem 16. Jahrhundert hat den Glauben an Elementargeister populär gemacht, etwa Paracelsus in seinem Werk „Liber de nymphis, sylphis, pygmeis et salamandris et de caeteris spiritibus“ aus dem Jahr 1566. Paracelsus ordnete den einzelnen Elementen bestimmte Gattungen von Geistern zu. Gnome verstand er als Erdgeister, Undinen als Wassergeister, Sylphen als Luftgeister und Salamander schließlich als Feuergeister. In dieser Weise hat er ein ganzes System von Naturgeistern aufgebaut. Diese Systematik hat aber mit dem Volksglauben seiner Zeit kaum Gemeinsamkeiten und fand auch in späteren Zeiten nie wirklich Eingang in den Volksglauben. Paracelsus schreibt, daß die Elementargeister selbst keine Seele hätten und danach strebten, eine innige Beziehung zum Menschen einzugehen, um so am Verhältnis des Menschen zu Gott Anteil zu haben. Auf dieser Anschauung beruhen z.B. viele Schilderungen vom Nix und den Wilden Frauen und Saligen, die nach irdischen Frauen bzw. Männern verlangen; weil man glaubte, daß die daraus erwachsenden Kinder eine Seele und damit Anteil am Himmelreich hätten.

Die Menschen versuchten, die Elementargeister durch entsprechende Opferhandlungen zu besänftigen und günstig zu stimmen. Ein Relikt dieses Glaubens, das sich bis in jüngste Zeiten gehalten hat, ist z.B. das Windfüttern. In Slowenien streute man, wenn der Wind heulte, Mehl in den Wind, um die Winddämonen zu besänftigen. Aber eigentlich gehört der Elementargeisterglaube in die Glaubensstufe des Animismus, der die gesamte Natur als beseelt auffaßt.

T.H.: Gab es neben Paracelsus noch andere, die sich um eine Systematisierung des Volksglaubens bemühten?

L. Petzoldt: Ja, seit dem 15. Jahrhundert ist immer wieder versucht worden, die Welt der Dämonen in ein System zu bringen. Namhafte Versuche stammen z.B. von Johannes Trithemius (1462–1516), der eine „Chronologia mystica“ schrieb, von Agrippa von Nettesheim (1486–1535) mit seiner „Philosophia Occulta“ (1531) und eben Theophrastus Paracelsus (1493–1541). Sie alle versuchten, die Geister des Volksglaubens in eine Systematik zu bringen, wobei diese vorwissenschaftlichen Erklärungsversuche ihr Material im wesentlichen den antiken Dämonenlehren verdanken. – Schaut man sich die Texte genauer an, stellt man fest, daß häufig ein Autor vom anderen abgeschrieben hat.

T.H.: Aber diese Autoren haben doch an die Existenz der Wesen geglaubt, die sie beschrieben?

L. Petzoldt: Ja, sie gehörten in ihr Weltbild. Georg Agricola, der als Begründer der Montanwissenschaft gilt, hat in seinen Büchern „De animantibus subterraneis“ (1549) und „De re metallia“ (1557) Stollengeister und Bergwerksdämonen in der gleichen Weise beschrieben wie Pflanzen und Tiere, die er kannte. Für ihn standen die Bergwerksgeister gleichbedeutend neben anderen Naturerscheinungen. Er schreibt z.B., daß manche fündige Zeche aufgegeben worden sei, weil ein böser Dämon in ihr hause. In einer solchen Zeche wird es vermutlich wiederholt zu Stolleneinstürzen, Wassereinbrüchen oder Gasentwicklung gekommen sein, und von diesen Ereignissen wurde auf die Existenz eines bösen Dämons geschlossen. Auch Luther glaubte an Kobolde und Wechselbälge, aber für ihn waren sie Teufelsgestalten, die vom rechten Glauben wegführten. Heute hat man übrigens jeden Versuch einer Systematisierung aufgegeben, weil es der Sache nicht gerecht werden würde. Heinrich Heine hat das einmal in seiner Schrift über „Elementargeister“ mit so ausgedrückt: „Den Volksglauben selbst in ein System zu bringen, wie manche beabsichtigen, ist aber ebenso untunlich, als wollte man die vorüberziehenden Wolken in Rahmen fassen.“

Volksglaube und Christentum

T.H.: Sie sagten vorhin, das Christentum habe den Volksglauben abgelehnt. Worauf beruhte diese Ablehnung?

L. Petzoldt: Die Germanen hatten, genau wie die Griechen der Antike, den Himmel mit Göttern, Halbgöttern und Geistern bevölkert. An diese Wesen haben sie geglaubt, und sie haben sie verehrt. Diesen heidnischen Glauben mußte das offizielle Christentum ablehnen, um seine eigenen Glaubensvorstellungen durchsetzen zu können, denn das Ziel war die Bekehrung der sogenannten Heiden zum christlichen Glauben. Dazu legte man z.B. christliche Feiern auf Termine, die im Volksglauben bereits eine Bedeutung hatten. Das bekannteste Beispiel ist das Weihnachtsfest, das ursprünglich ein heidnisches Fest zu Ehren des „Sol invictus" war.

Man erklärte daher die germanischen Götter kurzerhand zu Unholden, d.h. sie wurden insgesamt zu bösartigen Gestalten umgedeutet, Dämonen, vor denen man sich in acht zu nehmen hatte. Die Folge war, daß immer weniger Menschen sich offen zu ihren Göttern bekannten und der heidnische Glaube immer mehr ins Abseits geriet. So wurde Volksglaube zu Aberglaube.

Sind Naturgeister Realitäten?

T.H.: Sind Dämonen und Elementargeister Ihrer Ansicht nach Realitäten?

L. Petzoldt: Sie sind keine objektiven Realitäten, sehr wohl aber subjektive. Sie sind psychische Realitäten, Projektionen menschlicher Ängste und Hoffnungen. Der Glaube an Dämonen und Naturgeister ist so alt wie die Menschheit und in allen Kulturen anzutreffen. Die Menschen versuchten, sich durch diese Vorstellungen Naturphänomene, die sie nicht verstanden, erklärlich zu machen. Sigmund Freud bezeichnete die „Erfindung" der Geister und Dämonen als die erste theoretische Leistung des Menschen.

Indem Menschen die Natur mit Geistern belebten, konnten sie sich erklären, warum es donnert, warum der Hagel die Ernte zerschlägt usw. Erzürnte oder bösartige Dämonen waren dafür verantwortlich, und man versuchte, sie z.B. durch Opfer zu besänftigen. Indem eine Erklärung zur Hand war, verlor das Unerklärliche ein wenig seinen Schrecken. Mit einem Mal glaubte man sich den Naturgewalten nicht mehr völlig ausgeliefert, weil die Geister durch bestimmte Handlungen beschwichtigt werden konnten. Noch heute gibt es ja in der katholischen Kirche Wetterprozessionen und Wettersegen.

Der Volksglaube hat häufig die Funktion, unverstandene Erscheinungen, numinose Erlebnisse, psychische Ausnahmezustände verstehbar zu machen. Wiedergänger, Aufhocker, die Wilde Jagd – das durch die Lüfte jagende Totenheer – und andere Dämonen helfen dem Menschen, seine Ängste zu verarbeiten, seiner Angst Herr zu werden.

Zum Teil hatten bestimmte Gestalten, wie etwa die Korngeister, die Langtüttin oder die Roggenmuhme, die Funktion des Kinderschrecks. In Ostpreußen etwa gab es riesige Kornfelder, und um zu verhindern, daß kleine Kinder in die Felder liefen und dort verlorengingen, sagte man ihnen, dort hause die Roggenmuhme, eine weibliche Gestalt mit langen Brüsten, aus denen sie die Kinder zu trinken zwingt, aus denen aber Teer oder Eiter strömt, an dem die Kinder sterben.

T.H.: Das ist die Deutung der heutigen Volksglaubensforschung.

L. Petzoldt: Ja, richtig.

T.H.: Rudolf Steiner beschreibt die Elementarwesen als geistige Wesen, die zwar so real sind wie Sie und ich, die von heutigen Menschen mit gewöhnlichem Gegenstandsbewußtsein aber nicht mehr wahrgenommen werden können. In früheren Zeiten hätten die Menschen, nach Steiner, hingegen noch die Möglichkeit gehabt, diese Wesen zu sehen, und auch heute noch gibt es Menschen, die Elementarwesen wahrnehmen. Der Begriff Elementarwesen bei Steiner ist allerdings ähnlich umfassend zu sehen wie Ihr Begriff des Dämons.

L. Petzoldt: Ich habe vorhin den Begriff der subjektiven Realitätswahrnehmung erwähnt. Berichte, seien es historische oder moderne, über Begegnungen mit übernatürlichen Wesen besitzen für mich durchaus subjektive Glaubhaftigkeit, d.h. ich gehe davon aus, daß Menschen, die davon erzählen, dies auch so erlebt haben – aber das bedeutet nicht, daß dies der objektiven Realität entspricht.

T.H.: Es gibt doch auch heute Menschen, die trotz aller Wissenschaft und aller Rationalität berichten, daß sie irgendwelche Naturgeister oder andere Dämonen gesehen haben.

L. Petzoldt: Ja, die gibt es. Ich erlebe immer mal wieder, daß Menschen nach Vorträgen, die ich halte, zu mir kommen und von Dämonen berichten, die sie gesehen haben. Wie gesagt: Ich halte solche Berichte subjektiv für durchaus glaubwürdig, ich nehme diesen Menschen ab, daß sie etwas gesehen haben, daß sie ein numinoses Erlebnis hatten, das sie als dämonische Erscheinung deuten. Ich nehme nicht an, daß diese Menschen etwas erfinden oder daß sie bewußt lügen. Sie hatten ein Erlebnis, das sie sich nicht erklären konnten. In dieser Situation greifen sie auf übernatürliche Erklärungsmuster zurück.

T.H.: Können Sie die Erlebnisse, die die Menschen Ihnen schildern, einordnen?

L. Petzoldt: Ja. Es kommt eigentlich nicht vor, daß Menschen über Erlebnisse berichten, die in der Forschung nicht zumindest der Art nach bekannt wären.

T.H.: Kann man davon ausgehen, daß bestimmte Situationen bestimmte Erlebnisse provozieren?

L. Petzoldt: Ja, in vielen Fällen ist das so. In jeder Landschaft gibt es etwa Stellen, die aus dem einen oder anderen Grund unheimlich sind, sei es z.B., weil dort ein Mensch ermordet wurde oder sich erhängt hat. Dieses Ereignis kann schon 100 und mehr Jahre zurückliegen. Wenn sich nun ein Mensch nachts und allein solch einem Ort nähert und der Ort ihm unheimlich ist, so ist die Wahrscheinlichkeit groß, daß er Angst hat. Seine Sinne sind sensibilisiert, und er hört z.B. Geräusche, die er sonst nicht wahrnimmt. Irgendwann steigert sich die Angst, er hat das Gefühl, die Angst kralle sich in seiner Brust fest, und er beginnt zu laufen. Wenn er dieses Erlebnis im Dorf berichtet, weiß jeder – weil es seit Generationen so erzählt wird und weil es einen kollektiven Fundus von Erklärungsmustern gibt –, daß er einem Aufhocker begegnet ist, einer dämonischen Gestalt, die Wanderern nachts auf die Schulter springt, ihnen den Atem nimmt und sie in Schrekken versetzt.

T.H.: Gibt es markante Unterschiede oder auch Gemeinsamkeiten im Volksglauben verschiedener Völker?

L. Petzoldt: Ja, es gibt sowohl regionale Unterschiede als auch überregionale Gemeinsamkeiten. Bestimmte Gestalten tauchen z.B. nur in bestimmten Regionen auf oder haben regional besondere Wesenszüge. Der Ankou z.B. ist eine Gestalt des bretonischen Volksglaubens, der personifizierte Tod, der Menschen als in Lumpen gehülltes Skelett erscheint und ihnen ihren bevorstehenden Tod ankündigt. Ekke Nekkepenn ist eine Gestalt des norddeutschen Volksglaubens, ein dämonischer Zwerg, der, einer Sage zufolge, auf der Insel Sylt sein Unwesen treibt. Die Eigenschaften, mit denen dieser Zwerg versehen ist, gleichen denen Rumpelstilzchens.

Neben solchen regionalen Gestalten gibt es andere, die eigentlich überall anzutreffen sind. Zu ihnen gehören z.B. der Kobold und der Wiedergänger.

Der Kobold

T.H.: Was ist eigentlich ein Kobold?

L. Petzoldt: Der Begriff Kobold setzt sich ursprünglich aus *kob, kove* und *bold* zusammen. Dabei bedeutet *kob* soviel wie Gemach, Verschlag, Haus, und *bold* meint Verwalter, Herrscher. Der Kobold ist also der Hauswalter. Er ist ein Geist, der meist unsichtbar bleibt und nur an seinen Wirkungen zu erkennen ist. Wer einmal einen Kobold hat, so der Volksglaube, wird ihn so schnell nicht wieder los. Eine Sage berichtet, daß ein Hausherr sein Haus abbrannte, um sich von seinem Kobold zu befreien. Als er mit der Kutsche davonfährt und sich nach seinem Haus umsieht, sieht er hinten auf der Kutsche den Kobold sitzen und hört ihn sagen: „Wären wir nicht so gerannt, so wären wir wohl mit verbrannt."

Meist gehört der Kobold zum Geschlecht einer Familie als Familienschutzgeist, er geht von einer Generation auf die nächste über. Meist sind es auch adlige Familien, die einen Kobold haben, nicht aber arme Leute.

Kobolde sind einerseits freundliche, hilfsbereite Wesen, die dem Menschen zu Diensten sind, sein Haus vor Unheil bewahren und in Abwesenheit des Hausherren auf Haus, Vieh und Weib achtgeben. Sie helfen auf dem Feld, im Stall und bei der Hausarbeit und helfen vor allem bei der Mehrung des Reichtums. Von Bauern, die Glück hatten und schnell zu Reichtum kamen, sagte man, sie hätten einen Kobold. Manchmal sind Kobolde aber auch bösartig und zu Streichen aufgelegt, besonders wenn sie geärgert werden. Sie bestrafen auch Faulheit, Nachlässigkeit, Fluchen und Trinksucht.

Lebende Leichname

T.H.: Gibt es weitere Gestalten, die Allgemeingut des Volksglaubens sind?

L. Petzoldt: Ja, z.B. die Vorstellung vom Wiedergänger. Als Wiedergänger wird ein Verstorbener bezeichnet, der als dämonischer Toter, als Untoter oder lebender Leichnam umgeht. Verstorbene erscheinen den Hinterbliebenen in der Gestalt, die sie zu Lebzeiten hatten, häufig im Traum, manchmal auch im Wachzustand. Der Glaube an wiederkehrende Tote ist so alt wie die Menschheit und läßt sich in jeder Kultur nachweisen, überall auf der Erde. Die Totensagen bilden auch die größte Sagengruppe innerhalb der Erzählüberlieferung. Durch den Einfluß des christlichen Glaubens wurde der Glaube an Wiedergänger mit Vorstellungen von Sühne verknüpft. Man stellte sich vor, daß ein Untoter zu Lebzeiten eine Verfehlung begangen hat, die er nach seinem Tod dadurch büßen muß, daß er als lebender Leichnam umgeht, bis er jemanden findet, der ihm verzeiht. Die Verknüpfung von Wiedergänger und Sühne ist eng gekoppelt an die Vorstellung vom Fegefeuer, in der der Mensch nach seinem Tod seine Sünden zu büßen hat.

Die Vorstellung des Fegefeuers stammt aus dem 12. Jahrhundert. Damals beschäftigte man sich mit der Frage, was mit den unmittelbar nach der Geburt verstorbenen, ungetauften Kindern nach dem Tod geschehe. Sie waren zwar nach christlicher Vorstellung mit der Erbsünde belastet, konnten darüber hinaus aber keine persönliche Schuld auf sich geladen haben. Dennoch war ihnen der direkte Weg in den Himmel verwehrt, denn sie waren ja nicht getauft. Um dieses Problem zu lösen, erfand man einen dritten Ort zwischen Himmel und Hölle: das Fegefeuer, in dem der Mensch seine zeitlichen Sünden abbüßen konnte. In der Folgezeit entstand dann das Ablaßwesen, d.h. die Möglichkeit, sich durch gute Taten und dann auch mit Geld von seinen sogenannten „läßlichen" Sünden zu befreien. Es gab dann auch die Möglichkeit, verstorbene Verwandte nachträglich freizukaufen. Wer keinen Ausgleich für seine Sünden schaffen konnte, mußte sie im Fegefeuer abbüßen. Die Vorstellung vom Fegefeuer, des Abbüßens von Sünden, ist die Grundlage für viele Sagen von Wiedergängern.

In dieser Sagengruppe gibt es auch wieder interessante regionale Unterschiede. In der Schweiz müssen die Toten z.B. im Gletschereis büßen, während im Flachland die Toten als feurige Menschen, als brennende Gestalten umgehen.

T.H.: Auch heute noch gibt es ja Menschen, denen Wiedergänger erscheinen. Wie erklären Sie solche Phänomene?

L. Petzoldt: Ich denke, hier spielen zwei Komponenten eine Rolle. Zum einen ist es eine Tatsache, daß sich die Nachkommen ihren Ahnen häufig verpflichtet fühlen und ihnen gegenüber oftmals auch ein schlechtes Gewissen haben, etwa weil sie sich zu Lebzeiten nicht ausreichend um ihre Eltern oder Großeltern gekümmert haben oder einfach weil sie selbst noch leben und die Verstorbenen nicht. Das ist ein nachvollziehbares psychologisches Phänomen. Ein zweiter Sachverhalt spielt außerdem eine Rolle: Nach dem Tod träumen viele Menschen von unlängst Verstorbenen, insbesondere wenn sie ihnen sehr nahestanden. Man weiß, daß viele Kinder in einem bestimmten Alter nicht unterscheiden können, was sie geträumt und was sie tatsächlich erlebt haben. Ich kann mir nun vorstellen, daß das schlechte Gewissen und die Trauer bei den Hinterbliebenen eine psychische Stimmung erzeugt, die die Grenze zwischen Traum und Realität verschwimmen läßt.

Heilung der Erde

Interview mit Marko Pogacnik

von Klaus-Dieter Neumann

Marko Pogacnik, *geb. 1944 in Kranj/Slowenien, studierte Bildhauerei und erwarb sich auf dem Gebiet der Konzeptkunst und Land-Art internationalen Ruf. Hieraus entwickelte er die Kunst der „Lithopunktur der Erde" zur Heilung gestörter Kraftorte und Landschaften. Er leitet Seminare zur Heilung von Orten, u.a. in Deutschland, Österreich und der Schweiz, und berät Kommunen und Ämter in bezug auf Landschaftsschutz und -gestaltung. Veröffentlichungen: „Die Erde heilen – Das Modell Türnich" (1989); „Die Landschaft der Göttin – Heilungsprojekte in bedrohten Regionen Europas" (1993); „Elementarwesen – Die Gefühlsebene der Erde" (1995).*

Es war nicht einfach, Marko Pogacnik zu erreichen, um ein Interview mit ihm zu vereinbaren und durchzuführen. Sein Rat und seine Tat sind vielerorts gefragt, und so bereist er von seinem Wohnort in Slowenien Länder in Europa und der ganzen Welt, um Seminare zu geben und Projekte durchzuführen, die alle zum Ziel haben, heilende Impulse für das Zusammenleben von Mensch und Natur zu geben. Allein in den wenigen Wochen, in denen ich mit ihm in Kontakt stand, verfolgte ich gedanklich seine Reiserouten durch die Schweiz, Brasilien, Slowenien und Deutschland. Doch – wie im folgenden zu lesen – es gelang, das Interview zu führen: Marko Pogacnik gibt in ihm einen Überblick über seine Arbeit an der Erde, die der menschlichen Zuwendung und der Heilung bedarf. Er schildert seine Begegnungen und die Zusammenarbeit mit Elementarwesen und zeigt Aufgaben und die Verantwortung des Menschen gegenüber der Elementarwelt.

Klaus-Dieter Neumann: Sie sind Bildhauer, Konzeptkünstler und Geomantieforscher. Sie arbeiten seit Jahren in Seminaren und Projekten an einer künstlerisch-geistigen Landschaftsgestaltung zur Heilung gestörter Orte und Landschaften. Was ist Ihr zentraler Impuls bei dieser Arbeit?

Marko Pogacnik: Es gibt dabei mehrere Impulse. In bezug auf die Kunst geht es mir von Anfang an darum, eine neue Aufgabe für die Kunst zu finden, damit sie ihre kreative Rolle und Bedeutung in der Kultur- und Zivilisationsentwicklung wiederbekommt. Der zweite Impuls ist, daß Ökologie und Naturschutz ihre geistig-seelische Dimension zurückerhalten. Beide Impulse sind miteinander verbunden, weil die Anwendung der Kunst möglich macht, daß die geistig-seelische Dimension in der Landschaftsgestaltung zum Tragen kommt.

Normalerweise sieht man eine Hauptaufgabe des Naturschutzes darin, eine bestimmte Form einer Landschaft, ein Biotop, zu schützen. Aber damit ist es noch nicht getan, wenn man die lebendigen Naturprozesse wirklich erfassen und stärken will. Denn was eigentlich das Leben in der Natur ausmacht, ist das unsichtbare Gewebe in der Landschaft. Und zu diesem Lebendigen gibt es in unserer heutigen Kultur keinen adäquaten Zugang. Aber es gibt die Möglichkeit, durch die Kunst einen Zugang zu erarbeiten, wie man sich diesen unsichtbaren Dimensionen annähern kann. Dann kann man auch im Naturschutz und bei der Landschaftsgestaltung ganzheitlich vorgehen, also nicht nur das Äußere schützen, sondern auch die wirklichen Lebensgrundlagen pflegen und heilen.

Die Erde ist ihrem Wesen nach gesund

K.-D.N.: Sehen wir einmal auf Ihre Arbeit in einem Projekt der Erdheilung. Es wird eine Anfrage an Sie gerichtet: Worum bitten Sie die Menschen in einem konkreten Fall?

M. Pogacnik: Die Menschen haben meine Bücher gelesen, in denen ich versuche, Bewußtsein für diese feinstofflichen Dimensionen zu wecken. Dabei gehe ich immer so vor, daß ich meine praktischen Projekte beschreibe und im einzelnen zeige, wie ich an einem bestimmten Ort vorgehe. Das inspiriert dann die Leute, an mich heranzutreten, weil sie an dem Ort, an dem sie leben, vor Problemen stehen, die durch die Zivilisation verursacht sind und die sie nicht lösen können. Jetzt sehen sie plötzlich in meinem Zugang eine Möglichkeit, daß sie etwas zur Lösung dieser Probleme beitragen und an der Erlösung und Heilung dieses Ortes arbeiten und mitwirken können. Daraus entsteht der Wunsch, mich an diesen Ort einzuladen, um einen Heilungsprozeß einzuleiten. Ich fahre dann dort hin und mache mit diesen Menschen einen Workshop.

K.-D.N.: Diese Menschen gehen also davon aus, daß die Landschaft oder der Ort, an dem sie leben, der Heilung bedarf, weil eine schwerwiegende Störung vorliegt?

M. Pogacnik: Ja. Die Erde ist ihrem eigentlichen Wesen nach gesund. Das Problem ist unsere Zivilisation, die sich auf dieser Erde in Disharmonie zu den Lebensgrundlagen der Natur entwickelt. Sie bringt Störung und Zerstörung, und wir Menschen sind dafür verantwortlich. Erdheilung ist eine Möglichkeit, sich dieser Verantwortung zu stellen.

Ortsanalyse

K.-D.N.: Was geschieht dann im einzelnen an dem jeweiligen Ort, an dem Sie einen solchen Workshop durchführen?

M. Pogacnik: Die Probleme sind immer verschieden. Jeder Ort ist anders, individuell verschieden, und ich habe keine Schemata, nach denen ich arbeite. Ich gehe von der Individualität und Besonderheit des jeweiligen Ortes aus. So wie jeder Mensch verschieden ist, so ist es auch mit jedem Ort.

Selbstverständlich gibt es aber gewisse Gesetzmäßigkeiten, die mit jedem Ort verbunden sind und die man beachten muß. Ich denke z.B. an die verschiedenen Ebenen der Naturkräfte, die an jedem Ort wirken: die materialisierte Ebene, die vitalenergetische Ebene und die Ebene der Elementarwesen, d.h. die Bewußtseinsebene. Gewisse Arten von Phänomenen findet man also immer wieder, aber in ihrer jeweiligen Ausprägung sind sie auch immer verschieden.

Deshalb muß ich für jeden Ort als erstes eine Analyse durchführen, um die Besonderheit dieses Ortes zu erfassen, um seine besonderen Plätze und Kraftzentren zu finden. In dieser Analyse bemühe ich mich darum, die Qualitäten dieser Kraftzentren zu erkennen, um dann herauszufinden, wie es um sie bestellt ist, wie es ihnen geht: Fließen die Kräfte, oder sind sie blockiert, gibt es ein Trauma, daß sich in das Kraftgewebe eingeprägt hat?

K.-D.N.: Wie finden Sie diese Kraftorte?

M. Pogacnik: Das ist die zentrale Frage: die Frage der Wahrnehmung. Die Wahrnehmung dieser Phänomene ist mehrschichtig und dem Menschen grundsätzlich zugänglich. Das wird auch durch meinen Ansatz, von der Kunst auszugehen, deutlich. Es geht also nicht um die Begabung mit besonderen Fähigkeiten, die nur wenige Menschen haben, sondern um die Wiedererweckung von Fähigkeiten, die in jedem Menschen schlummern. Diese Fähigkeiten sind nur verschüttet oder blockiert, weil die Zivilisationsentwicklung uns dazu geführt hat, daß wir uns immer mehr nur auf das Physisch-Materielle konzentrieren.

Bei meinem Vorgehen geht es also um die Wiedererweckung dieser Fähigkeiten, und es handelt sich um verschiedene Ebenen der Wahrnehmung. Das muß ich immer wieder betonen: Es geht nicht um Radiästhesie oder den Gebrauch bestimmter Meßgeräte, sondern um die eigene Wahrnehmung. Ich nehme auch mit meinem Körper, insbesondere mit meinen Händen wahr; ich nehme durch psychische Reaktionen wahr, durch Gefühle. Hinzu kommt die innere Betrachtung, ein innerliches Sehen, also die innere Wahrnehmung von feinstofflichen Strukturen. Sie sind unmittelbare Informationen, die daraus resultieren, daß das Kraftfeld eines Menschen in Interaktion mit dem Kraftfeld eines Ortes kommt. Diese Informationen kommen dann als Licht oder als Imaginationen ins Bewußtsein.

Die nächste Stufe ist die Kommunikation, das innere Gespräch mit dem Bewußtsein, dem Geist des Ortes. Darüber hinaus habe ich selbst noch die Möglichkeit der Kommunikation mit der Engelwelt, indem ich mit zwei Töchtern von mir zusammenarbeite, die mit der Engelwelt kommunizieren, wodurch ich noch weitere Informationen über einen Ort erhalte. Das wäre mehr die geistige Ebene. Ich nenne diesen Vorgang, daß Information aus der geistigen Ebene zufließt, Offenbarung.

Ich kombiniere dann alle Wahrnehmungen und Kenntnisse dieser verschiedenen Ebenen, um ein ganzheitliches Bild von zunächst einzelnen Orten und letztlich auch ganzen Ortschaften und Städten im Zusammenhang einer Landschaft zu bekommen.

Störungen von sensiblen Plätzen der Landschaft

K.-D.N.: Können Sie einmal verschiedene Störungen näher benennen, die Sie an Orten vorfinden, an denen Sie arbeiten?

M. Pogacnik: Zum einen gibt es Störungen und Probleme, die geschichtlich bedingt sind, die daraus resultieren, wie verschiedene Kulturen, die an einem Ort gelebt haben, mit ihm umgegangen sind. Zum Beispiel haben fremde Kulturen an einem Ort ansässige Kulturen verdrängt oder zerstört, und sie haben auch ihre heiligen Plätze zerstört. Das kann durch magische Kräfte geschehen sein oder auch durch Kämpfe und Blutvergießen an diesem Platz. Das finden wir überall in Europa. Das römische Militär hat z.B. diese Taktik systematisch angewendet. Weil aber diese heiligen Plätze gewöhnlich auch an den realen Orten der Kraftorgane einer Landschaft liegen – das ist fast immer so –, wirkt ihre Zerstörung auch in den Kraftorganismus, in dieses Zentrum hinein. Und obwohl diese geschichtlichen Probleme nicht mehr aktuell sind, wirkt diese Lähmung, Blockade oder das Trauma, das durch Menschen verursacht wurde, bis heute fort. Wenn diese Störung nicht behoben wird, wirkt sie immer weiter fort. Das wäre also ein Beispiel, bei dem die Ursachen einer Störung in der Geschichte liegen.

In der modernen Zeit, also seit wir fast vollständig rationalistisch mit unserer Mitwelt umgehen, handeln wir nicht mehr im Einklang mit der Natur, wodurch eine weitere Art von Störung entsteht. Nehmen wir einmal das Beispiel, das für ein bestimmtes Bauvorhaben – der Bau einer Straße oder eines Tunnels – Erdreich ausgehoben und abgetragen wird. Es gibt sensible Plätze in einer Landschaft, an denen keine Veränderung in der geologischen Substanz vorgenommen werden darf. Denn die feinstofflichen Kraftzentren sind in den geologischen Schichten verankert und fokussiert. Wenn dieser Platz nun durch Aushub und Auffüllen mit anderen Substanzen, wie z.B. Beton, verändert wird, entsteht so etwas wie eine Schizophrenie. Denn der feinstoffliche Bereich trennt sich von der materialisierten Ebene, die Kommunikation reißt ab, und die Auswirkung dieses Zentrums auf die Ebene des praktischen Lebens wird unterbunden. Das kann also z.B. geschehen, wenn im Zuge des Straßenbaus ein Hang abgetragen wird und gerade dort eine Kraftbahn verläuft. Ich finde solche Fälle immer wieder. Die geologischen Schichten, in denen diese Kraftbahn verankert war, sind dann weg, und dadurch ist auch die Kraftbahn unterbrochen.

Dann gibt es weitere Orte, z.B. am ehemaligen Eisernen Vorhang und entlang der Strecke, an der die Berliner Mauer verlief, wo durch starken psychischen Druck und gewisse rhythmische mechanische Einwirkungen, wie etwa durch Panzer oder andere Militärfahrzeuge, die zur Grenzsicherung immer wieder die gleichen Strecken befahren haben, und auch durch bestimmte magische Einwirkung, um die Grenze zu stärken, der Landschaft etwas eingeprägt worden ist, daß wie eine Blockade fortwirkt. Solche Blokkaden durchtrennen in der Landschaft verlaufende Kraftbahnen. Das wäre eine weitere Art der Störung, die in unserer Zeit verursacht ist.

In das Gedächtnis des Raumes wird alles eingeprägt

K.-D.N.: Können Sie auch Beispiele für Störungen nennen, die Sie in kleineren Landschaftszusammenhängen vorfinden, auf irgendeinem begrenzten Grundstück, in einem Garten, auf einem Schulgelände?

M. Pogacnik: Dazu muß man wissen, daß alles, was geschieht, im Raum eingeprägt wird. Jedes Geschehen ist im Raum eingeprägt. Dazu gehören natürlich auch die Konflikte und Probleme unter den Menschen. Gehen wir zunächst vom einzelnen Menschen aus. Oft hat jemand Probleme mit den Räumen, in denen er lebt. Ich höre dann z.B., daß jemand Schwierigkeiten mit seinem Schlafzimmer hat, daß er vermutet, sein Bett stünde am falschen Platz oder ähnliches. Diese betreffenden Menschen bemerken in einem Raum eine ganz schlechte Ausstrahlung.

Nun ist es aber oft so, daß der Mensch diese störenden Einflüsse selbst produziert, weil er z.B. gewisse innere Wandlungen nicht vollziehen kann, die seine Entwicklung eigentlich fordert. Er kommt mit diesen Anforderungen nicht zurecht, stößt fortwährend Kräfte von sich weg und projiziert sie in den Raum. Das finde ich oft. Über Jahre wird ständig dieser Druck in den eigenen Räumen ausgeübt, und dadurch kommt es zu einer Verfälschung und nachhaltigen Beeinträchtigung des Kraftmusters. Und weil das Kraftmuster gestört ist, wird seine Rückstrahlung dann auch als störend empfunden. In solchen Situationen muß man parallel arbeiten: zum einen mit dem betreffenden Menschen auf der psychologischen Ebene, zum anderen muß man im Raum die reale Verwerfung des Musters beheben.

Dann gibt es noch die Fälle, daß jemand in eine Wohnung umzieht, in der es früher zu heftigen disharmonischen Zwischenfällen gekommen ist. Die sind eingeprägt in den Akasha, in das Gedächtnis des Raumes, und diese Einprägungen haben eine Rückwirkung auf die Wohnung. Diese verletzenden Einprägungen müssen aufgehoben, harmonisiert werden. Die Erinnerung darf bleiben, aber nicht die Verletzung, die weiter fortbesteht und das Leben störend beeinflußt.

Elementarwesen sind Teile des Gesamtbewußtseins der Erde

K.-D.N.: Könnten Sie noch ein Beispiel für ein Grundstück nennen?

M. Pogacnik: Ja, z.B. wurde ein Haus an einem Platz gebaut, an dem ein bedeutendes Elementarwesen seinen Fokus hatte. Es war vielleicht eine Wiese mit einem Baum, den man dann gefällt hat. Dann hat man die Erde abgetragen, um die Fundamente zu legen usw. Diesem Elementarwesen ist es dann nicht möglich, einfach an einen anderen Ort zu gehen und in gleicher Weise wie vorher zu wirken. Ein solches bedeutendes Elementarwesen ist wie ein Organ, ein Bewußtseinsorgan der Landschaft, es hat seinen ganz bestimmten Platz.

Das Elementarwesen wird nun durch die menschliche Einwirkung gewissermaßen gequetscht. Und dieses gequetschte entfremdete Kraftmuster wirkt dann fortwährend so, daß dauernd dieselbe Störung im Raum produziert wird. Die Menschen fühlen sich da nicht wohl, es kommt immer wieder zu Problemen, weil immer diese quälende Störung da ist, von der man nicht weiß, woher sie kommt.

K.-D.N.: Warum kann dieses Elementarwesen den Ort nicht verlassen?

M. Pogacnik: In diesem Beispiel geht es nicht um das Elementarwesen des Baumes, der auf der Wiese gestanden hat. In dem Moment, in dem ein Baum gefällt wird und das Leben aus ihm weicht, ist das Elementarwesen dieses Baumes frei. In meinem Beispiel handelt es sich aber um ein Elementarwesen, das eine Bedeutung für diesen Platz und die Landschaft hat.

Elementarwesen haben keinen freien Willen wie der Mensch. Unsere Evolution verläuft nach ganz anderen Gesetzmäßigkeiten. Elementarwesen sind vielmehr Teil eines Gesamtbewußtseins der Erde, in dem sie ihre Aufgabe haben. Sie haben eine bestimmte Funktion, und diese Funktion ist immer auch an einen Platz gebunden. Um das zu verdeutlichen, benutze ich immer das Bild der Nabelschnur: Das Elementarwesen hat eine Art energetische Nabelschnur, über die es einen Bezug zur materialisierten Ebene findet. Es muß einen Fokus an einem bestimmten Platz haben, um in die Raum-Zeit-Struktur einwirken zu können. Daher kommt es zu der genauen Plazierung dieser Bewußtseinszelle.

Wie man Elementarwesen umsiedelt

Diese Plazierung ist nicht beliebig. Aber man kann die Bewußtseinszelle transformieren, d.h. es ist möglich, dieses Bewußtsein umzusiedeln. Dieser Vorgang gehört auch zu den Methoden der Erdheilung, d.h. man kann wissen, wie man einen solchen Fokus gesetzmäßig umsiedeln kann. Für gewöhnlich tut das niemand, aber ich versuche, das zu lernen. Ich versuche auch zu zeigen, welche Gesetzmäßigkeiten wirken und bei einer solchen Umsiedlung zu beachten sind.

Wir Menschen sind auf der Erde willkommen, wir dürfen bauen, aber wir sind für das Leben verantwortlich, wo auch immer wir in die Natur eingreifen. Wir können ein Elementarwesen bitten und auch dabei helfen, seinen Fokus umzusiedeln. Wenn das aber nicht geschieht und das Elementarwesen überhaupt nicht beachtet wird, dann kommt es zur Zerstörung, wie ich es geschildert habe.

K.-D.N.: Wie gehen Sie dabei vor, wenn Sie versuchen, ein solches Wesen umzusiedeln?

M. Pogacnik: Ich habe das im einzelnen in meinem Buch „Elementarwesen“ (München 1995) beschrieben. Ich bitte das Elementarwesen, seinen Fokus auf einen Stein zu übertragen, den ich dafür anbiete. Dem geht aber voraus, daß ich zunächst einmal in Kommunikation mit diesem Wesen kommen muß. Ich erkläre ihm, was da geschieht, und frage es, ob es bereit wäre, seinen Fokus umzusiedeln. Wenn ich seine Zustimmung erhalte, dann bitte ich um die Übertragung seines Fokus, seiner energetischen Nabelschnur, auf einen Stein. Dann trage ich diesen Stein an einen ausgesuchten Ort und bitte dort darum, daß der Fokus wieder von dem Stein an diesen Ort übertragen wird.

Wenn auf einem Gelände gebaut wird, kann man das auch tun, um die Elementarwesen in eine geschützte Ecke zu übertragen, in der sie warten können, bis das Gelände wieder neu gestaltet ist. Danach werden sie in das neugestaltete Gelände zurückgesiedelt. Das ist natürlich kein Spiel, sondern eine sehr verantwortliche Arbeit. Wenn man ein Gelände verändert, bebaut und neu gestaltet, hat man so die Möglichkeit, dem entgegenzuwirken, daß man dabei von vornherein zerstörerisch wirkt.

Revitalisierung eines Ortes

K.-D.N.: Welche weiteren Maßnahmen führen Sie durch, um eine Störung an einem bestimmten Ort zu beheben?

M. Pogacnik: Da gibt es verschiedene Ebenen. Nehmen wir zunächst als Beispiel einen bewohnten Ort. Der erste Schritt ist der schon beschriebene, daß ich mit den Menschen arbeite, die dort wohnen, um herauszufinden, wie die Probleme dieser Menschen geartet sind, wo bei ihnen die Ursachen liegen könnten.

Wenn aber die Ursachen der Störung auf Menschen zurückzuführen sind, die früher einmal an diesem Ort gelebt haben, dann versuche ich, einen Weg zu finden, wie diese alten Probleme gelöst werden können. Es kann sich dabei z.B., wie erwähnt, um alte Muster handeln, die sich in den Raum eingeprägt haben.

Es kann auch der noch schlimmere Fall sein, daß früher Menschen an diesem Ort unter schrecklichen Umständen zu Tode gekommen sind. Dadurch sind Seelenhüllen dieser Menschen mit dem Ort verbunden geblieben. Die Seele zieht sich beim Sterben aus dem Körper heraus, hat sich aber in einem solchen Fall vom Ort des Geschehens nicht vollkommen lösen können. Man spricht dann von unerlösten Seelen, aber eigentlich sind es nur Seelenhüllen von Menschen, Seelenreste, die an diesen Ort gebunden bleiben. Ich gehe dann so vor, daß ich diese Seelenhüllen erlöse und bewußt zu den Menschenseelen sende, zu denen sie gehören.

Probleme können auch dadurch entstehen, daß ein Platz einfach nicht dafür geeignet ist, daß Menschen dort leben. Es gibt z.B. Plätze in der Landschaft, an denen eine sehr starke irdische Strahlung vorherrscht. Die Erde braucht solche Plätze, aber sie sind nicht dafür geeignet, daß Menschen dort leben. Es wäre weise, an diesen Plätzen von vornherein nicht zu bauen, aber es geschieht eben doch oft, daß dort Häuser gebaut werden.

In solchen Fällen würde ich nach Möglichkeiten suchen, daß die Menschen an diesen Plätzen nicht mehr schlafen oder sich dort lange sitzend aufhalten. Die Wirkung der geschilderten Strahlung auf die Menschen ist am schlimmsten, wenn sie dort schlafen oder lange untätig sitzen. Man müßte dann das Haus umfunktionieren, damit dort etwas Dynamisches geschieht. Wenn an diesem Ort Tätigkeiten verrichtet werden, Bewegung stattfindet oder Kreativität ausgeübt wird, dann werden diese Kräfte verarbeitet. Aber das geschieht nicht dort, wo geschlafen oder geruht wird. Das Haus muß also umfunktioniert werden, der Mensch muß sich den Gegebenheiten des Platzes fügen, seine Tätigkeiten und die Nutzung der Räume des Hauses danach ausrichten.

K.-D.N.: Können Sie einmal die Methoden näher erläutern, nach denen Sie bei der Erdheilung vorgehen?

M. Pogacnik: Ich bin vor 17 Jahren von der Idee der Lithopunktur der Erde ausgegangen. Es gibt an jedem Ort, in jeder Landschaft ganz bestimmte Punkte, an denen man auf die feinstofflichen Ebenen einwirken kann. Dazu gebrauche ich entweder Steinsetzungen, also gewissermaßen Steinnadeln, die ich an solche Plätze setze, oder ich arbeite mit Menschengruppen, z.B. durch Gesang. Die Gruppe steht dabei in Kreisen um einen solchen Lithopunkturpunkt, und durch den Gesang wird eine bestimmte Schwingung erzeugt, deren Ausstrahlung auf diesen Punkt einwirkt. Das kann auch durch Imaginationen von Farben entstehen, durch Visualisierungen oder auch durch gemeinsame Meditationen. Letzteres heißt z.B., daß bestimmte Muster gedacht oder auch gegangen werden, um einen kranken Ort zu revitalisieren.

Wenn es um ein Haus geht, kann ich das mit seinen Bewohnern tun, und wenn es sich um eine Stadt handelt, dann kann ich mit einer Gruppe von Menschen arbeiten, die sich ähnlich wie eine Bürgerinitiative gebildet hat, um zu helfen. Die laden mich dann auch an diesen Ort ein, um mit ihnen zusammenzuarbeiten und eine vorliegende Störung zu beheben.

„Ich nehme sie als energetische Wirbel wahr"

K.-D.N.: Was sind nach Ihrem Verständnis Elementarwesen, und wie wirken sie?

M. Pogacnik: Ich betrachte Elementarwesen nicht als einzelne Geschöpfe, sondern als Teil des Bewußtseins der Erde, als Intelligenz der Natur. Die Elementarwesen sind die Bewußtseinsebene der Erde. Der Planet Erde – Gaia – hat nicht nur eine physisch-materielle Gestalt, sondern auch gewisse Kraftebenen, feinstoffliche Ebenen wie z.B. die vitalenergetische Ebene, die auch ätherische Ebene genannt wird. So gehört zur gesamten Erde auch eine Ebene des Bewußtseins. Sie wird auch astrale Ebene genannt. Es ist ein gefühlsmäßiges Bewußtsein, das die Erde auf dieser Ebene hat. Und dieses Bewußtsein manifestiert sich in einzelnen Bewußtseinszellen. Diese nennen wir dann Elementarwesen.

Die Tradition hat sich über den Weg der Wahrnehmung und aufgrund von Erlebnissen gebildet: Durch die Wahrnehmung dieser einzelnen Bewußtseinszellen sind Mythen über Zwerge, Feen usw. entstanden. Ich versuche, das von der anderen Seite her anzugehen, und spreche vom Bewußtsein, dessen integraler Bestandteil diese Zellen sind, um von den überlieferten festen Formvorstellungen wegzukommen. Die Elementarwesen sind auch keine märchenhaften Zwergen- oder Feenfiguren, sondern ich nehme sie als energetische Wirbel wahr. Sie haben immer eine charakteristische Drehung oder Bewegung, und darinnen ist etwas enthalten, wie wir es vom menschlichen Bewußtsein her kennen. Man könnte es als eine Art Gedächtnis charakterisieren, als Wissen, wie bestimmte Naturprozesse zu steuern sind, und als eine Weisheit, ein Grundwissen über das Leben. Ein solches Bewußtsein ist den Elementarwesen eigen, und das kann man spüren.

Deshalb sind die Menschen auch darauf gekommen, die Wahrnehmung der Elementarwesen in den Mythen in bestimmte Formen zu kleiden, weil man das sichere Gefühl bekommt, daß es sich in gleicher Weise um Wesen handelt, wie bei einer Pflanze, einem Tier oder einem Menschen. Das ist in einem gewissen Sinne auch wahr, denn jede dieser Zellen ist weitgehend individualisiert. Gleichzeitig ist aber eine solche Zelle auch immer Teil des Ganzen, des umfassenden Bewußtseins der Natur und der Erde. Dieses Bewußtsein ist keine undifferenzierbare Einheit, sondern es gibt in ihm eine genau zu unterscheidende Ordnung.

So kann man auch die einzelnen Bewußtseinszellen ihrer Funktion nach gliedern. Es gibt Zellen, die mit einem Einzelphänomen wie z.B. einem Baum, einer Pflanze, einem Gestein usw. zu tun haben. Dann gibt es eine Bewußtseinsebene, die mit der Koordination von Natur- und Lebensprozessen zu tun hat. Die Bewußtseinszellen dieser Stufe wirken übergeordnet für einen Ort oder für eine Landschaft. Und dann gibt es auch Bewußtseinsebenen, die einen geistigen Charakter für die Erde haben, in denen tiefe Weisheit wirkt und durch die Qualitäten aufrechterhalten werden. Das ist die dritte Entfaltungsstufe der Elementarwesen. Von Stufe zu Stufe wird ihr Wirken umfassender, und immer größere Dimensionen sind in ihnen wirksam. Und letztlich kommt es so zu einem Gesamtbewußtsein.

Ein Elementarwesen begleitet den Menschen durch das ganze Leben

K.-D.N.: Sie sprechen in Ihrem Buch „Elementarwesen“ auch von einem persönlichen Elementarwesen bei Tier und Mensch. Was kann man sich darunter vorstellen?

M. Pogacnik: Das ist ein großes Anliegen von mir. Denn ich sehe die Gefahr, daß wir zwar sagen: Gut, es gibt in der Natur nicht nur Mineralien, Pflanzen und Tiere, sondern auch Elementarwesen, die Natur hat auch eine unsichtbare Dimension. Aber wir klammern uns Menschen dabei aus und vergessen, daß auch wir ein Teil der Natur sind, daß die Natur auch in uns hereinragt.

In bezug auf unsere Nahrung, den Umgang mit der Materie, mit Kräften, Formen usw. haben wir gelernt, uns als Teil der irdischen Welt zu betrachten. Das bringt die Verkörperung in die irdische Welt einfach mit sich. Mein Anliegen ist, daß wir uns auch in bezug auf die Elementarwesen und die Bewußtseinsebene der Erde als Teil betrachten lernen, daß wir verstehen und erleben, daß wir auch in dieses Geschehen mit eingeschlossen sind. Wir dürfen uns nicht als abgesondert von der Bewußtseinsebene betrachten, denn dann würde die Entfremdung weiter fortbestehen.

So wie die Natur bewußt für jeden Baum, für jedes Wesen in der Natur sorgt, so sorgt sie auch für den Menschen durch ein Elementarwesen. Dieses persönliche Elementarwesen begleitet jeden Menschen vom Anfang seines Lebens an. Von der Empfängnis an hilft es bei der Entwicklung des menschlichen Leibes, bei der Geburt, und es begleitet den Menschen durch das ganze Leben in seiner Entwicklung. Das kann man vergleichen mit dem persönlichen Engel eines Menschen, der die Seele in die Verkörperung begleitet. So ähnlich begleitet ein Elementarwesen gewissermaßen den irdischen Teil eines Menschen.

K.-D.N.: Hängt dieses Elementarwesen auch von der Entwicklung des Menschen ab, oder bleibt es immer gleich?

M. Pogacnik: Eigentlich bleibt es immer so, wie es war, als der Mensch Kind war. Die Ebene des Bewußtseins ist ähnlich wie beim Kind bis etwa zum zwölften Lebensjahr. Das ist etwa die Zeit, in der das Kind sich noch als Teil der ätherischen Aura der Mutter und auch der Erde erlebt. In dieser Zeit ist die Beziehung zum eigenen Elementarwesen noch ebenbürtig. Dann kommt der Mensch mit der Pubertät in eine Entwicklung des Ich, der das Elementarwesen nicht mehr folgt. Das Elementarwesen bleibt also mit demjenigen verbunden, was Kind in jedem Menschen ist.

Dieses Kind in jedem Menschen ist etwas ganz Wichtiges. Es steht für das einfache und unschuldige Sein und Verbundensein mit dem Leben und der Lebensganzheit. Mit der individuellen Entwicklung des Menschen treten dann Probleme auf, weil der Mensch etwas will, das ihn forttreibt von der natürlichen Essenz des Lebens. Er kann dann auch in Widerspruch zum

Wirken seines Elementarwesens geraten, das nur im Sinn hat, die Integrität des menschlichen Lebens zu bewahren. Der Mensch kommt aber durch seine Ichentwicklung zwangsläufig auch in Situationen, in denen er geradezu selbstzerstörerisch wirkt und seinen Lebenszusammenhang schwächt. Um etwas Bestimmtes zu erreichen, wirkt der Mensch im irdischen Leben oft zerstörerisch und kommt dadurch in eine Dynamik, die sich zwischen diesen Kräften, zum Teil auch im psychischen Bereich des Menschen, abspielt. Diese Dynamik kann auch weitreichende Auswirkungen auf seine Gesundheit haben. Der Körper wird dem Wirken des Elementarwesens teilweise entzogen, indem der Mensch das Elementarwesen überwältigt, die Lebensprozesse selbst in die Hand nimmt bzw. stark auf sie einwirkt. Dann kann es geschehen, daß ein Körperteil oder ein Organ aus der Gesamtharmonie herausfällt, und das bedeutet, daß Krankheit entsteht. Wir haben es hier also mit ganz wichtigen Interaktionen zu tun.

Gespräche unter Partnern

K.-D.N.: Was hat Sie zu dem Versuch einer Systematik der Elementarwelt veranlaßt, die Sie in Ihrem Buch „Elementarwesen" 1995 veröffentlicht haben?

M. Pogacnik: Eigentlich hatte ich das ursprünglich gar nicht vor. Es hat sich so ergeben, daß ich wegen persönlicher Probleme in Kontakt mit der Elementarwelt gekommen bin. Das habe ich im einzelnen in meinem Buch auch geschildert. Als sich dieser Kontakt vertiefte, habe ich plötzlich realisiert, wie ungeheuer wichtig die Elementarwelt für das Leben und wie unwissend wir Menschen gegenüber diesem Bereich sind. Wir haben sie vollkommen aus unserem Bewußtsein und unserer Kultur ausgeschlossen. Die Elementarwelt ist aber die Grundlage unseres Lebens! Durch diese einschneidenden Erlebnisse erwachte mein Interesse.

Grundsätzlich ist für meine Arbeit wichtig, daß ich im Sinne der Erdheilung versuche, für die Bereiche sensibel zu sein, in denen die Menschen falsch mit dem Leben umgehen. Deswegen habe ich das Buch „Die Landschaft der Göttin" (München 1993) geschrieben, weil auch das weibliche Prinzip in unserer Kultur vernachlässigt ist. Aus demselben Grund habe ich mich dann auch entschlossen, das Buch „Elementarwesen" zu schreiben. Von dem Moment an, begann die Elementarwelt, bewußt mitzuarbeiten. Ich wurde in den folgenden Wochen und Monaten immer wieder in Situationen geführt, in denen ich weitere Erkenntnisse über diese Welt bekommen habe. Und schließlich wurde ich auch dazu aufgefordert, den Menschen darüber einen Bericht zu geben. Ich habe diese Aufgabe sehr gerne angenommen und dann versucht, eine Systematik zu geben, um im einzelnen nahezubringen, welche Bedeutung das Erdenbewußtsein für die Welt hat.

K.-D.N.: Warum spielen die Gefühle und insbesondere die Liebe zu den Elementarwesen eine überragende Bedeutung bei der Wahrnehmung und Begegnung mit ihnen?

M. Pogacnik: Weil wir fast nur mit äußeren Sinnen wahrnehmen, sind wir gewöhnt, bei der Wahrnehmung immer in eine objektive Distanz zu gehen. Wir nehmen uns aus der Situation heraus, um objektiv wahrnehmen zu können. Das geht aber nicht bei den feinstofflichen Dimensionen, denn da muß man umgekehrt ein Teil davon werden, um eine Erfahrung zu haben. Und erst an dieser Erfahrung ist eine Wahrnehmung möglich. Das ist ein ganz anderer Vorgang.

Ein Wissenschaftler darf normalerweise nicht lieben, was er untersucht, um seine Forschungen überpersönlich zu halten und zu objektiven Ergebnissen zu kommen. Aber um Elementarwesen überhaupt wahrnehmen zu können, muß man sie zuerst lieben, d.h. liebevoll an sie herantreten, eins mit ihnen werden, also sich innerlich tief mit ihnen verbinden. Erst aus dieser Verbindung kann man zu Wahrnehmungen kommen. Das kann nicht geschehen, wenn wir uns von ihnen trennen. Die Verbindung mit ihnen ist für mich die Grundlage.

K.-D.N.: Die Begegnung mit Elementarwesen ist also immer auch ein Wechselspiel?

M. Pogacnik: Ja, ein Wechselspiel, das sich dann bis zur Kommunikation steigern kann, und dann findet ein richtiges Gespräch zwischen zwei Partnern statt.

Wir sind Teil der Schöpfung

K.-D.N.: Nun würden viele Wissenschaftler und auch andere Menschen bezweifeln, daß dann eine objektive Erkenntnis der Elementarwesen überhaupt möglich ist.

M. Pogacnik: Das ist wahr, aber dazu muß man auch stehen. Ich nenne das eine subjektiv-objektive Erkenntnis. Es gibt Ebenen in der Schöpfung, die kann man nicht anders wahrnehmen, als daß man Teil von ihnen wird oder sie sogar schaffend mit hervorbringt. Im Fall der Elementarwesen geht es z.B. um Wesenheiten, die keine feste Form haben, und erst durch die

Beziehung des Menschen zu ihnen entsteht diese Form. Sie kommen zu einem Ausdruck, den sie sonst nicht haben, weil sie ihn nicht brauchen. Die Kommunikation mit ihnen ist wie eine Bereicherung für diese Welt. Der Mensch gibt etwas, um etwas zu bekommen. Es entsteht eine liebevolle Beziehung wie zwischen Geschwistern oder Partnern.

Wir Menschen haben gemeint, daß unsere Zivilisation auf der Objektivität gründen muß, und daraus ist eine kalte und entfremdete Welt entstanden. Wenn wir jetzt langsam begreifen, daß dies ein falscher Weg war, der uns in die Irre geführt, von uns selbst und vom Leben entfremdet hat, dann ist es nun auch an der Zeit zu begreifen, daß wir ein Teil der Schöpfung sind und wir ganz andere Qualitäten als die kalte Objektivität entwickeln müssen. Denn eigentlich gibt es diese Objektivität, die Trennung des Menschen von der Welt, nicht. Und auch jede Wahrnehmung ist individuell gefärbt und beruht auf einer Wechselbeziehung zwischen Mensch und Welt.

Indem wir das realisieren und uns als Teil der Schöpfung begreifen, wird auch deutlich, daß wir unseren Beitrag zur Beständigkeit und Entwicklung der Welt liefern. Da kommen Ethik und Moral ins Spiel, denn die entscheidende Frage ist: Wie gehen wir damit um? Es geht sicher nicht darum, die Wahrnehmungen der feinstofflichen Dimensionen hochzuspielen, um sich selbst herauszustellen und zu zeigen, was für ein toller Mensch man doch ist, daß man diese Wahrnehmungen hat. Hier muß man Wahrhaftigkeit und Ehrlichkeit üben: Wie stehe ich zu mir selbst, zu meinem Ego und den damit verbundenen Problemen? Hinzu kommt, daß eine unbedingte Offenheit gegenüber der Natur notwendig ist.

Alles in allem kann man sagen, daß sich der Mensch nicht mehr aus der Verantwortung ziehen kann. Man kann sich nicht mehr hinter Apparaten verstecken und sich auf deren objektive Meßergebnisse berufen. Mit der Wahrnehmung der feinstofflichen Bereiche muß viel mehr auch immer die Frage der Selbsterkenntnis einhergehen: Wer bin ich? Durch die Begegnung mit Elementarwesen kommt man immer wieder auf diese Frage zurück. Und immer wieder ist die persönliche Verantwortung gefragt, der wir uns stellen müssen.

Die eigenen inneren Prozesse müssen schonungslos kennengelernt werden

K.-D.N.: Wie kann man bei diesen Wahrnehmungen der Gefahr der Täuschung begegnen? Spürt man deutlich, ob ein Erlebnis wahr ist oder nicht?

M. Pogacnik: Ja, hundertprozentig. Aber die Gewißheit, daß man sich dabei nicht selbst täuscht, kann man nur durch eine unbedingte Ehrlichkeit gegenüber sich selbst erlangen. Diese Ehrlichkeit muß man entwickeln, d.h. man muß an sich arbeiten, auch durch Meditation. Man muß die eigenen inneren Prozesse schonungslos kennenlernen, sich klären und läutern.

Das ist eine beständige Arbeit an sich selbst, die nie abgeschlossen ist. Aufgrund dieser Arbeit und Entwicklung kann man dann auch verstehen, was tatsächlich bei den jeweiligen Wahrnehmungen und Begegnungen geschieht.

K.-D.N.: Sie unterscheiden die Wahrnehmung, die Begegnung und das Gespräch mit den Elementarwesen und sagen, daß daraus schließlich ein neues Zusammenleben mit den Elementarwesen resultieren sollte. Was stellen Sie sich unter diesem neuen Zusammenleben mit den Elementarwesen vor?

M. Pogacnik: Wir teilen mit ihnen eine Schöpfung, und wir leben mit ihnen sehr eng in ein und derselben Welt zusammen, ob wir uns dessen bewußt sind oder nicht. Für mich ist es eine reale Grundlage, daß wir mit ihnen zusammen das Leben teilen.

Dabei ist nun aber wichtig zu beachten, daß die Elementarwesen die Meister dieser Welt des Lebens sind, während wir Menschen eigentlich aus dem Kosmos kommen. Die Evolution der Menschenseelen verläuft in einem kosmischen Raum, und sie verkörpern sich auf der Erde. Die Elementarwesen sind die Meister der Erdenwelt, also müssen sie auch unsere Lehrer im Umgang mit der Natur und der Erdenwelt sein. Sie werden heute von den Menschen weitgehend ignoriert, aber eigentlich könnten wir von ihnen lernen, wie man mit den Elementen umgeht. Sie sind die Meister der Elemente.

Die Menschenseelen kommen auf die Erde, um hier zu lernen und sich weiterzuentwickeln. Und da sehe ich viele Möglichkeiten, was wir von den Elementarwesen lernen können. Der wichtigste Bereich ist vielleicht die Technologie: Die Elementarwesen arbeiten fortwährend mit Kräften, und wir haben einen ungeheuren Bedarf an Kräften, die wir uns nutzbar machen können. Wir müssen z.B. Kräfte aus einem Fluß entnehmen, sie eigentlich herausreißen, um Elektrizität zu gewinnen. Ich bin der Überzeugung, daß in einer Zusammenarbeit mit den Elementarwesen auch andere Wege gegangen werden könnten. Wir könnten eine ganz andere Technologie entwickeln, die natur- und erdfreundlich wäre. Sie wäre harmonisch auf die Naturprozesse abgestimmt.

Auch für alle schöpferischen Prozesse gilt, daß wir bewußt mit den Elementarwesen zusammenarbeiten können. Wir gebrauchen Farben, Formen, Töne usw., und das sind alles Qualitäten, die zwischen dem elementarischen und materialisierten Bereich wirken. Auch hier sind die Elementarwesen unsere Partner, die die unsichtbare Seite dieser Prozesse steuern. Eine weitere Möglichkeit der Zusammenarbeit sehe ich z.B. bei der Heilung der menschlichen Krankheiten.

K.-D.N.: Gibt es auch einiges, was die Elementarwesen von uns lernen möchten und erwarten?

M. Pogacnik: Ja. Was wir bringen, ist etwas, was diese Welt nicht kennt. Das ist unsere Fähigkeit, frei zu entscheiden, und die schöpferische Qualität, die damit zusammenhängt. Wir sind fähig, etwas ganz Neues zu schaffen, das es vorher nicht gab. Dadurch lernen die Elementarwesen von uns. Wir Menschen sind in der Lage, auf der Erde gänzlich Neues zu schaffen, indem wir z.B. Erze zu Eisen verarbeiten. Wenn wir in dieser Weise Materialien verarbeiten, entwickeln die Elementarwesen Formen, um mit diesen schöpferischen Prozessen mitzugehen. So werden ganz neue Arten von Elementarwesen entwickelt, um die menschliche Kreativität zu begleiten. Das ist eine Bereicherung der Elementarwelt.

Wenn die Verbindung zur elementarischen Welt reißt

K.-D.N.: Leiden die Elementarwesen unter der Ignoranz der Menschen? Sind die Elementarwesen deswegen traurig?

M. Pogacnik: Man kann das unter verschiedenen Gesichtspunkten betrachten. Eigentlich leiden die Elementarwesen nicht, denn sie leben in einer Welt der Weisheit, durch die sie verstehen, was in der Menschheit vor sich geht. Sie wissen, daß die Menschheit durch einen Prozeß der Verselbständigung geht, daß sie sich von der Natur getrennt hat und daß diese Trennung von der Erde nur eine Phase im Entwicklungsprozeß der Menschheit ist. Ich habe das Gefühl, daß die Elementarwesen durch ihre geistigen Lehrer belehrt werden, denn ich treffe immer auf dieses Verständnis. Andererseits gibt es bei ihnen aber auch so etwas wie Leiden angesichts dessen, was wir Menschen sein könnten, aber nicht sind. Das wäre mehr eine psychologische Ebene.

Dann gibt es aber auch noch eine praktische Ebene, wenn Elementarwesen durch Menschen gestört werden. Die Elementarwesen kommen dadurch in einen Zustand der Irre, d.h. sie werden aus ihren Verhaltensmustern herausgeworfen und entgleisen; sie werden dämonisch. Sie werden dadurch in ihrer Wirkung wie umgekehrt. Ich weiß nicht, ob das menschliche Leiden dafür ein treffender Vergleich ist, aber auf jeden Fall müssen sie solche Umstände, die durch den Menschen hervorgerufen sind, auf ihre Art durchleiden. Es ist eine Aufgabe der Erdheilung, diese Störungen zu beheben, indem wir die ursprüngliche Vollkommenheit wieder herstellen. Wir müssen dabei helfen, sie wieder in den ursprünglichen Zustand zu versetzen.

K.-D.N.: Was geschieht mit den Elementarwesen, wenn sie mißachtet werden und die Natur weiter zerstört wird? Haben sie dann überhaupt noch die Möglichkeit, in unseren Gegenden zu leben, oder wandern sie in unberührtere Landschaften aus, z.B. nach Skandinavien?

M. Pogacnik: Ich kenne solche Vorstellungen, aber ich sehe das nicht so. Wenn die Welt der Elementarwesen immer mehr aus unserer Lebenswelt und aus unserem Bewußtsein verdrängt wird, wenn wir uns immer mehr dieser Welt entfremden, dann haben die Elementarwesen keinen Zugang mehr zu uns. Daher kommt dieses Gefühl, sie seien weg oder ausgewandert, denn sie leben heute für das landläufige Bewußtsein wie in einer getrennten Wirklichkeit. Da sehe ich auch die größte Gefahr, daß die Lebenswelt des Menschen sich noch weiter von der elementarischen Welt abtrennt. Wenn die Verbindung zur elementarischen Welt abbricht, verliert die Welt, in der die Menschen heute ihre Bezüge haben, ihre Lebensgrundlage. Und das wäre eine Katastrophe.

K.-D.N.: Sie sagten vorhin, daß es sich bei der Wahrnehmung der elementarischen Welt um die Erweckung von in jedem Menschen schlummernden Fähigkeiten handelt. Gibt es Übungen, z.B. im Umgang mit der Natur, im Naturerleben und durch Naturbeobachtung, um die Sensibilität für diesen Bereich zu fördern?

M. Pogacnik: Ja, da gibt es einige Übungen, die ich in meinen Büchern auch beschrieben habe. Ich denke, daß es am besten ist, damit anzufangen, sich den Bäumen zuzuwenden. Die Elementarwesen der Bäume sind sehr weitentwickelte Wesen und haben eine gute Fähigkeit, mit dem Menschen zu kontaktieren. Wenn man bei einem Baum einen Kontakt spürt, dann sollte man sich weiter darin vertiefen. Wenn man weiter fortschreitet, kann man dann einen bestimmten Stufengang feststellen: Zuerst geschieht das Verbinden, dann das Sich-Öffnen und schließlich kommt das bewußte Wahrnehmen. Dann – auch schon beim Üben der Vertiefung – kann man dazu übergehen, Unterschiede bei verschiedenen Bäumen zu erleben.

Das Erleben der Ganzheit relativiert die eigenen Probleme

K.-D.N.: Gibt es weitere Übungen, die Sie empfehlen können?

M. Pogacnik: Ähnlich kann man auch mit besonderen Plätzen in der Landschaft verfahren. Hier ist aber schwer zwischen einer geomantischen Sensibilität und einer Sensibilität für das Wahrnehmen von Elementarwesen zu trennen, weil beide auf derselben Grundfähigkeit des Menschen beruhen. Deswegen empfehle ich, Plätze, die einen anziehen, immer wieder zu besuchen und dann zu beobachten, wie solche Plätze auf die Gefühle wirken, welche körperlichen Reaktionen festzustellen sind usw. Desweiteren sollte man genauestens alle Zeichen beobachten, die man dort vorfindet. Es geht darum, das gesamte Geschehen immer bewußter zu verstehen und die Zusammenhänge zu finden.

K.-D.N.: Warum sollte der einzelne das Erleben und den bewußten Umgang mit Elementarwesen anstreben? Welche Bedeutung hat das für den einzelnen?

M. Pogacnik: Das Geschehen selbst hat nur deswegen eine Bedeutung, weil für den Menschen daraus eine Bereicherung seiner eigenen Welt resultiert. Man kommt dadurch aus der Verengung heraus, die wir Menschen uns selbst geschaffen haben. Wir leben in einer verengten Welt, aus der wir den größten Teil der Wirklichkeit ausgeschaltet haben. Durch das Erleben der Elementarwelt kommen wir wieder zu einer Erweiterung unseres Daseins und, was das Wichtigste ist, zu einer Erdung. Erdung heißt, daß wir in jener Schöpfung verwurzelt werden, deren Gast wir hier auf Erden sind. Diese Verwurzelung führt dazu, daß alle Kräfte und Prozesse in uns besser ablaufen können.

K.-D.N.: Sehen Sie auch positive Konsequenzen für das soziale Leben?

M. Pogacnik: Ja, weil das Erleben der Ganzheit dazu führt, daß wir wegkommen von der dauernden und ausschließlichen Beschäftigung mit uns selbst und unseren menschlichen Problemen. Es kommt ein Bewußtsein hinzu, daß wie ein Drittes die Beziehung von Mensch zu Mensch bereichert. Die Beziehungen würden dann wie in einem Dreieck verlaufen mit einer Welt, die auch eine Qualität des Bewußtseins hat, die unserem Bewußtsein gleichrangig ist. Das würde eine neue Grundlage des sozialen Organismus geben, die zur Überwindung des Anthropozentrismus in unserer Kultur führen würde. Das wäre ein großer Schritt.

K.-D.N.: Gibt es auch schlechte oder gefährliche Erfahrungen, die sie mit Elementarwesen gemacht haben?

M. Pogacnik: Ja, die gibt es leider. Das liegt an der schon erwähnten Dämonisierung, die durch schwere Eingriffe, z.B. auch durch Krieg, hervorgerufen werden. Da die Elementarwesen keinen Eigenwillen haben, können sie sich auch nicht selbst aus diesem Zustand herausheben. Allerdings muß ich klar sagen, daß es nach meiner Überzeugung keine wirklich negativen Elementarwesen gibt. Es gibt nur Elementarwesen, die vom Menschen entfremdet worden sind. Und die Erfahrung ihrer Präsenz ist unangenehm.

K.-D.N.: Auch gefährlich?

M. Pogacnik: Ja, manchmal auch gefährlich.

K.-D.N.: Sie wirken also auch dämonisch?

M. Pogacnik: Ja, und das kann man spüren, wenn man mit einem solchen Wesen in Kontakt kommt. Aber diese Wesen sind nicht böse an sich, sondern ihr Wirken unterliegt einer vom Menschen verursachten Störung. Der Mensch hat sie dazu gemacht, daß sie dämonisch wirken. Und wir Menschen tragen eine kollektive Verantwortung dafür.

Ein Windwesen in Flandern

Emanuel Zeylmans*

Es war im Frühjahr 1949, als ich eine Postkarte von meinem Bruder aus Belgien bekam, der in der Nähe von Antwerpen lebte. Er fragte mich, ob ich Lust hätte, mit ihm ein kleines Haus zu bauen. Ich sagte zu und reiste einige Tage später nach Antwerpen. Weit außerhalb der Stadt, inmitten von öden Fabrikgeländen und verkümmertem Bauland, lag das Gut der Familie G. Man hörte in der Ferne die Straßenbahn und den Lärm der Autostraßen, aber in dem Park selbst war es sehr still. Zwischen hohen Bäumen lag das Gutshaus, in dem noch eine alte Tante wohnte, und auf dem großen Grundstück hatten sich einige Enkelkinder ihre eigenen Häuser gebaut. Aber trotzdem war noch Raum für das Haus meines Bruders vorhanden. Auf dem Gelände gab es viel Wald und Büsche, einige Teiche, einen alten verwahrlosten Obstgarten und einige Gemüsegärten, in denen die Herbstblätter herumlagen und heruntergebrochene Äste die Pfade bedeckten.

Das Ganze hatte eine eigenartige Atmosphäre, ein bißchen wild, etwas altertümlich, sehr sympathisch, aber nicht ganz geheuer. Und dann die Nachtigallen! Nachts konnte man wegen der Liederchöre dieser Vögel kaum einschlafen. Zwar klangen ihre Stimmen sehr lieblich, aber es waren sehr viele Stimmen – und es war sehr laut, ja sogar gewaltig laut.

Die alte Tante war Schriftstellerin. Ihre Bücher handelten teilweise von diesem Park und dem alten weißen Haus, das durch den Wald schimmerte. Gelegentlich hüpften auch einige Elfen und Zwerge in ihren Romanen herum.

Der Gastherr meines Bruders, ein Notar, hatte für wenig Geld ein vorgefertigtes Haus aus Schweden kommen lassen. Es war sehr klein, denn es bestand nur aus einem Raum. Das mit viel Mühe, aber doch laienhaft errichtete Häuschen war bereits zweimal umgeweht worden, und so freute

---

* Emanuel Zeylmans, geb. 1926 in Den Haag. Pfarrer der Christengemeinschaft, lebt in Ersrode bei Kassel. Autor der dreibändigen Dokumentation: „Wer war Ita Wegman" (1990/1992), und zusammen mit Wolfgang Weirauch des FLENSBURGER HEFTES Sonderheft 17: „Ita Wegman und die Anthroposophie. Ein Gespräch mit Emanuel Zeylmans" (1996).

Wir fragten Emanuel Zeylmans, ob er jemals Elementarwesen wahrgenommen habe. Darauf gab er uns diese kleine Erzählung eines spontanen Erlebnisses mit einem Elementarwesen.

man sich sehr, daß nun Hilfe kam, um es richtig aufzubauen. Als ich dort eintraf, stand es mit melancholisch umgefallenen Wänden und naß vom Regen am Wegrand. Es war ein hübscher Platz, und mein Bruder und ich nahmen das Projekt freudig und energisch in Angriff, weil wir uns gut vorstellen konnten, was für ein nettes Haus da einst entstehen könnte. Es wurde gemeißelt und gezimmert, gesägt und gehobelt, geklettert und gemessen – und schließlich alles angestrichen. Es war eine Lust, uns bei der Arbeit zuzusehen. Auch unser Gastherr und seine Frau hatten Freude an der Sache.

Das Wetter wurde immer schöner. Der Wind, der noch vor kurzem die Wände umgeblasen hatte, legte sich. Kein Lüftchen regte sich mehr, und die Sonne schien. Das Frühjahr hatte schon fast seinen Höhepunkt überschritten, und es zog etwas Sattes und Kräftiges in die Atmosphäre ein. Es wird etwa Ende April gewesen sein, ich erinnere mich dessen nicht mehr genau. Mein Bruder mußte manchmal zu seiner Schule, und dann arbeitete ich allein an der Baustelle. Gelegentlich spazierte ich auch in dem Park herum, genoß das etwas Verstaubte, Märchenhafte des Parks und ärgerte mich dann doch im Stillen, wie verwahrlost dieser schöne alte Gutsbesitz mittlerweile war.

Eines Vormittags waren wir zwei bei der Arbeit, als wir eine kleine Windhose bemerkten, die sich zwischen den Gemüsebeeten aufhielt. Jeder Mensch kennt sicherlich dieses Phänomen, z.B. im Herbst in der Stadt, wo sich oft in einer Ecke zwischen hohen Gebäuden der Wind einen Spaß daraus macht, die dürren Blätter in einem eleganten schnellen Wirbel schraubenartig in die Höhe zu ziehen. Hier aber war es das Eigenartige, daß sich dieser Wirbel auf einer freien Fläche bewegte und nicht erkennbar mit einem aufziehenden Wind oder gar einer Sturmbö zusammenhing. Das Erstaunliche aber war, daß er beharrlich in unserer Nähe blieb.

Diese kleine Windhose war eine richtige Person, selbst unsichtbar, aber trotzdem war zu erkennen, wo sie sich gerade aufhielt. Sie hüpfte mit einer Art lächelnder Grazie durch den Garten, in einer unergründlichen und sehr sanguinischen Choreograpie, und saugte, wie mit einem Rüsselchen, kleine Blätter in sich hoch. Sie war etwa so groß wie ein Mensch. – Mein Bruder und ich schauten schon bald nicht mehr teilnahmslos zu, sondern warfen zum Spaß leichtere Teile in den Strudel: Gräser, trockene Blätter, Flöckchen und Federn aus dem Garten. Wenn es nicht zu schwere Dinge waren, nahm das Wesen sie in sich auf, wirbelte sie in einer Pirouette hoch und warf sie oben hinaus.

Wir paßten auf, daß wir den kleinen wirbelnden Schlauch nicht zerstörten. Daher mußten wir Abstand bewahren, und so entschwand er einige Male aus unserem Blickfeld, aber wir fanden ihn immer wieder an einer anderen Stelle des Gartens. Er hüpfte und tanzte dort herum, mit leichtem Schwung und spielerischen Bewegungen. Einmal spazierte er über den Rasen, was man nur daran erkannte, daß sich das Gras am Boden im Strudel bewegte. – Ich erinnere mich noch deutlich an das seltsame Gefühl, das mich beschlich, als ich zuschaute, wie der Windschlauch mit ungewisser Bewegung um den Stamm eines kleinen Baumes herumstapfte. Mit einem schnellen Schritt nach rückwärts machte ich ihm Platz.

Fast eine halbe Stunde war der geheimnisvolle Gast anwesend. Dann verschwand er und kehrte nicht mehr zurück. Wir suchten überall, aber er blieb verschwunden. Wir waren entzückt über das ungewöhnliche Abenteuer und nahmen dann, noch voller Erregung, die Arbeit am Haus wieder auf, das nun bald fertig war.

In den nächsten Tagen geschah nun etwas, wofür ich bis heute keine Erklärung finden kann: Unsere Witze nahmen in einer eigenartigen Weise zu. Wir mußten oft dermaßen lachen, daß wir uns schließlich vor jedem Wort, vor jedem Blick fürchteten. Dies ging so weit, bis einer von uns – ich verschweige lieber, wer von uns beiden es war – vor Lachen vom Dach fiel. Er hatte sich nichts gebrochen, aber es war doch der Moment gekommen, die Arbeit einzustellen. Das Haus war sowieso fast fertig. Am gleichen Abend wurde mit flämischer Wucht ein Einweihungsfest gefeiert, das bis nachts um 3 Uhr anhielt. Der Park war mit Lampions erleuchtet, der Wein floß, die Paare verloren sich im Garten ... Und die Nachtigallen, oh die Nachtigallen! Sie sangen lauter denn je.

Im Herbst des gleichen Jahres erhielt ich abermals eine Postkarte meines Bruders: Er wohne seit dem Fest in „unserem Haus“, und er wundere sich, wie solide und schön wir es konstruiert hätten. In der vergangenen Nacht sei ein Wirbelsturm über das flämische Land gefahren und habe einen großen Baum neben dem Häuschen umgeworfen, und er sei auf sein Dach gestürzt! Das Dach wäre unbeschädigt, aber der Baum sei entzweigebrochen.

Drei Jahre später verließ mein Bruder das belgische Land. In dem Häuschen wurde bald darauf der erste Waldorfkindergarten gegründet. Es steht noch heute, und sein Dach ist inzwischen mit Moos bewachsen.

Johannes Rogalla von Bieberstein
Die These von der Verschwörung 1776–1945
Philosophen, Freimaurer, Juden, Liberale und Sozialisten als Verschwörer gegen die Sozialordnung
216 S., kt. DM 33,00 / ISBN 3-926841-36-2

Jimmy Carter
Frieden schaffen im Gespräch
Ein Impuls für die nächste Generation
Jan. 1997, ca. 200 S., kt. DM 32,00
ISBN 3-926841-71-0

Carola Cutomo
Medialität, Besessenheit, Wahnsinn
188 S., kt. DM 19,80 / ISBN 3-926841-19-2

Klaus Engels
Destruktive Kulte im Spannungsfeld von Kirche und Gesellschaft
212 S., kt. DM 28,00 / ISBN 3-926841-46-X

Hans-Diedrich Fuhlendorf
Rückkehr zum Paradies oder Erbauen des Neuen Jerusalem?
Geschichtsbetrachtungen in apokalyptischer Zeit
352 S., kt. DM 39,00 / ISBN 3-926841-37-0

Wolfgang Gädeke
Anthroposophie und die Fortbildung der Religion
448 S.
Leinen DM 48,00 / ISBN 3-926841-23-0
kt. DM 36,00 / ISBN 3-926841-24-9

Dieter Hornemann
Geheimnisvolles Afrika
Anthroposophische Arbeit im Urwald
102 S., 32 farb. Abb., kt. DM 26,00
ISBN 3-926841-60-5

Johannes Kiersch
Fragen an die Waldorfschule
148 S., kt. DM 19,80 / ISBN 3-926841-33-8

Peter Krause
Das Judasproblem
Von den spirituellen Hintergründen der Gewalt
128 S., kt. DM 19,80 / ISBN 3-926841-38-9

Peter Krause
Feuer in Tschernobyl
Die Ukraine nach dem SuperGAU
168 S., 37 farb. Abb., kt. DM 28,00
ISBN 3-926841-58-3

Peter Krause, Faustus Falkenhahn (Hg.)
Einsam – gemeinsam
Jugend im Gespräch
192 S., kt. DM 22,80 / ISBN 3-926841-43-5

Flensburger Hefte = **FH** (ISSN 0932-5859)
FH-Sonderhefte = **So** (ISSN 0943-5549)

Ernst-Martin Krauss
Holzwege, Steinwege ...
Erlebnisse mit Elementarwesen
92 S., Großformat, 13 farb. Abb., geb.
DM 56,00 / ISBN 3-926841-35-4

Jukka Kuoppamäki
Einsam – gemeinsam
Jugendliche singen Lieder mit Jukka Kuoppamäki
Musikkassette, DM 22,00

Andreas Meyer (Hg.)
Seele und Geist
Ansätze zu einer spirituellen Seelentherapie
160 S., kt. DM 26,00 / ISBN 3-926841-47-8

Heinz Schimmel (Hg.)
Tanz der Seelen
Der Tod als Verwandler der Seele. Die Totentanzdichtung von Joachim Fernau und ihre eurythmische Darstellung
108 S., 14 farb. Abb., kt. DM 25,00
ISBN 3-926841-53-2

FH 11
Über Tod und Sterben
3. Aufl., 264 S., kt. DM 24,80
ISBN 3-926841-11-7

FH 13
Hexen, New Age, Okkultismus
3. Aufl., 196 S., kt. DM 19,80
ISBN 3-926841-08-7

FH 14
Erneuerung der Religion
Die Christengemeinschaft, Sakramente, Kirche und Kultus
4. Aufl., 184 S., kt. DM 16,80
ISBN 3-926841-07-9

FH 15
Waldorfschule und Anthroposophie
3. Aufl., 132 S., kt. DM 9,80
ISBN 3-926841-00-1

FH 16
Kulturvergiftung: Rauschgift, Sucht und Therapie
2. Aufl., 228 S., kt. DM 16,80
ISBN 3-926841-21-4

FH 17
Kulturvergiftung: Alkohol
2. Aufl., 160 S., kt. DM 16,80
ISBN 3-926841-34-6

FH 18
Biologisch-dynamische Landwirtschaft, Ökologie, Ernährung
2. Aufl., 184 S., kt. DM 19,80
ISBN 3-926841-03-6

FH 19
Musik
2. Aufl., 184 S., kt. DM 16,80
ISBN 3-926841-06-0

FH 20
Sexualität, Aids, Prostitution
2. Aufl., 170 S., kt. DM 14,80
ISBN 3-926841-09-5

FH 21
Aids
164 S., kt. DM 14,80 / ISBN 3-926841-10-9

FH 22
Erkenntnis und Religion
Zum Verhältnis von Anthroposophischer Gesellschaft und Christengemeinschaft
132 S., kt. DM 14,80 / ISBN 3-926841-13-3

FH 23
Engel
2. Aufl., 172 S., 9 farb. Abb., kt. DM 19,80
ISBN 3-926841-15-X

FH 24
Direkte Demokratie / 1789–1989
240 S., kt. DM 14,80 / ISBN 3-926841-16-8

FH 25
Rechtsleben und soziale Zukunftsimpulse
Von der Dreigliederungsidee Rudolf Steiners zur Volksgesetzgebung
244 S., kt. DM 16,80 / ISBN 3-926841-17-6

FH 26
Michael
Januskopf Bundesrepublik
184 S., 8 farb. Abb., kt. DM 16,80
ISBN 3-926841-22-2

FH 27
Strafprozeß, Strafvollzug, Resozialisierung
224 S., kt. DM 16,80 / ISBN 3-926841-20-6

FH 28
Naturwissenschaft und Ethik
204 S., kt. DM 16,80 / ISBN 3-926841-25-7

FH 29
Freie Schule
248 S., kt. DM 19,80 / ISBN 3-926841-28-1

FH 30
Märchen
224 S., kt. DM 16,80 / ISBN 3-926841-29-X

FH 31
Biographiearbeit
4. Aufl., 192 S., 7 farb. Abb., kt. DM 24,80
ISBN 3-926841-31-1

FH 32
Anthroposophen und Nationalsozialismus
168 S., kt. DM 16,80 / ISBN 3-926841-32-X